田东江 著

闲寻旧踪迹

报人读史札记九集

中山大学出版社
·广州·

版权所有　翻印必究

图书在版编目（CIP）数据

闲寻旧踪迹：报人读史札记九集／田东江著. —广州：中山大学出版社，2022.8

ISBN 978 - 7 - 306 - 07601 - 4

Ⅰ. ①闲… Ⅱ. ①田… Ⅲ. ①史评—中国—文集 Ⅳ. ①K207 - 53

中国版本图书馆 CIP 数据核字（2022）第 135634 号

出 版 人：王天琪
责任编辑：裴大泉
封面设计：林绵华
责任校对：赵　婷　周明恩
责任技编：靳晓虹
出版发行：中山大学出版社
电　　话：编辑部 020 - 84111996，84113349，84111997，84110779
　　　　　发行部 020 - 84111998，84111981，84111160
地　　址：广州市新港西路 135 号
邮　　编：510275　　　　传　　真：020 - 84036565
网　　址：http://www.zsup.com.cn　　E-mail：zdcbs@mail.sysu.edu.cn
印 刷 者：佛山市浩文彩色印刷有限公司
规　　格：880mm × 1240mm　1/32　12.125 印张　311 千字
版次印次：2022 年 8 月第 1 版　　2022 年 8 月第 1 次印刷
定　　价：55.00 元

如发现本书因印装质量影响阅读，请与出版社发行部联系调换

序

陈少明

书名已然显示，本书内容是涉及事物的过去，或者正式点说，是关于历史的。但它不是高头讲章，没有诸如历史的意义或都历史发展规律之类的宣示；同时也非宏大叙事，你读不到王朝更替或山河巨变一类波澜壮阔的史诗。但是，只要打开目录，看到108篇文章的目录，你就会好奇其题材之广博与深远。

粗略地分类，它至少包括下面几个范畴：

天文（火星·荧惑，流星雨）；

纪年（庚子年，辛丑年）；

节令（正月十五，六月六，寒食节，三伏）；

世象（饭局，世态炎凉，炫富，婚闹，自杀）；

景物（紫禁城，墙，瀑布，酒旗）；

物种（牛，羊，象，鼠，蝙蝠，白鹭，豹子，蚂蚁，龟，榕树）；

器具（扑满，枕，伞）；

食品（水稻，杨梅，鱼腥草·蕺菜，芋头·蹲鸱，萝卜·莱菔，香椿，饼，花椒）；

娱乐（踢毽子，高尔夫球·捶丸，摔跤·角抵，口技）；

官职（御史，翰林，督邮，弼马温）

……

此外，还有大量我不知道如何分类的话题，如《掌掴，批颊》，或《草包》或《黄色》等等。如果想到本书已经是作者田东江先生"报人读史札记"的第九集,读者自然更会眼界大开。

单纯这些篇名(世象部分除外),不知者会以为是来自辞书的科普知识。其实不然,不要说如庚子、辛丑这类很有符号感的纪年,可以带出一长串的历史事件,就是某种器具食物,背后也充满不为人知的故事。如果不读,没多少人会想到,作为调味佳品的花椒,竟然在历史上起过杀人毒药的作用,北朝不少被"赐死"或自杀的官吏,便是由此物渡往西天的。又如,一颗杨梅,不仅引出明代文人嗜梅(李渔)和厌梅(文徵明)的对比,还带出少年杨修用孔雀非孔家家禽,回怼孔姓客人把杨梅说成杨家果的段子。此外,叙述隋炀帝对时人恶杨(梅)好李(子)的不快,同民谣"河南杨花落,河北李花荣,杨花飞去落何处,李花结果自然成"的联系,把杨隋被李唐取代命运的暗讽,刻画得入木三分。这类描写,全书俯拾皆是,读起来充满画面感。

杨梅其实就是引子,作者没有谈论它的营养、味道或种植条件,而是借此串连起能搭上话的人与事。就象李渔、杨修与隋炀帝三者,无论跟时代还是与杨梅的关系,原本都是风马牛不相及的事项,然而一经排比,就让人读来兴味盎然。这种手法有点像作知识的拼贴画。不过不是那种画好图案,把画面切割成各种碎片,然后让人重新复原的简单游戏,而是利用不同的边角料,拼接新的图像。后者需要创意。书中有一篇叫做《墙》的文章,也非从物理意义上谈墙的建立与自然空间的分割,而是关注其社会意义,而且是从作为冷战象征的柏林墙谈起的。但随之而来的,不只政治还有爱情。有《诗·郑风·将仲子》的"将仲子兮,无逾我墙,无折我树桑",更有《西厢记》中阻隔着张生与崔莺莺见面的那堵墙。当然,还有原来也称"边墙",而今日成为世界文化遗产的万里长城。从西方到东方,从现代到古代,从政治、军事到爱情,这面"墙"的跨度实在异常之大。这种知识或思想的拼图,取决于作者的知识库存或搜集能力,更取决于其想象力。

谈想象力,《跟帖》也是一篇很出色的文章。它把今日网络上,不同的人随意对某个观点甚至图像表达意义或借题发挥的现象，同古人在名画或名帖后面做的题跋相类比。同样是发表评论，同样是接力的形式，这种连类颇有启发。文中列举的经典原帖，有读者熟悉的《韩熙载夜宴图》《清明上河图》，也有作者着重推介的随笔集——张潮的《幽梦影》。相关"跟帖"有对"原帖"补充延展的，也有尽情发挥的，还有调侃揶揄的，多相映成趣。这一今一古，一俗一雅的拼接，格外巧妙。其实，这种题材的处理，也类于做思想的手艺，就着胚胎的特色，善加利用，才能浑然天成。

　　作为教书匠，笔者也需要读书。但作者可运用的知识资源之丰富，还是超乎我的想象。经籍史乘，百家诸子，小说笔记，都是引述的来源。让我形容的话，作者的工作就像回到历史的上游，打捞时光的杂锦，然后向我们摆渡而来，一次次周而复始……书中有一篇《摆地摊》，告诉大家，地摊现象古已有之，不仅从《老残游记》到《武林旧事》都能找到根据，甚至《清明上河图》中某些角落里，也能找到"摆地摊"的具体场景。更奇特的是，还有好几位帝王也在皇宫里摆过地摊。看来问题不光是地摊经济，而且是地摊文化。说到这，我甚至觉得，作者摆渡而来的知识，就是摆在文化的地摊上的。它不用推广，也非专卖专营，打捞什么就陈列什么，让知识的爱好者闲逛浏览，各取所需。这样看，历史上很多经典的笔记小说，从《世说新语》到《日知录》，甚至今人的《管锥篇》，不都是文化的地摊吗？本书虽叫《闲寻旧踪迹》，其实作者很忙，读者才是闲的。神闲气定时，翻翻这九大本"报人读史札记"，说不定大家都有捡漏的运气呢。

　　培根说，知识就是力量。如果力量指的是具有操控自然或支配社会的能力，即世俗认为"有用"的知识，那么历史文化知识，即广义的人文知识，不一定用处那么明显。虽然在倡导学习历史时，也有人大讲发现历史规律，认清历史趋势的意义，但那是站位高，随时准备或有机会掌握历史主动权的精英关怀的事情。对大多数的闲人而言，读史既不是为了追求必然性，也非有知识上捡漏的兴趣，就是借阅读扩大日常的精神视野而已。单看本书目录，人、事、物的编排看似随意，但打开正文就知道，几乎每个题目都是从眼前的时事趣闻引入的。像《雷神·火神》《鼠》《蝙蝠》，与近年瘟疫流行相关，《象》与大象离家出走的消息相关，《豹子》与豹子逃离动物园相关，《掌掴，批颊》《草包》与官场丑闻相关，《自首》《小康》与政治相关，《比武》与武德的争论相关。当然，一般人想不到《蚂蚁》与"蚂蚁金服"相关，《榕树》与一线城市的领导不"容树"相关，更想不到《武则天她妈》和谁相关？按写作时间排列，读者也可以若隐若现地读到最近两年的时闻与世态。这种写法与作者主要从事时评写作有关，但其手法恰好让读者把眼前的事物同历史产生勾连的效果。人是历史的动物，但没有人站在历史的起点上，一出生就在历史的中间。而周遭所有的事物，从器物、知识甚至他人，当然连同整个世界，都是历史遗存下来的。生活的意义就是在与他人、他物或者社会的定位中获得的。了解更多事情的来源，就是打破眼前的狭隘，扩展生命意义的途径。

多年来，笔者与中大师友聚会，每每有幸获东江兄大作馈赠。捧读受惠，无以回报。近期欣闻又一新作即将集成，遂径自索稿，先睹为快。感动之余，便有了如上的文字。东江兄是学人类学出身的，但他说自己一开始更喜欢历史。这个读史系列印证了他的说法。不过，我也从本书许多关于器物、民俗或节令的选题中，读出很多人类学的味道来。在真正的善学者那里，没有知识是多余的。

2022 年 3 月 21 日晚，于中山大学珠江南岸校区

目 录

序（陈少明）　　I
紫禁城　1
元帅　4
便条·法帖　7
师娘　10
庚子年　14
鼠　18
去病弃疾　21
蝙蝠　24
理发　28
鱼腥草·蕺菜　31
白鹭　35
逆行　39
衣，袍　43
失眠（续）　47
日记（续）　51
愚人　54
寒食节　58
寒食节（续）　61
雷神，火神　65
雷神，火神（续）　68
劳动　71

捣鸟窝　75
凤凰　79
比武　82
摆地摊　85
粥（续）　88
继父　91
吟诵　95
督邮　99
名牌　103
蓑衣　107
六月六　110
三伏　114
瀑布　117
舌尖上的浪费　121
"大师"（续）　124
书名　127
女扮男装（续）　130
男扮女装　133
军训　136
虹　139
芋头·蹲鸱　142
无佛称尊　145
刁民　148
孔方兄　151
蚂蚁　154
摔跤·角抵　157
武则天她妈　160
花椒　164
羊（续）　168
飞毛腿　172
聋　176
争水　180
夜观天象　183

掌掴，批颊　187
从政六箴　190
草包　193
辛丑年　197
睡懒觉　201
牛　205
正月十五　209
扑满　213
香椿　217
黄色　220
大槐树　224
踢毽子　228
婚闹　231
枕　234
唾（续）　237
蚁　241
翰林　244
豹子　247
火星·荧惑　251
水稻　254
杨梅　258
象　261
饭局　264
正黄旗　267
计量单位　271
小康　275
刺绣　278
自首　282
字舞　285
暴雨　288
弼马温　291
墙　294
流星雨　298

连襟　301
饼　304
自杀　307
炫富　311
洗衣　314
酒旗　318
蟾蜍　322
口技　325
伞　328
世态炎凉　332
龟　336
高尔夫球·捶丸　339
跟帖　342
婚礼　346
蝙蝠（续）　350
神童　354
御史　358
舌　362
萝卜·莱菔　366
王荆公　369
榕树　373

后记　376

紫禁城

今年是紫禁城建成600周年，也是故宫博物院建院95周年。元旦那天，故宫官方微博推出了一组同一角度的紫禁城新老照片对比，令网友感慨万千。虽然历经了10个甲子，紫禁城建筑在历史与当下仍有可以契合之处。

紫禁城之得名，在于前人以紫微垣比喻皇帝的居处。紫微即天极星，位于中天，群星环拱，所谓"紫微正中"，宫禁因称紫禁。唐戴叔伦《宫词》有"紫禁迢迢宫漏鸣，夜深无语独含情"句，说的就是这层意思。紫禁城的布局，整个都是依据前人所掌握的天文星座以及《周礼·考工记》中设想的都城形制来构思的。明朝开国皇帝朱元璋在应天府（今南京）称帝，本来打算在家乡安徽临濠（今凤阳）定都，大兴土木六年之后，又"诏建南京大内"，以南京为首都，凤阳为陪都。封地在燕京（今北京）的燕王朱棣登基为永乐皇帝后，乃有迁都之举。《明史·成祖本纪》载，永乐四年（1406）秋七月，"诏以明年五月建北京宫殿"。《明史·舆服志》另载："十八年，建北京，凡宫殿、门阙规制，悉如南京，壮丽过之。"意谓北京城、紫禁城的主体部分这时已经告竣。永乐十八年即1420年，那一年也是庚子年。此后，紫禁城里总共生活了明朝14位皇帝和清朝10位皇帝。

必须看到,今天的故宫即紫禁城,基本规模虽然是永乐时所奠定的,但已非落成时的原貌。后来的皇帝们根据实用功能需要,一直不断营建、重建、改建和扩建紫禁城,建筑礼制则不乏僭越之处。因而紫禁城的建筑史本身,也是一部流动的历史,然而营建过程暴露出来的若干问题值得借鉴。

《明史·食货志》载:"明初,工役之繁,自营建两京宗庙、宫殿、阙门、王邸,采木、陶甓,工匠造作,以万万计。所在筑城、濬陂,百役具举。"紫禁城营建之艰,从备料中可一窥端倪。明代人指出,备料以深山老林中采木为"最艰且难者"。《明史·师逵传》载,永乐四年"分遣大臣出采木。逵往湖、湘,以十万众入山辟道路,召商贾,军役得贸易,事以办"。《古朴传》中有"采木江西",《刘观传》中有"采木浙江",《宋礼传》中有"取材川蜀"等。采木"最艰且难者"在哪里呢?如师逵在办理过程中,"颇严刻,民不堪",至于"多从李法良为乱",到了"官逼民反"的程度。时有"入山一千,出山五百"的说法,如果这算比较夸张的话,则"一木下山,常损数命"恐怕就是写实了。保和殿后面那块最大的丹陛石,虽开采于北京房山,但也要动用数万劳工,以掘井汲水、寒冬腊月泼成冰道的办法,才能运送到宫。工程量之巨,可堪想象。

永乐十九年(1421),刚刚建好的金銮宝殿便遭遇了雷火烧毁,朱棣无奈"诏求直言",邹缉上疏毫不客气:"陛下肇建北京,焦劳圣虑,几二十年。工大费繁,调度甚广,冗官蚕食,耗费国储。工作之夫,动以百万,终岁供役,不得躬亲田亩以事力作。犹且征求无艺,至伐桑枣以供薪,剥桑皮以为楮。"他直指"官吏横征,日甚一日",举例说"前岁买办颜料,本非土产,动科千百。民相率敛钞,购之他所。大青一斤,价至万六千贯。及进纳,又多留难,往复展转,当须二万贯钞,而不足供一柱之用。其后既遣官采之产所,而买办犹未止。盖缘工匠多派牟利,而不顾民艰至此"。在他看来,"夫京师天下根本。人民安则京师安,京师安则国本固而天下安。自营建以来,工匠小人假托威势,驱迫移徙,号令方施,庐舍已坏。孤儿寡妇哭泣叫号,仓皇暴露,莫知所适。迁移甫定,又复驱令他徙,至有三四徙不得息者。及其既去,而所空之地,经月逾时,工犹未及"。这一切,"陛下所不知,而人民疾怨者也"。由此而滋生的贪官污吏,"遍布内外,剥削及于骨髓。朝廷每遣一人,即是其人养活之计。虐取苛求,初无限量。有司承奉,惟恐不及。间有廉强自守、不事干媚者,辄肆谗毁,动得罪遣,无以自明。是以使者所至,有司公行货赂,剥下媚上,有同交易",而"今山东、河南、山西、陕西水旱相仍,民至剥树皮掘草根以食。老幼流移,颠踣道路,卖妻鬻子以求苟活"。

见于《明史·邹缉传》中的这些痛陈,将紫禁城营建中暴露出的包括吏治在内的弊端揭示得淋漓尽致,换来的却是"书奏,不省"。然而,这已是很好的结果。朱棣充其量只是摆了个诏求直言的姿态,"及言者多斥时政,帝不怿,而大臣复希旨诋言者,帝于是发怒,谓言事者谤讪,下诏严禁之,犯者不赦"。并且,他也真的动手,"侍读李时勉、侍讲罗汝敬俱下狱;御史郑维桓、何忠、罗通、徐瑢,给事中柯暹俱左官交阯。惟缉与主事高公望、庶吉士杨复得无罪"。这样来看,邹缉等人不是相当幸运吗?

紫禁城是中华民族文化遗产中最优秀的代表之一,也是全人类的珍贵文化遗产。变身为故宫博物院,紫禁城可谓凤凰涅槃。我在20世纪80年代负笈岭南之时,每年暑假往返路过北京,故宫博物院都是必去之地,以期从那些神话般的建筑群中,感受时代跳动的脉搏。

2020年1月5日

元帅

读中华书局新近出版的《三教源流搜神大全》，看到了道教神祇中的不少"元帅"，王高二元帅、田华毕元帅、党元帅、副应元帅等等。此前只知道赵公明元帅、天蓬元帅等有限的几个，不意原来还有那么多。

元帅，人们最熟知的是军事将领。新中国便有战功赫赫的十大元帅。资料上说，元帅用于表示最高军衔，始自16世纪的法国军队。此后，许多国家都采用了这一做法。有趣的是美国军队不设元帅，其最高军衔只为五星上将。原因则众说纷纭。在我们的典籍中，元帅很早就是统率全军的首领，早到了春秋时期。

《左传·僖公二十七年》载："冬，楚子及诸侯围宋，宋公孙固如晋告急。"晋国这边，先轸、狐偃皆主张施以援手。先轸是从战略着眼："报施救患，取威定霸，于是乎在矣。"狐偃是从战术出发："楚始得曹而新昏于卫，若伐曹、卫，楚必救之，则齐、宋免矣。"晋文公"于是乎蒐于被庐，作三军"。接着是"谋元帅"，赵衰推荐了郤縠，说他既懂《诗》《书》，又懂礼、乐，"君其试之"。这件事情，《国语·晋语》中也有记载。"文公问元帅于赵衰"，对曰："郤縠可，行年五十矣，守学弥敦。夫先王之法志，德义之府也。夫德义，生民之本也。能敦笃者，不忘百姓也。"文公从之。郤縠的军事才能如何未知，后人认为"元帅"一词正从此始，明确为军队的主将。《后汉书·皇甫嵩传》载，董卓结怨于皇甫嵩，嵩侄郦劝叔叔先下手为强，把董卓干掉，"本朝失政，天下倒悬，能安危定倾者，唯大人与董卓耳。今怨隙已结，势不俱存……大人今为元帅，杖国威以讨之"。皇甫郦认为，如果做成这件事，则"上显忠义，下除凶害，此桓文之事也"。

从隋唐开始，元帅又是官职的一种。如《唐会要》载："武德元年六月七日，秦王世民加西讨元帅。"此后，又有"相王旦除凉州道行军元帅，周王显除洮河道行军元帅"等。总之，"其元帅之号，自武德已来，唯王始拜"，成了官称。到天宝年间"安史之乱"时，"哥舒翰除诸道兵马元帅，始臣下为之"。此后又有郭子仪除东畿、山东、河南诸道节度防御兵马元帅，李光弼除河南、淮南、淮西、山南东道、荆南五节度行营元帅，但这些元帅实际上都是副元帅，元帅由亲王挂名。以郭子仪而言，就是"以广平王为天下兵马元帅"，广平王李豫，即接替肃宗的代宗。战争进行期间，吏部尚书平章事房琯曾"抗疏请兵一万人，自为元帅，以收两京"，但房琯既不通兵事又用人失误，结果一败涂地，只好向肃宗"肉袒请罪"。

20世纪80年代初听电台里的刘兰芳评书，印象中动辄敕封"天下兵马大元帅"，具体说谁已经记不清了。前几年拍的电视剧《隋唐演义》《薛仁贵传奇》等，都言之凿凿地说薛仁贵被封为该职。前者乃李世民坐在殿上，当众宣布封薛仁贵"平辽王、天下兵马大元帅"；后者乃薛仁贵衣锦还乡，与寒窑之妻叙了家常后说："给你看样东西，让你高兴高兴。"拿出来的，竟然是"天下兵马大元帅"的大印！影视戏说，莫此为甚。盖唐世何曾添此一职？宋赵与时《宾退录》云："唐明宗时，加秦王从荣天下兵马大元帅。"这个唐明宗的唐，已是五代十国中史称后唐的那个唐。诏令既出，"有司言元帅或统诸道，或专一面，自前世无天下大元帅之名，

元帅 5

其礼无所考按"。赵与时的考证结果是:"天下兵马元帅则始于广平,大元帅则始于从荣。"那么,生活在唐初的薛仁贵,如何能获封"天下兵马大元帅"?

在军衔和官职之外,元帅还存在于仙界。《西游记》第十九回"云栈洞悟空收八戒"中,尚为妖怪的猪刚鬣面对悟空有番自道,其中有当年的威水史:"敕封元帅管天河,总督水兵称宪节。"宪节,乃重要官员手持的符节。老猪因酒后在广寒宫调戏嫦娥而被逐出天界,又"错投了胎,嘴脸像一个野猪模样",才成了吴承恩笔下的猪八戒。而天蓬元帅,倒不是无中生有。宋代以来,真武大帝与天蓬元帅、天猷(一作佑)元帅、翊圣真君并称北极四圣,又称北方四元帅,其中天蓬元帅是四圣之首。儒释道三教之中,似乎元帅皆在或仅在道教。从明人编撰的《三教源流搜神大全》中可以看到,元帅所以众多,因为"职能"不同。赵公明元帅最为人们熟稔,在于他无所不能吧,"驱雷、役电、唤雨、呼风、除瘟、剪疟、保病、禳灾",甚至"讼冤伸抑,公能使之解释公平;买卖求财,公能使之宜利和合",拜他一家伙,全都了事。其他的那些,职能大体比较单一。如田华毕元帅,"辅玄天上帝诛瘟役鬼,上管天地潦涸,下纠群魅出没,中击不仁不义等辈"。灵官马元帅,"领以答下民妻财子禄之祝,百叩百应。虽至巫家冤枉祈祷之宗,悉入其部,直奏天门,雷厉风行焉"。杨元帅,"下察五方之凶秽,幽按十二阎君之横纵,阳纠人间囹圄之曲直,阴鉴海岳之魅魑"。张元帅,"兼理麻痘役,专以保童"。

但是,在《汉语大词典》这类的辞书中,"元帅"却没有其在道教神祇中的相关释义。漠视这一"普遍"存在,不能不说是该词条的一个缺憾。

2020年1月7日

便条·法帖

在各地公开展出的齐白石老人书法作品中,不乏便条一类,内容颇为有趣。比如"凡我门客,喜寻师母请安问好者,请莫再来。""鄙人养病,午前出门闲游,午后申时接客。""绝止减画价,绝止吃饭馆,绝止照相。"后面加了几句小字:"吾年八十矣,尺纸六圆,每圆加二角。""卖画不论交情,君子有耻,请照润格给钱。"在"润格给钱"四个字侧面,还画了圆圈。前一则,更被网友津津乐道,概因中国科学院专业期刊《冰川冻土》上关于"师娘的优美感"的那篇论文新近被曝光而成为舆论焦点,人们借此来调侃白石老人具有"先见之明",也就是少来声东击西那一套。

识者指出,齐白石书法成就主要在行书和篆书两个方面。行草多用于画跋或书名、题识等,舒展大气,与画中形象相映成辉;篆书更被誉为"字有画意",字的结体随意、张弛、欹斜、多姿,明显得益于他对绘画构图的理解。便条类自然只是其书法的点缀,或曰插曲、逸事,如今也得登大雅之堂,端在于这种出乎自由的书写,最能见其真性情,不独书写的文字内容本身。在历代传世的书法精品中不难看到,不少也可以归为此类。钱锺书先生就说过:"按六朝法帖,有煞费解处。此等太半为今日所谓'便条''字条',当时受者必到眼即了,后世读之,却常苦思而未通。"白石老人去今未远,友朋、弟子等留下了大量回忆文字,门条、启事的用意,亦即其所针对,就还不至于成谜。

刘熙载《艺概》援引欧阳修《集古录》跋王献之《法帖》有个定义:"所谓法帖者,率皆吊哀,候病,叙暌离,通讯问,施于家人朋友之间,不过数行而已。"欧阳修也注意到了这"不过数行"的价值:"盖其初非用意,而逸笔余兴,淋漓挥洒。或妍或丑,百态横生,使人骤见惊绝,守而视之,其意态愈无穷尽。"西安碑林中的张旭草书《肚痛帖》(一说为五代后梁彦修法师摹张旭原作所成),显系顺手而作,然明朝两位大家都评价极高。王世贞说:"张长史《肚痛帖》及《千字文》数行,出鬼入神,倘恍不可测。"董其昌说:"有悬崖坠,急雨旋风之势。"

见存的六朝法帖中,自然有不费解的。如王羲之写于正月初一的不少尺牍,"初月一日羲之白,忽然改年,新故之际,致叹至深,君亦同怀"。又,"初月一日羲之顿首,忽然改年,感思兼伤,不能自胜,奈何奈何!"因避祖父王正之讳,"正月"均被写为"初月"。在新年第一天,羲之毫无喜色是显见的,"煞费解处"只是何以至此。又如王献之《鸭头丸帖》,文曰:"鸭头丸,故不佳。明当必集,当与君相见。"揣测起来,大约是有人服用过鸭头丸(一种中药),但觉得效果不大好,告诉了献之,献之服用后也认为是那样,乃约这位朋友次日聚会当面求教。又如张旭那个《肚痛帖》,文曰:"忽肚痛不可堪,不知是冷热所致,欲服大黄汤,冷热俱有益。如何为计,非临床。"意思更直白了,肚子忽然痛得难忍,不知原因何在,受了寒还是中了暑,打算喝大黄汤,反正这副中药冷热通吃;怎么办啊,旁边又没有床。

被乾隆皇帝视为三件稀世墨宝的东晋书迹——王羲之《快雪时晴帖》、王献之《中秋帖》和王珣《伯远帖》——差不多属于"煞费解"的一类。乾隆皇帝非常看重这三件宝贝,将自己的书房因之命名为"三希堂"。《快雪时晴帖》写的是:"羲之顿首:快雪时晴,佳。想安善。未果为结,力不次。王羲之顿首。山阴张侯。"《中秋帖》写的是:"中秋不复不得相,还为即甚省如,何然胜人何庆,等大军。"《伯远帖》写的是:"珣顿首顿首,伯远胜业情期群从之宝。自以羸患,志在优游。始获此出意不克申。分别如昨永为畴古。远隔岭峤,不相瞻临。"所以说差不多属于"煞费解",是因为今人自然有解。如《快雪时晴帖》便有解云:快雪过后天气放晴,很不错,想必也安好;事情没有结果,心里郁结,不详说了。字面上看是这些意思,但是否书者本意就很难说。后二帖今亦皆各有各的解法。

对法帖之"煞费解处",钱锺书先生还有进一步的发挥:"家庭琐事,戚友碎语,随手信笔,约略潦草,而受者了然。顾窃疑受者而外,舍至亲密契,即当时人亦未遽都能理会。此无他,匹似一家眷属,或共事僚友,群居闲话,无须满字足句,即已心领意宣;初非隐语、术语,而外人猝闻,每不识所谓。盖亲友交谈,亦如同道同业之上下议论,自成'语言天地',不特桃花源有'此中人语'也。彼此同处语言天地间,多可勿言而喻,举一反三。"一言以蔽之:那是毋庸多言。

"青藤雪个远凡胎,老缶衰年别有才。我欲九原为走狗,三家门下转轮来。"白石老人是诗,表达了他对当时画坛领袖吴昌硕的钦慕之情。57岁时,齐白石接受陈师曾的指点,决定"衰年变法",改变绘画风格,而重点学习对象正是吴昌硕。然吴昌硕大约没看得起他,来了句"北方有学我皮毛者,竟成大名"。齐白石索性以石涛句制印:"老夫也在皮毛类。"他还有一幅画,径题"人骂我,我也骂人"。则其诙谐性情,不独便条一类。

2020年1月12日

师娘

一篇原本非常小众且早在2013年核心期刊上发表的科学论文忽然火了。期刊的名字是《冰川冻土》,小众吧?火的原因却在于论文的内容极其大众。倘若只看论文题目会被惊住,道是《生态经济学集成框架的理论与实践:集成思想的领悟之道》。然而不知是谁,不仅有兴致看了下去,而且发现了问题。那就是论文大段篇幅阐述的,乃是关于"导师的崇高感和师娘的优美感"。作者歌颂的导师恰又是该期刊主编,该文又属于国家自然科学基金重点项目资助的一部分。这些因素叠加在一起,舆论若不哗然才是咄咄怪事。

作者徐中民——中国科学院研究员、博士生导师——旋即回应称,不能看举了一个老师和师娘的例子,就理解为拍马屁,"身边也有很多这样的例子,不是从他们俩身上总结一个什么理论,它是一个普适的结构"。他说这篇论文是对未来景象的一种描述,主要证明的是发展理论。然而,"我的师娘……雍容华贵,仪态大方,性格温柔体贴,近处让人能感到春草的芬芳,优美感四溢",见诸散文类刊物未尝不可,用于证明理论,没有牵强之感吗?

师娘,对教师或师傅妻子的敬称,旧时还有称师父娘的。如《二刻拍案惊奇》卷二云,辽国围棋第一国手妙观,"受过朝廷册封为女棋童,设个棋肆,教授门徒"。因为"等闲未肯嫁人",那些"慕他才色的咽干了涎唾,只是不能胜他,也没人敢启齿求配",搞得"晚间师父娘只是独宿而已"。感觉上,师母的说法更普遍些。徐先生在北京工作,湖南籍,想来沿用了家乡话的称呼吧。京剧《红灯记》也有"师娘"的称谓,故事虽以东北抗日联军为背景,但第五场《痛说革命家史》中,李奶奶告诉铁梅,"早年你爷爷在汉口的江岸机务段当检修工人。他身边有两个徒弟:一个是你的亲爹叫陈志兴。一个是你现在的爹叫张玉和",二七大罢工那天晚上,浑身是伤的张玉和抱着未满周岁的铁梅急急忙忙地走进她家,他说"我师傅跟我陈师兄都……牺牲了!这孩子是陈师兄的一条根……师娘啊!师娘!从此以后,我就是您的亲儿子,这孩子就是您的亲孙女。"以此推断,师娘大约也是湖北的叫法。

师娘还有女巫或男巫的义项,词源正是如此。陶宗仪《南村辍耕录》"妇女曰娘"条云,"世谓稳婆曰老娘,女巫曰师娘,都下及江南谓男觋亦曰师娘,娼妇曰花娘,达旦又谓曰草娘,苗人谓妻曰夫娘"等,他还列举了好多。徐先生论文取的自然不是这层意思,他说师娘与导师二人和谐统一,达到"生活之美与人生大道",与我们心目中的女巫形象完全大相径庭。但由徐先生此文,不免想起清朝道光年间的一件事。

陈康祺《郎潜纪闻二笔》"士大夫之诒媟"条云:"道光朝,一翰林夙出潍县陈文慤公官俊门下,文慤丧耦,翰林为文以祭之,有'丧我师母,如丧我妣'之句。"该翰林妻子又尝为许乃普尚书的义女,"有诋之者,集成语作联,揭诸门外曰:'昔岁入陈,寝苫枕块;昭兹来许,抱衾与裯。'"后一件事,刘体智《异辞录》说得比较清楚。祭文次年,翰林"见许尚书,尚书言其夫人久病。甲云'门生妇当来服事',尚书固辞。未几,其妇携行李来。及门,许夫人扶病出谢,阻弗使入"。陈康祺说,这两件事"皆为言官登白简,至今有余臭焉"。他记下来的目的,在于"使十钻千拜之流,稍自顾其名节;而才士之笔端剽悍者,亦当稍留地步",不要一味只顾得阿谀。

这个翰林是谁呢?从《清史稿·陈官俊列传》中可以找到答案:童福承,道光二十五年(1845)乙巳恩科进士。"师母"云云,想必是陈官俊曾"历典乡会试"之故吧。该传载:"编修童福承素无行,直上书房授皇子读。给事中陈坛劾之,语及福承为官俊妻作祭文,措词过当。"处理结果是:"福承遣黜,诏斥官俊容隐不奏,罢(上书房)总师傅,议降三级调用,从宽留任。"需要看到,处理陈官俊的,童之谄媚应当只是一个契机。概陈官俊其人此前已颇负面。其"迁侍讲学士,命回京,仍直上书房。山西巡抚成格追劾官俊在学政任殁差买妾,妄作威福,大开奔竞"。处理结果中的"容隐不奏",也有值得玩味的余地。概今日被徐先生讴歌的导师虽系发表论文刊物的主编,但他说自己自"2011年从领导岗位退下来后对期刊的关心很少,文章的发表我事先一无所知",不属于"容隐不奏"。不过,可赞导师的是,他认为自己"作为主编事后没做任何处理,应负重要责任"。

齐白石老人有幅时常展出的书法作品:"凡我门客,喜寻师母请安问好者,请莫再来。"醉翁之意不在酒,向老人求画,谄媚师母是一个突破口。《冰川冻土》是中国冰、雪、冻土和冰冻圈研究领域唯一的学报级期刊。刊登这样的所谓论文,且长达35页之多,虽然旋即声明撤稿,然对该刊的恶劣影响恐怕无法撤去。比照徐文,可叹的是孔子,弟子三千、贤人七十二,而师娘优美与否,世人不知,敢是皆与师娘缘悭一面乎?敢是师娘既谈不上"风姿绰约,雅致宜人",更当不起"清水出芙蓉,天然去雕饰"乎?可惜的是,徐先生盯住了师傅和师娘,却遗忘了最重要的师表,那就是在道德或学问上成为学生的榜样。

2020 年 1 月 16 日

庚子年

1月25日是正月初一,从这一天起,意味着农历庚子年的到来。子鼠丑牛、寅虎卯兔,庚子年是属鼠人的本命年,十二生肖也开始了新一轮。

像其他干支纪年的角色一样,庚子年也是60年一个轮回。从我国历史有明确纪年的公元前841年开始,已经过了差不多50个庚子年,同样承载了重要的历史事件。先秦的庚子往事,便可拈出这样两件。其一,前681年冬,齐桓公与鲁庄公盟誓于柯,鲁大夫曹刿(《史记》作曹沫)劫持齐桓公。其二,前621年秦穆公卒,杀177人殉葬,其中有子车氏三子奄息、仲行、鍼虎,皆秦之贤大夫,号称三良。秦人作《黄鸟》诗哀之。

曹刿想必无人陌生,中学课本里收录了《曹刿论战》,"一鼓作气,再而衰,三而竭"云云。其劫持齐桓公,不是一件小事。《左传·庄公十三年》虽只说了一句"冬,盟于柯,始及齐平也",鲁国和齐国讲和。此前,曹刿指挥长勺之战使"齐师败绩",齐、宋联手的郎之战,鲁军又把齐军弄了个灰头土脸,鲁国要修好关系。但《公羊传》载,当其时也,"庄公升坛,曹子手剑而从之"。管仲问他想干什么,他说你们得把抢去的"汶阳之田"还给我们。管仲让桓公答应,曹刿又说空口无凭,桓公乃"下与之盟"。本来,这种在威逼要挟之下所定的盟约当不得数,然"要盟可犯,而桓公不欺;曹子可雠,而桓公不怨",如此一来,齐桓公实际上成了赢家,"桓公之信著乎天下,自柯之盟始焉"。春秋五霸之首即齐桓公,曹刿等于为之加了分。

《黄鸟》诗,今天仍可从《诗·秦风》中读到,凡三章,分别吟咏三良。如第一章咏奄息:"交交黄鸟,止于棘。谁从穆公?子车奄息。维此奄息,百夫之特。临其穴,惴惴其栗。彼苍者天,歼我良人!"末句则都是"如可赎兮,人百其身"。按郑玄的笺释,这是说三人之死,如果"可以他人赎之者,人皆百其身,愿一身百死犹为之",意谓秦人"惜善人之甚"。殉人,使活人非正常死亡后陪葬于墓中,实际上极其残忍野蛮。今人发掘的秦穆公四世孙即陕西凤翔秦公一号大墓,多达186具殉人骸骨!

先秦之后呢,粗略看看,影响较大的农民起事,发生在庚子年的便有这样三件:东汉徵侧徵贰姐妹称王、唐朝黄巢称帝、明朝唐赛儿称佛母。

《后汉书·南蛮西南夷列传》载,光武帝建武十六年(40),"交阯女子徵侧及其妹徵贰反,攻郡……九真、日南、合浦蛮里皆应之,凡略六十五城,自立为王。交阯刺史及诸太守仅得自守"。伏波将军马援平定这次起事后,立下著名的铜柱以为东汉南部疆界标志。《新唐书·黄巢列传》载,唐僖宗广明元年(880)十二月,黄巢攻克长安,"僭即位,号大齐……建元为金统"。这一登基比较匆忙,"求衮冕不得,绘弋绨为之;无金石乐,击大鼓数百,列长剑大刀为卫"。然如王夫之《读通鉴论》所评价:"亡汉者黄巾,而黄巾不能有汉;亡隋者群盗,而群盗不能有隋;亡唐者黄巢,而黄巢不能有唐。"《明史·卫青列传》载:"永乐十八年(1420)二月,浦台妖妇林三妻唐赛儿作乱。自言得石函中宝书神剑,役鬼神,剪纸作人马相战斗。徒众数千,据益都卸石栅寨。指挥高凤败殁,势遂炽。"《明史纪事本末·平山东盗》另载,唐赛儿"少好佛诵经,自称'佛母'"。被镇压后,因为没抓到唐赛儿本人,朝廷"虑(其)削发为尼或混处女道士中",至于"尽逮山东、北京尼,既又尽逮天下出家妇女,先后几万人"。

先秦后、近代前,诸如桓宽作《盐铁论》(前81)、曹操去世(220)、东吴末帝孙皓投降而西晋一统(280)、宋祁欧阳修《新唐书》修成(1060)、北京紫禁城建成(1420)、康熙册封六世达赖喇嘛(1720)等对后世而言较有知名度的事件,也都发生在庚子年。而近代史上仅有的两个庚子年,则令中华民族倍感耻辱:一个是清道光二十年(1840)爆发的鸦片战争,再一个是清光绪二十六年(1900)八国联军侵华战争。对这两段历史,国人想必都再熟悉不过。

鸦片战争是西方国家对中国发起的第一次大规模战争。林则徐《庚子日记》写道,十二月十五日,"英夷攻(虎门)沙角、大角炮台,三江协副将陈连陞及其子某力战死。三江营兵死者百余人,惠州兵死者亦将百人"。战争的结果众所周知,英军以较少的兵力、较小的代价便战胜了清军。更严重的在于,随着中英《南京条约》《虎门条约》、中美《望厦条约》以及中法《黄埔条约》等第一批不平等条约的订立,中国社会性质就此发生了根本性变化:由封建社会沦为半殖民地半封建社会。八国联军侵华,则使中国完全沦为这样一种特殊的社会形态。经过这次洗劫,中国"自元、明以来之积蓄,上自典章文物,下至国宝奇珍,扫地遂尽"。八国联军统帅瓦德西将钦天监17世纪设置的古天文仪器掠至柏林,翰林院所藏《永乐大典》散失殆尽,次年签订的《辛丑条约》,仅"庚子赔款"数额即达白银4.5亿两。

纵观历史上的庚子年,还有比近代的这两个更叫我们刻骨铭心的吗?庚子无辜,"落后就要挨打",庚子不幸而已。洗刷民族耻辱,唯有发愤图强。

2020 年 1 月 28 日

鼠

鼠年到了,循例说鼠。鼠无大小皆称老,对这种几乎随处可见的哺乳动物,没人会感到陌生。研究指出,老鼠在人类定居场所滋生的历史,可以追溯到大约1.5万年前,相当于旧石器时代。就是说,当游猎部落开始定居生活后,老鼠就进入了人类的生活。

老鼠非常聪明。同样有研究指出,虽然老鼠的大脑比人类大脑体积小,也没有那么复杂,但鼠脑和人脑的结构和功能相似度很高,都是由大量联系紧密、能互相交流的神经元组成。不过,人类对老鼠并无半点儿好感,它为害农林草原,偷吃粮食,破坏储藏物、建筑物,罄竹难书。

在文化层面,鼠亦乏善可陈。"硕鼠硕鼠,无食我黍",《诗·魏风·硕鼠》中的这一句,国人莫不耳熟能详。诗人以借喻的手法,将贪婪的剥削者比作田间大老鼠,道出了鼠的摧残人类劳动果实的本性。实际上,《诗》中借老鼠而喻人之处,还有不少。如《鄘风·相鼠》之"相鼠有皮,人而无仪!人而无仪,不死何为?"讽刺的是在位者并不如鼠,诅咒他们为什么还不快死。千百年来形成的大凡与鼠相关的成语、俗语,呈现的大抵也都是"负能量"的一面,鼠窃狗盗、鼠窜狼奔、鼠迹狐踪、首鼠两端等。

鼠的偷食本性,令人类每要捉之、灭之。《汉书·张汤传》载,张汤小时候看家,"鼠盗肉",父亲很生气,打了儿子。张汤于是既挖地又烟熏,"得鼠及余肉",还搞了一套依法程序,"传爰书,讯鞫论报,并取鼠与肉,具狱磔堂下"。父亲见了,"视文辞如老狱吏",知道儿子在法律方面会有大的作为。张汤后来亦果然如是。南朝齐废帝东昏侯宝卷捉老鼠则是癖好,其"在东宫好弄,不喜书学,尝夜捕鼠达旦以为乐"。《七修类稿》云"世有能呼鼠召鹤者",郎瑛说他求到一个方子,"以蟹黄和生漆,假以书符焚之,则群鼠自至"。20世纪80年代媒体报道的"灭鼠大王"邱满囤,"能将50米以内的鼠类引出",并且"要杀公的杀公的,要杀母的杀母的,还能将老鼠引上树",也是神乎其神。然邱氏与5名科学家之间就其鼠药打的官司,以终审败诉而告终。

鼠之这一本性,令旧时加收征粮也有了新的名目:鼠耗。《元典章》之"切恐侵破正粮,拟合每石带收鼠耗分例五升",《清会典事例》之"广西额征米石,每石加一收耗,以为鼠耗、运脚、修仓等费",皆是当时法律。就是说,不是征多少粮百姓交多少粮,还得把因为鼠雀盗食损耗的那部分一起交了,"每石五升"之类,即加收的定额。《梁书·张率传》载,张率"事事宽恕,于家务尤忘怀"。其为新安太守时,"遣家僮载米三千石"送回老家,送到少了一多半。张率问怎么回事,对曰:"雀鼠耗也。"张率笑了:"壮哉雀鼠。"公家的那些事,人鼠同流合污就更加不难想象了。

《史记·李斯列传》载,李斯"年少时,为郡小吏,见吏舍厕中鼠食不絜,近人犬,数惊恐之",到粮仓一看不然,那里的老鼠"食积粟,居大庑之下,不见人犬之忧",什么都不怕。李斯因之生发感慨:"人之贤不肖譬如鼠矣,在所自处耳!"一个人有没有作为,在于处在什么样的平台。柳宗元《三戒·永某氏之鼠》也有一悟,像另两戒《临江之麋》《黔之驴》一样借喻,此篇是借鼠来阐明"窃时以肆暴,然卒怠于祸"的道理。说永州有个人属鼠,"因爱鼠,不畜猫犬,禁僮勿击鼠。仓廪庖厨,悉以恣鼠不问"。因为这里"饱食而无祸",老鼠都跑来了,把他家弄得"室无完器,椸无完衣,饮食大率鼠之余也"。老鼠胆大到"昼累累与人兼行,夜则窃啮斗暴,其声万状,不可以寝"。过几年这人搬走,"后人来居,鼠为态如故"。但后人"假五六猫,阖门撤瓦灌穴,购僮罗捕之",至于"杀鼠如丘"。柳宗元说,老鼠"以其饱食无祸为可恒也哉",真是打错了算盘。

老鼠这般负面,比较难以理解的是,老鼠嫁女或娶亲的年画和剪纸在民间又被视为"吉祥物",过年时每要贴在墙上和窗户上,而伴随嫁女、娶亲的画面又每伴以一猫。如绵竹年画中,前面鸣锣开道的一对鼠兄鼠弟,其中一只已经被猫爪按住,另一只咬在嘴上;漳州年画中,猫在队尾伺机出击,后面几只老鼠"吹鼓手"回头张望,显系胆战心惊。诸种民俗的形成,探究起来当是桩趣事。

春节前,中山大学附属第一医院就正式亮相了一群身价不菲的小白鼠,引发媒体争相报道。这群由该院无菌动物研究平台培育出的"绝对无菌"老鼠,既体现了我国动物实验领域的一流技术,也肩负着医学科研工作者攻克老年痴呆、糖尿病等顽疾的厚望。从文化视角打量,白鼠还是一种祥瑞。葛洪《抱朴子》云:"鼠寿三百岁,满百岁则色白,善凭人而卜,名曰仲,能知一年中吉凶及千里外事。"《宋书·符瑞志下》载:"晋惠帝永嘉元年五月,白鼠见东宫,皇太子获以献。宋明帝泰始三年二月壬寅,白鼠见乐安,青州刺史沈文秀以献。"这该是鼠辈极其有限的一抹亮色了。

2020 年 2 月 4 日

去病弃疾

春节时的手机上,收到了不少"霍去病"与"辛弃疾"的拜年用语。这两个著名历史人物的名字被制成传统的对联,红底黑字。武汉暴发的新型冠状病毒,人传人的能力极强,举国上下正处于严密防控之中。以"去病弃疾"来问候,寄托了美好祝福。

"匈奴未灭,何以家为!""众里寻他千百度,蓦然回首,那人却在,灯火阑珊处。"即使不知道霍去病、辛弃疾的人,借新"对联"也可以了解一下出自他们之口的金句了。去病、弃疾,用字不同,异曲同工。取名的出发点不难推测:希望新生儿身体健康。作为西汉抗击匈奴的名将、南宋志在抗金的词中之龙,两人当然不会料到,自己的名字还能为21世纪的战"疫"作出贡献。需要看到,寻求这种心理慰藉倒不是今天才有的新鲜事。《管锥编》释屈原"离骚"一词时指出,该词"有类人名之'弃疾''去病'或诗题之'遣愁''送穷';盖'离'者,分阔之谓,欲摆脱忧愁而遁避之"。

史上名"去病弃疾"者,见诸典籍的便可翻出若干。如《史记·秦本纪》中楚有公子弃疾,说"哀公八年,楚公子弃疾弑灵王而自立,是为平王"。还说他后来"求秦女为太子建妻。至国,女好而自娶之",看到那姑娘漂亮,干脆"截胡",自己要了当老婆。至于其如何自立为王,可参见《左传·昭公十三年》。《北齐书·

循吏传》中有路去病,说他官定州饶阳令,"明闲时务,性颇严毅,人不敢欺,然至廉平,为吏民叹服"。与"去病弃疾"功能类似的则有去疾、病已。《史记·秦始皇本纪》载,始皇左丞相是李斯,右丞相则名冯去疾。冯去疾因切谏而被治罪,以"将相不辱"而自杀。《汉书·宣帝纪》载,汉宣帝刘询原名叫刘病已,是武帝的曾孙。昭帝崩,霍光始立旋废继位的昌邑王刘贺,奏议刘病已"操行节俭,慈仁爱人,可以嗣孝昭皇帝后",病已遂即帝位。颜师古注曰:"盖以凤遭屯难而多病苦,故名病已,欲其速差也。后以为鄙,更改讳询。"说白了,还是觉得"病好了"这名字端不上台面。

前人对"去病弃疾"尚且如此冀望,对疫病更谈之色变了。所谓疫病,即流行性急性传染病。关于瘟、疠、疫之类导致的"死者众",史不绝书。如《诗·小雅·节南山》云"天方荐瘥,丧乱弘多",郑玄笺曰:"天气方今又重以疫病,长幼相乱而死丧甚大多也。"《墨子·兼爱下》云:"今岁有疠疫,万民多有勤苦冻馁,转死沟壑中者。"对于为什么会有疫病,前人解释不了。民间如汉朝蔡邕认为:"帝颛顼有三子,生而亡去为鬼,其一者居江水,是为瘟鬼。"庙堂如唐文宗认为,那是"教化未感于蒸人,精诚未格于天地,法令或爽,官吏为非"。对付的办法呢,五花八门。《荆楚岁时记》云,端午时"以五彩丝系臂,名曰辟兵,令人不病瘟"。宋朝叶适说他那个时候,"民事瘟神谨,巫故为阴庑复屋,塑刻诡异,使祭者凛慄"。《旧唐书·文宗本纪下》再,文宗要求不得瞒报,"中外臣僚,一一具所见闻奏,朕当亲览,无惮直言",对那些不幸的家庭,"一门尽殁者,官给凶器。其余据其人口遭疫多少,与减税钱。疫疾未定处,官给医药"。

疫病极大地影响了百姓生活,影响战争的也不乏见。曹操赤壁之败,便与之相关。裴松之注《三国志·魏书·贾诩传》指出:

"赤壁之败,盖有运数。实由疾疫大兴,以损凌厉之锋,凯风自南,用成焚如之势。天实为之,岂人事哉?"《吴书·周瑜传》进行了佐证:"时曹公军众已有疾病,初一交战,公军败退,引次江北。"因此黄盖才给周瑜出主意:"今寇众我寡,难与持久。然观操军船舰首尾相接,可烧而走也。"裴松之在此引《江表传》注曰,曹操对赤壁之败是耿耿于怀的,他说"孤不羞走"。后来在给孙权的信中他又说:"赤壁之役,值有疾病,孤烧船自退,横使周瑜虚获此名。"当代有人研究,曹军遭遇的是血吸虫病。

唐末黄巢的起义队伍,也屡遭疫病的困扰。《旧唐书·僖宗本纪》载,广明元年(880)三月,黄巢"陷江西饶、信、杭、衢、宣、歙、池等十五州",势头正劲,"贼众疫疠,其将李罕之以一军投淮南,其众稍沮"。又,"是岁春末,贼在信州疫疠,其徒多丧"。《黄巢传》亦载,黄巢本来"欲据南海之地,永为窠穴,坐邀朝命",不料,"是岁自春及夏,其众大疫,死者十三四。众劝请北归,以图大利。巢不得已,广明元年,北逾五岭,犯湖、湘、江、浙,进逼广陵"。没有疫病,黄巢说不定就只是盘踞岭南了。

隋末王世充打李密的时候,则是利用疫病的恫吓之效。《旧唐书·王世充传》载:"李密破(宇文)化及还,其劲兵良马多战死,士卒疲倦。"王世充欲趁机去打李密,"恐人心不一,乃假托鬼神,言梦见周公。乃立祠于洛水,遣巫宣言周公欲令仆射急讨李密,当有大功,不则兵皆疫死"。而王世充的队伍中多为楚人,"俗信妖言,众皆请战"。

"经瘟疫则不畏,遇急难则隐形。"《抱朴子》中的句子。葛洪自有其用意,而移来借喻武汉此番战"疫"中作为与不作为的两类人群,倒也十分精当。

2020年2月8日

蝙蝠

新冠肺炎病毒的源头,也就是自然宿主,目前被认为是蝙蝠。宿主,指病毒、细菌、螺旋体等寄生物所寄生的植物、动物或人。专业人士指出,根据病毒的传播路线,可以把宿主划分为自然宿主、中间宿主和终宿主。如果一种此前并不能感染人类的病毒,想要变得能够感染人类,一定存在中间宿主使其快速进化。

在乡村生活过的人,对蝙蝠这种唯一会飞行的哺乳动物都不会陌生。在我们京郊潮白河畔的村子里,夏天傍晚,每家院子的上空都有很多蝙蝠飞来飞去。我们那里叫它们"圆屁股",从后面看很写实。蝙蝠我只见过黑色的,但王嘉《拾遗记》说共有黄白黑青赤五种颜色,"黄者无肠,倒飞,腹向天;白者脑重,头垂自挂;黑者如乌,至千岁形变如小燕;青者毫毛长二寸,色如翠;赤者止于石穴,穴上入天,视日出入恒在其上"。屈大均《广东新语》也说:"肇庆七星岩有五色蝙蝠,生黑洞中,游人以火入多见之。"那四色蝙蝠的真假,假以时日真要就教于方家。

蔡絛《铁围山丛谈》云,他跟他爸爸蔡京都不认得蝙蝠。哲宗元祐年间蔡京去四川,"道行过一小馆,有物倒悬于梁间。初疑为怪,后见《古今注》,乃知为蝙蝠也"。这是蔡京讲给他听的。钦宗靖康年间,蔡絛贬官邵陵(今湖南邵阳),在一个亭子里刚坐下,

"忽有类鸦鹐从房中飞掠吾身过者。时亦以为怪,迹其踪,乃在堂中后空舍而倒悬",知道自己也终于见到蝙蝠了。后来他再贬岭外博白(今广西博白),"暇日适与客行天庆祠,才升殿,则观梁间累然倒悬者以十数,偷眼伺人,久忽飞去"。同伴"有力劝吾罗捕取而尽食之者,因为之一哂"。抓蝙蝠来吃?蔡絛觉得可笑,只不知他是何种考虑,是否有不敢的成分呢?苏东坡诗有"土人顿顿食薯芋,荐以薰鼠烧蝙蝠"句,是他在儋耳(今海南)写的,那里的人既吃老鼠又吃蝙蝠无疑,然恐是没有别的可吃。前段时间,网上流传若干段有男有女津津有味吃蝙蝠的视频,蝙蝠完全是生前的形貌,佩服下咽者真天大胆也。

胡乱推测,大约在古代,蝙蝠就有自然宿主的一面吧。虽然多数前人将之作为吉祥符号来看待,但如曹植等也持异议,甚至对蝙蝠一点儿好感没有。其《蝙蝠赋》开篇,就是"吁何奸气,生兹蝙蝠"的定性,进而认为蝙蝠"形殊性诡,每变常式。行不由足,飞不假翼",再加上"尽伺鼠形,谓鸟不伍。二足为毛,飞而含齿……不容毛群,斥逐羽族。下不蹈陆,上不凭木"云云,在曹植眼里,蝙蝠简直就是邪恶的化身。

又如《酉阳杂俎》云,唐中宗做了一梦,"日(一作白)鸟飞,蝙蝠数十逐而堕地"。吓醒后召僧万回进行占梦,万回说:"大家即是上天时。"凶兆啊,中宗第二天果然死了。《稽神录》云,李禅"居广陵宣平里大第,昼日寝庭前,忽有白蝙蝠绕庭而飞,家僮辈竟以帚扑,皆不能中,久之飞出院门,扑之亦不中,及飞出至外门之外,遂不见"。李禅的老婆也果真在这年死了。白居易诗云:"千年鼠化白蝙蝠,黑洞深藏避网罗。远害全身诚得计,一生幽暗又如何。"想来他不是亲眼见到白蝙蝠,而是借题发挥罢了。

蝙蝠在文化意义上,确有被鄙夷的另一面。按钱锺书先生的归纳:"蝙蝠之两头无着,进退维谷,禽兽均摈弃之为异族非类也。然今日常谈,反称依违两可、左右逢源之人曰'蝙蝠派'。"且云据《三国志·魏书·刘晔传》可知,"为曹操谋臣而与曹植同朝之刘晔,即此等人"。裴松之注引一例,正可以为证。魏明帝决意伐蜀,杨暨切谏不可,他说"臣言诚不足采,侍中刘晔先帝谋臣",也是这样的观点。明帝说不对,刘晔跟我说可以打一仗。杨暨让找他来当面对质,而"诏召晔至,帝问晔,终不言"。有人进言明帝,刘晔这个人"善伺上意所趋而合之",陛下可以试验一下,跟他说话"皆反意而问之,若皆与所问反者,是晔常与圣意合也。复每问皆同者,晔之情必无所逃矣"。明帝"如言以验之,果得其情,从此疏焉"。则所谓蝙蝠派,实为骑墙派。

"蝙蝠不自见,笑他梁上燕",是关于蝙蝠的另一贬义成语,比喻没有自知之明,反而嘲笑他人。典出唐无名氏《玉泉子》,沈德符《万历野获编》有"戚帅惧内"条应用了一回。戚帅,即抗倭名将戚继光。汪道昆和戚继光是生死之交,戚继光去世后,汪道昆"志其墓,述其为妻所困,几至绝祀,其说甚备"。他写的固然不差,不过,汪道昆自己怕老婆,"亦与戚相伯仲",甚至其长子汪无疆"为其妇所阉,亦母夫人导之也"。所以沈德符说:"蝙蝠不自见,笑他梁上燕。自古然矣。"这个成语用我家乡的俗话解释就是:老鸹落在猪身上——光瞧见人家黑,没看见自个儿黑。

2月7日凌晨,华南农业大学官方微博发布消息:穿山甲为新型冠状病毒潜在中间宿主。该校沈永义教授在接受采访时表示,"穿山甲是潜在的中间宿主,但中间宿主可能有多个。以SARS为例,除了果子狸,其他小型食肉动物也可能对病毒扩大作用。"他表示公布研究的目的,是希望公众远离野生动物,也希望给其他科学家做提示,挖出更多潜在宿主。中间宿主的亮相,或能给蝙蝠减轻些许责任?

2020 年 2 月 12 日

理发

受新冠肺炎疫情影响,广州不少发廊从春节假期起持续停业。一个多月过去了,女士好办,男士麻烦不小,有人调侃说,再这样下去就人人都成F4了。那是早些年电视剧《流星花园》中的四名男主角,个个长发,言承旭、朱孝天更到了披肩的程度。

古人是不理发的。所以如此,一方面是孔子的责任,他讲给曾参:"夫孝,德之本也,教之所由生也。"而孝之始,就是"身体发肤,受之父母,不敢毁伤",只能留着。另一方面,前人认为头发与人的精魂相连,一旦失去,生命会受到威胁。《风俗通义·怪神》云:"汝南汝阳西门亭有鬼魅,宾客宿止,有死亡,其厉厌者,皆亡发失精。"遭殃的那些,都是因为头发给鬼魅弄去了。《魏书·灵徵志》中有若干"狐魅截人发"的记载,其中熙平二年(517)那次始自春天,"人相惊恐"。六月,"灵太后召诸截发者,使崇训卫尉刘腾鞭之于千秋门外"。

剃去头发,是上古时代刑罚的一种,叫做髡刑。《周礼》云:"墨者使守门,劓者使守关,宫者使守内,刖者使守囿,髡者使守积。"这是说,受刑之后还要服劳役,受髡刑的,去守粮草。曹操那个著名的"割发代首"故事,属于自我行刑。裴松之注《三国志·魏书·武帝纪》引《曹瞒传》云,曹操有令,部队行经麦地时,"无败麦,犯者死"。因此,"骑士皆下马,付麦以相持"。但是,曹操自己的马不幸"腾入麦中",而"主簿对以春秋之义,罚不加于尊"。曹操不认同:"制法而自犯之,何以帅下?然孤为军帅,不可自杀,请自刑。"于是"援剑割发以置地"。《三国演义》对这一段描述得活灵活现,说是"操乘马正行,忽田中惊起一鸠。那马眼生,窜入麦中,践坏了一大块麦田"。主簿说过之后,曹操"即掣所佩之剑欲自刎,众急救住",乃"割发权代首"。然毛宗岗他们认定曹操是在表演,耍阴谋,"拔刀割发权为首,方见曹瞒诈术深"。

然割发代首却每为后人正面道及。如《旧唐书·魏元忠传》载,魏元忠在论及"赏不劝谓之止善,罚不惩谓之纵恶"时,直陈"今罚不能行,赏亦难信",就以"商君移木以表信,曹公割发以明法"为论据,前一个,众所周知是借用商鞅变法前为了"以明不欺"的典故。且曹操此举,是在髡刑尚未退出历史舞台时实施的,应当值得肯定。《晋书·陈寿传》载,陈寿的父亲为马谡参军,马谡失街亭为诸葛亮所诛之后,"寿父亦坐被髡"。许是有这个疙瘩吧,陈寿在《三国志》为诸葛亮立传时,肯定他"识治之良才,管(仲)萧(何)之亚匹",却也说了句"谓亮将略非长,无应敌之才"。刘知幾《史通》因此说陈寿,乃"记言之奸贼,载笔之凶人"。

前人也有"理发"一词,但是指梳理头发。如《晋书·谢安传》载,桓温来找谢安,"值其理发"。谢安性子慢,梳头也是这样,"久而方罢"。不过桓温没大介意。唐孟郊《长安羁旅行》"十日一理发,每梳飞旅尘"云云,写于刚刚落第,因而"万物皆及时,独余不觉春。失名谁肯访,得意争相亲",心情很坏,十天才梳理一次头发,竟到了头上尘土飞扬的地步。46岁时终于得中进士,孟郊便"春风得意马蹄疾,一日看尽长安花"了,"昔日龌龊"该包括理发环节吧?宋袁说友《理发》诗,更把梳理头发的动作讲得清清楚楚:"拣发亭移晷,临风手独搔。愁添丝几缕,老怯鬓双毛。自叹头颅薄,空怀胆气豪。年华莫相逼,疏栉已细缲。"一边理发,一边感慨自己虚度了人生。

发长则像 F4,今日有另类的意味,从前的男性则可能尽皆此类。概"被发"或"披发"即发不束而披散,古籍中十分常见。如《左传·成公十年》云:"晋侯梦大厉,被发及地,搏膺而踊。"《汉纪·哀帝纪下》云其时"关东民相惊走"京师,"道中相逢多至数千人,或披发徒跣"。《三字经》有"头悬梁,锥刺股;彼不教,自勤苦"句,其中的"头悬梁",说的是汉朝孙敬发愤自学。《太平御览》卷三六三引《汉书》云:"孙敬字文宝,好学,晨夕不休。及至眠睡疲寝,以绳系头,悬屋梁。后为当世大儒。"不过,传世本《汉书》则不见此条记载。孙敬显然系的就是头发,把脑袋吊在房梁上的话就危险了,严格来说应该叫"发悬梁"。

从前的剃头相当于今天的理发,剃头匠即理发师。辛亥革命前的剃发,应当还只是剃去前半部头发,后面的要梳成辫子。《清稗类钞》里有"福康安剃发",说九江有个剃发名家,"福康安过九江时,偶呼待诏至,其奏刀簌簌如风,令人如不觉。剃毕,命赏五十金去"。名家事后跟人说,他"生平为人剃发多矣,无如此之难者"。难在哪里呢?剃发的时候,福康安"既卧坐任意,又倏忽转侧,一不留意,即易致伤损,深惧获罪也"。

20 世纪 70 年代,在笔者生活的北京郊区,剃头匠也还是乡村一景,且我们叫理发正为剃头。农历二月二理发,更叫剃龙头。剃头匠都挑着担子,担子的一头为板凳与工具箱,另一头为火炉,因而还诞生了比喻一厢情愿的歇后语:剃头挑子——一头热。现代意义的理发究竟从何时出现,要就教于方家了。

2020 年 2 月 21 日

鱼腥草·蕺菜

治疗新冠肺炎迄今还没有找到特效药物,各种声称的却不断涌现。金银花、绿茶、双黄连口服液,你方唱罢我登场。典型的是后者。1月31日晚,中国科学院上海药物所宣布,其与武汉病毒所经过联合研究,初步发现中成药双黄连口服液可抑制新型冠状病毒,结果引发了各地的抢购潮。但旋即有专业团队指出,"目前尚无有力的临床试验证据"能够予以证明双黄连口服液的这一功效。

这几天,见到鱼腥草又被抬了出来,说是"对新冠肺炎有奇效"。是否如此,不好妄议,权且拭目以待吧。可谈论的是鱼腥草本身,因为这个东西我算是比较熟悉,虽然1990年夏天第一次去贵阳花溪,才第一次认识什么是鱼腥草——花溪呼之为折耳根。翻阅吴其濬《植物名实图考》及《植物名实图考长编》,更有了理性认识。首先是名称,从前叫做蕺菜。是书引《遵义府志》云:"侧耳根即蕺菜,荒年民掘食其根。"侧、折,该是同一方音源头,则×耳根的称谓也由来已久。其次是吃法,和今天差不多。如其引《别录》云"湖南夏时,煎水为饮以解暑";引《唐本草》云"山南、江左人,好生食"等。《齐民要术》中又有"蕺菹法",专门说怎么做这种菜,"蕺去土、毛、黑恶者,不洗,暂经沸汤即出,多少与盐"云云,记录的显然是当时的吃法。

花溪食用鱼腥草正凉拌为主,却不用在开水里焯一下,老了的则用于炒腊肉,或者煎水来喝。不过,花溪食之几乎每餐必备,属于青睐,断非救荒时的无奈之选。30年来,耳濡目染,余亦颇喜此物,而鱼腥草的田间模样,倒是从来没有见过。吴其濬著作所云之"开花如海棠色,白中有长绿心突出,以其叶覆鱼,可不速馁",以及"此物叶似荞麦,肥地亦能蔓生,茎紫赤色,多生湿地、山谷阴处"之类,都只有姑妄听之了。

说到蕺菜,不能不提及春秋时期以卧薪尝胆而著名的越王勾践。有两种说法,一种是勾践本人爱吃蕺菜,一种是他身边的人必须要吃蕺菜。后一种见《吴越春秋·勾践入臣外传第七》。那是勾践与大夫种、范蠡"入臣于吴"之后,吴王夫差召见他。勾践来时,"适遇吴王之便,太宰嚭奉溲恶以出"。溲,小便;恶,大便。勾践说让他尝尝,"以决吉凶",言罢"即以手取其便与恶而尝之"。然后勾践报告夫差,好消息好消息,"王之疾至己巳日有瘳,至三月壬申病愈"。夫差问你怎么知道呢?勾践说自己学过这手,"闻粪者顺谷味,逆时气者死,顺时气者生。今者臣窃尝大王之粪,其恶味苦且楚酸。是味也,应春夏之气"。一席话说得夫差开心极了,"乃赦越王得离其石室,去就其宫室,执牧养之事如故"。不过,勾践"从尝粪恶之后,遂病口臭"。怎么办?"范蠡乃令左右皆食岑草,以乱其气"。岑草,周生春先生引《会稽赋》注曰:"蕺也……撷之小有臭气,凶年民厮其根食之。"则范蠡此举,无疑有"淆乱视听"的意味,大家都发出这种味道,不要让大王出丑。那么,在勾践返国,"苦身焦思,置胆于坐,坐卧即仰胆,饮食亦尝胆"之前,还有过尝溲、尝便的经历。他所念念不忘的"会稽之耻",应该包括这一点吧。然而今天吃鱼腥草,即便生食,也并无异味尤其臭味发出。

在其他典籍中,大抵是说勾践本人正爱吃蕺菜。前人地理学著作介绍绍兴府的时候,都免不了要提到蕺山。如宋《方舆胜览》载:"蕺山,在府西六里。《旧经》云:'越王嗜蕺,采于此,故名。'"明《读史方舆纪要》载:"蕺山,在府治东北六里,山多蕺,越王尝采食之。"后人指出,《吴越春秋》那一段根本站不住脚,"勾践入吴"说出自《国语》,但《国语》的三处相关记载却自相矛盾,因而太史公《史记·越王勾践世家》并没有采信。将来,这也是个"罗生门"吧。

然提到蕺山,至少可以关联出两个著名的文化现象。

其一大家都熟知:王羲之为老太太在扇子上写了字,结果扇子大卖。那故事的发生地就在蕺山。《晋书·王羲之传》载,羲之"尝在蕺山见一老姥,持六角竹扇卖之",在扇子上"各为五字"。老太太"初有愠色",以为东西给糟蹋了。羲之告诉她:"但言是王右军书,以求百钱邪。"果然,"人竞买之"。而王羲之所以在蕺山书扇,大概是他有一处"别业"正在那里。后来他将此宅捐出,成为戒珠寺。《方舆胜览》说,其时"门外有二池,曰墨池、鹅池",典型的王右军符号。戒珠寺如今成了绍兴的旅游景点,自然"苏秦不是旧苏秦"了。

其二是明末刘宗周因讲学于蕺山,从而开创了"蕺山学派",后人亦称之"蕺山先生"。刘宗周之学,如黄宗羲所概括:"先生宗旨为慎独。"慎独一词,最早见于《大学》《中庸》,意谓独处无人察觉时,仍需谨慎地使自己的行为合乎一定的道德准则。这是儒家传统的道德修养论。刘宗周认为"自昔孔门相传心法,一则曰慎独,再则曰慎独","慎独是学问的第一义",进而赋予"慎独"以本体论的意义,加以发挥并使之系统化。在今天,"慎独"仍然勃发着旺盛的生命力。

说回鱼腥草。以愚意度之,将寻常食用之物神化,以为能够抗击颇多未知的新冠肺炎,横竖觉得有"病急乱投医"的意味。

2020 年 2 月 29 日

白鹭

双休日,准备去家门口的海珠湖走走。从窗口上眺望,见不到寻常能见到的人影晃动,到了跟前,果然还在闭门,这是为了防范新型冠状病毒。这里封个公园而已,湖北颇多地方都在封城、封村,哪里都动不了,滋味真是可想而知。

没有疫情的时候,我大约每天早上都要来走一圈,几分钟的路,算是家门口了。11年前搬到此地的时候,并没有这个湖,还是一片荔枝林。十年树木,如今已郁郁葱葱。宋朝虞似良诗曰:"东风染尽三千顷,白鹭飞来无处停。"海珠湖则恰恰相反。湖中一个小岛上,栖息着不少白鹭,肉眼望去白花花的一片,用观鸟长廊上的高倍望远镜观察,更能非常清楚地见到悠闲自得的它们。李时珍《本草纲目·禽一》云:"鹭,水鸟也。林栖水食,群飞成序。洁白如雪,颈细而长,脚青善翘,高尺余,解指短尾,喙长三寸。"大抵描绘了白鹭的习性和外观。看观鸟长廊上的介绍文字,乃知岛上还有苍鹭、夜鹭,即使白鹭也还区分出了大白鹭这个品种。文字虽语焉不详,但白鹭与大白鹭显然并非形体的区别,属于并列关系。

白鹭的生活环境多为山水田园。对这种非常美丽的水鸟,古人钟爱有加,许是其羽毛洁白、神态闲雅之故吧。《诗》中的白鹭已成颂扬对象。《周颂·振鹭》之"振鹭于飞,于彼西雝",即借白鹭赞美来访的客人"亦有斯容"。《陈风·宛丘》之"无冬无夏,值其鹭羽",说的是鹭的羽毛,那是被巫师用来作起舞的道具。"两只黄鹂鸣翠柳,一行白鹭上青天。""西塞山前白鹭飞,桃花流水鳜鱼肥。"关于白鹭的海量句子中,该以杜甫的诗和张志和的词最为知名。《蕉轩随录》中有长善的一首《野渡溪光》:"渡头秋水落,沙岸平如掌。老屋两三家,当门晒鱼网。时见白鹭飞,倒影沿溪上。"或许在从前,白鹭翻飞是一种十分常见的日常现象。

也有些句子,如王维的"漠漠水田飞白鹭,阴阴夏木啭黄鹂",被清朝学者赵翼视为剽窃。《陔馀丛考》云,"古今人往往有诗句相同者",如果"本非一人之诗,而掇拾作联,亦未为不可",如唐僧惠崇有"河分冈势断,春入烧痕青",虽"河分冈势"出自司空曙,"春入烧痕"出自刘长卿,这种也算不上剽窃;"而行墨间兴之所至,偶拉入前人诗一二句,更不足为病也"。什么才是剽窃呢?王维的句子就是。概南朝梁、陈间诗人阴铿有"水田飞白鹭,夏木啭黄鹂"。所以,在赵翼看来,"惟全用一联、一首略换数字,此则不免剽窃之诮"。王维之外,骆宾王赋之"隐隐地中鸣鼓角,迢迢天上下将军"也是,因为庾信前有"地中鸣鼓角,天上下将军",骆宾王也是仅仅添了几个字而已。这种剽窃判断法,对今天被捉的剽窃狡辩者,未知是否有告诫之效。

渐渐地,白鹭更成为一种幽静恬适的文化意象,成为文人雅士自然而然或矫揉造作的生活追求。于是,与单纯描述眼前所见不同,而有借题发挥的意味。白居易《白鹭》云:"人生四十未全衰,我为愁多白发垂。何故水边双白鹭,无愁头上亦垂丝?"刘禹锡《白鹭儿》云:"白鹭儿,最高格。毛衣新成雪不敌,众禽喧呼独凝寂。孤眠芊芊草,久立潺潺石。前山正无云,飞去入遥碧。"《鹤林玉露》云:"唐子西(庚)立朝……执政者恶其自尊,一斥不复。"后来唐庚被贬谪广东惠州,作诗云:"说与门前白鹭群,也须从此断知闻。诸公有意除钩党,甲乙推求恐到君。"《春明退朝录》云,丁谓"镇金陵,临秦淮建亭,名曰'赏心'",后来王君玉在此为官,"建白鹭亭于其西,皆栋宇轩敞,尽览江山之胜"。《浪迹续谈》云,杭州城中的潜园非常著名,"园中湖石最多,清池中立一峰,尤灵峭,郭频伽(麐)名之曰鹭君"。在海珠湖,望远镜中可以看到一些白鹭单腿站在树梢上,竟然纹丝不动,想来郭麐见惯这种场景而有如此命名了。

　　有趣的是,《魏书·官氏志》载,北魏开国皇帝拓跋珪"欲法古纯质,每于制定官号,多不依周、汉旧名",自己另来一套,"或取诸身,或取诸物,或以民事,皆拟远古云鸟之义"。于是,"诸曹走使谓之凫鸭,取飞之迅疾;以伺察者为候官,谓之白鹭,取其延颈远望。自余之官,义皆类此"。这种白鹭官,执掌侦伺刺探。《资治通鉴·齐高帝建元元年》载,孝文帝元宏诏以"候官千数,重罪受赇不列,轻罪吹毛发举,宜悉罢之",同时"更置谨直者数百人,使防逻街术,执喧斗者而已"。胡三省注曰:"魏太祖置候官,以伺察内外。"还别说,这种职能配上这种名称,倒真是形神兼备。

　　"三山半落青天外,二水中分白鹭洲。"李白《登金陵凤凰台》句。白鹭洲,江中沙洲,该跟白鹭相关吧。此白鹭洲亦为宋将曹彬最后击溃南唐抵抗大军之地。江西吉州(今吉安)还有个白鹭洲。《宋史·江万里传》载,理宗时江万里知吉州府,创办了白鹭洲书院,文天祥、邓剡等皆曾在此就读。文天祥就义后,邓剡成为第一个推介老同学的人,撰写了《文信国公墓志铭》《信国公像赞》《文丞相传》等。《郎潜纪闻二笔》云,著名学者施闰章在白鹭洲书院也曾讲学。这样一算,即便到清初那时候,学院的传承也有400多年了。

话说回来,问世不过十来年的海珠湖迎来大批白鹭安居,表明广州的生态是真的好了。鸟不撒谎嘛。

2020年3月7日

逆行

在抗击新冠肺炎疫情中听得最多的一个词语，当是赞美医务人员的"逆行"。大年三十之夜，广东第一批医疗队便开赴武汉，那里是核心战场。

逆行，既倒行，不按正常方向行进。历史上更多的是属于天文学概念，比如"荧惑逆行"，便屡见于二十四史各天文志中。荧惑，古代指火星，因其隐现不定，令人迷惑，故名。与逆行对应的自然是"顺行"，还涉及到"留"。就是说，地球和包括火星在内的行星都围绕太阳运动，有时从西向东，有时又从东向西，前者为顺行，后者即为逆行。从地球看去，有时行星在天空的位置好像停留不动，就是"留"，发生在顺行转变为逆行或逆行转变为顺行的那一瞬间。

顺行是行星的主要运动方向，但作为天文现象，逆行也十分正常。但是，正如日食、月食同样是正常的天文现象却有"日无光，臣有阴谋"的解读一样，一旦出现逆行，往往也被占者解读为"凶"或"不祥"一类。《汉书·天文志》引古人言曰："天下太平，五星循度，亡有逆行。日不食朔，月不食望。"《鬼谷子·符言》云："四方上下，左右前后，荧惑之处安在？"陶弘景注曰："荧惑，天之法星，所居，灾眚吉凶尤著。故曰：虽有明天子，必察荧惑之所在。"

具体来看,如《汉书·天文志》载,昭帝元平元年(74)二月甲申,"晨有大星如月,有众星随而西行。乙酉,牂云如狗,赤色,长尾三枚,夹汉西行。大星如月,大臣之象,众星随之,众皆随从也。天文以东行为顺,西行为逆,此大臣欲行权以安社稷"。那么,预兆跟着就出来了:"太白散为天狗,为卒起。卒起见,祸无时,臣运柄。牂云为乱君。"果然(应该加引号),"到其四月,昌邑王贺行淫辟,立二十七日,大将军霍光白皇太后废贺"。

又如《后汉书·杨震传》载,安帝延光三年(124)"东巡岱宗",中常侍樊丰他们以为机会来了,打着皇帝的旗号"竞修第宅"。杨震手下高舒"召大匠令史考校之,得丰等所诈下诏书,具奏,须行还上之"。樊丰他们吓坏了,"会太史言星变逆行,遂共谮震"。安帝听信谗言,"夜遣使者策收震太尉印绶"。杨震虽自此"柴门绝宾客",樊丰他们仍然不依不饶,"乃请大将军耿宝奏震大臣不服罪,怀恚望,有诏遣归本郡",打发回老家。行至城西几阳亭,杨震慷慨谓其诸子门人曰:"死者士之常分。吾蒙恩居上司,疾奸臣狡猾而不能诛,恶嬖女倾乱而不能禁,何面目复见日月!身死之日,以杂木为棺,布单被裁足盖形,勿归冢次,勿设祭祠。"言罢饮酖而卒,一代名臣"四知先生"就这样因为天象而为小人算计。

又如《晋书·天文志》载,吴孙权赤乌十三年(250)夏五月,"日北至,荧惑逆行,入南斗"。占者言之凿凿:"荧惑入南斗,三月吴王死。"没那么肯定的也说:"荧惑逆行,其地有死君。"《晋书》信了,记上"太元二年,权薨,是其应也"。到了《明史》,还有崇祯十一年(1638)夏四月"荧惑逆行,谕廷臣修省"的记载。《高倬传》里有修省项目一例:"倬以近者刑狱滋繁,法官务停阁,请敕诸司克期奏报,大者旬,小者五日。其奉旨覆谳者,或五日三日,务俾积案尽疏,囹圄衰减。"诸如此类,不胜枚举。

  天文现象之外,现实中还有诸多逆行。孟子说:"当尧之时,水逆行,泛滥于中国,蛇龙居之,民无所定。"《北史·库狄干传》载,库狄干"鲠直少言,有武艺",却"不知书,署名为干字,逆上画之",就是倒插笔,"时人谓之穿锤"。《诗·秦风·蒹葭》中的逆行就更知名了,"蒹葭苍苍,白露为霜。所谓伊人,在水一方。溯洄从之,道阻且长。溯游从之,宛在水中央"云云。溯洄,即逆着河流向上;溯游,即顺流而下。这是说伊人仿佛就在那个流水环绕的小洲上,诗人左右上下求索,却是可望而不可得。邓丽君歌曲《在水一方》中,将"所谓伊人"解成"有位佳人",朱熹在世的话未必同意,他说该诗"言秋水方盛之时,所谓彼人者,乃在水之一方,上下求之皆不可得。然不知其所指也",究竟是什么人搞不清楚。换上方玉润的话,更会断然否决。他认为那是招贤诗,是"周之贤臣遗老,隐处水滨,不肯出仕"。当然了,情诗说最为人们所乐于接受,且越到后世越有占上风的趋势,虽然"伊人"是男是女根本无法断定。无论其所指为何吧,全诗不着"思"或"愁"字,却可以令人感受到诗人那种深深的企慕和求之不得的惆怅。

  逆行,原本还有逆君而行的意思。《史记·秦始皇本纪》指出,"向使二世有庸主之行,而任忠贤,臣主一心而忧海内之患,缟素而正先帝之过,裂地分民以封功臣之后,建国立君以礼天下,虚囹圄而免刑戮,除去收帑汙秽之罪,使各反其乡里,发仓廪,散财币,以振孤独穷困之士,轻赋少事,以佐百姓之急,约法省刑以持其后",这样的话,"四海之内,皆欢然各自安乐其处,唯恐有变……天下虽有逆行之臣,必无响应之助矣",国家何至于就到了陈胜一呼便倾覆的程度?

古今比照"逆行",可知该词已极大了扩充了外延。在新冠肺炎疫情之前,逆行已每用于赞誉消防队员。诸种赞誉既形象,又恰如其分。

2020 年 3 月 15 日

衣,袍

新冠肺炎疫情期间,来自日本的捐赠物资在纾解武汉燃眉之急的同时,也仿佛掀起了另一场"诗词大会"。盖在捐赠的外包装上,除了印有"武汉,加油"一类的口号外,还都配有古典诗句。先令国人惊诧的是"山川异域,风月同天",接下来还有"青山一道同云雨,明月何曾是两乡""岂曰无衣,与子同裳"等。为疫情所困扰的国人发现:汉语原来是这么美,又这么具有直抵心灵的力量。

"山川异域,风月同天",我是头一回领略。识者指出《全唐诗》收录了此诗,且云那是盛唐时,日本长屋王托遣唐使赠送一批袈裟予唐朝僧人,袈裟边缘上所绣的偈语:"山川异域,风月同天,寄诸佛子,共结来缘。"据说,此举让鉴真和尚很受触动,乃东渡日本,传授佛法,终成日本佛教律宗开山祖师。1980年"鉴真大师像回国巡展",那是中日两国文化交流具有深远意义的一件盛事,我当时收集了同名纪念邮票一套三枚,图案分别是家乡扬州的纪念堂、坐像和东渡船,所以印象深刻。

王昌龄的"青山一道同云雨,明月何曾是两乡",出自其绝句《送柴侍御》,前两句是"流水通波接武冈,送君不觉有离伤",相对也比较陌生,当然是相对而言。从诗的内容来推断,大约是王昌龄贬谪龙标(今湖南洪江)尉时的作品。这位柴侍御可能是从龙标前往武冈(今湖南邵阳)。诗人的意思是说,虽大家就此身处两地,但相去不远,云雨相同,明月共睹,此地与彼地没有多大区别。

明了这些句子的内涵,可知日本捐赠方面从浩如烟海的中国古代诗词中爬梳出这些,不仅用语十分熨帖,而且用意十分之深。

至于"岂曰无衣",对许多人想必都耳熟能详了。《诗·秦风·无衣》凡三章:"岂曰无衣,与子同袍。王于兴师,修我戈矛。与子同仇!岂曰无衣?与子同泽。王于兴师,修我矛戟。与子偕作。岂曰无衣?与子同裳。王于兴师,修我甲兵。与子偕行。"明朝钟惺认为该诗"有吞六国气象",更有人认为此乃边塞诗之祖。明清之际学者王夫之《诗经稗疏》云:"《春秋》申包胥乞师,秦哀公为之赋《无衣》……'为赋'云者,与卫人为之赋《硕人》、郑人为之赋《清人》,义例正同。则此诗哀公为申胥作也。"照他的观点,当为秦哀公出师救楚所作。但从诗的内容、口气看,更为今人认为是一首流传于秦国民间的战歌,反映了秦国百姓同袍同衣,同仇敌忾,慷慨从军的热血情景。

诗中的衣、袍,以及泽、裳,广义上都指衣服,却各有各的具体含义,并不是完全对等的概念。如王筠《说文句读》所云:"析言之,则分衣裳;浑言之,则曰衣。"《木兰辞》中,木兰从军归来时,"脱我战时袍,著我旧时裳",将袍与裳也作了区分。涉及衣服的用字实际上还有许多,如襦、襖、襕等。不妨但将《岂曰无衣》中的这四个用字依次具体来看一下。

先看衣。《说文解字》云:"衣,依也。"段玉裁注曰:"人所倚以蔽体也。"在早期,"衣"蔽的还仅仅是上体,所谓"上曰衣,下曰裳",后来才成了泛称。

再看袍,是有夹层、内装棉絮的长衣。《急就篇》云:"袍襦表里曲领裙。"颜师古注曰:"长衣曰袍,下至足跗。"足跗,即脚背。并且,"以缊曰袍",中间塞着乱麻棉絮。袍,可以是闲居之服。《论语·子罕》子曰:"衣敝缊袍,与衣狐貉者立而不耻者,其由也与。"表明缊袍该算是寒酸类的衣服。《无衣》中袍作为戎衣,白天行军时当衣穿,晚上可以当被盖。后来当然又演变了。出土秦俑中,着袍服的绝大多数是将军俑,武士俑仅属个例。再后来又常用作官服。《宋史·职官志》载:"凡御殿、大礼前一日,请乘舆衮冕、镇圭、袍服于禁中以待进御,事已复还内库。"袍之长短,也因时而异。如《阅世编》云:"袍服,初尚长,顺治之末,短才及膝,今则又没踝矣。"

三看泽,泽乃襗的假借字,贴身的内衣。郑玄笺曰:"襗,亵衣,近污垢。"孔颖达疏曰:"襗是袍类,故《论语》注云:'亵衣,袍襗也。'"与身体太贴近之故吧,袍泽也成了战友的代名词。

四看裳。如前所云,裳乃下衣。《诗·齐风·东方未明》云:"东方未明,颠倒衣裳。颠之倒之,自公召之。"这是说天还没亮,丈夫便急于起身,连衣和裳都穿颠倒了。急什么呢?小官吏,上面叫了就得马上赶去。《毛诗序》认为这是"朝廷兴居无节,号令不时",才弄得大家手忙脚乱。这一细节,既区别了衣、裳,也将小人物的辛苦程度刻画得颇为传神。

日本人无意中掀起"实战版"的"诗词大会",并非偶然,他们有这种群众基础。在其电影《日日是好日》中可以看到,茶艺老师家中的墙上,根据季节变化不断变换书法挂轴,先后有:熏风自南来,梅花熏彻三千界,叶叶起清风,清风万里秋,不苦者有智,听雨……既契合时令,又余味绵长。如今,这些漂洋过海的物资对我们而言,不仅是物质上的支持,同时也是精神上的激励。有网友感叹要多读书才行,读书的确是一方面,但关键还在于学以致用,不是读死书。日本的捐赠文案,很好地体现了从"纸上谈兵"到"活学活用",这是值得我们认真学习的。

2020 年 3 月 18 日

失眠(续)

3月21日是世界睡眠日。今年的,适逢抗击新冠肺炎疫情的关键时刻。此前几天,中国睡眠研究会发布了《新冠肺炎疫情期间国人睡眠白皮书》。白皮书显示,疫情期间,大家的总睡眠时间增加2个小时左右,虽然大部分人比疫情发生之前睡得多了,但睡眠质量有所下降。白皮书还特别指出,无论是疫情之下,还是复工之后,健康睡眠始终是保持健康体魄的必要条件。

健康睡眠首先要能睡。历史上有很多这样的人。《齐东野语》云王安石嗜睡,且云"杜牧有睡癖,夏侯隐号睡仙"。曾慥《类说》引南唐沈汾《续仙传》亦云:"夏侯隐每登山渡水,闭目美睡,同行闻其鼾声而行不蹉跌,人谓之睡仙。"道教陈抟老祖,更到了"每寝处,多百余日不起"的地步,一觉能睡一百多天。

睡仙之外,嗜睡者还有若干典型人物。如后蜀有睡相,说的是徐光溥。《类说》云:"徐光溥为相,喜论事,大为李昊等所嫉,光溥后不言,每聚议,但假寐而已,时号睡相。"《十国春秋·徐光溥传》则将"假寐"换成了"熟睡"。又如大辽有睡王,说的是其穆宗耶律璟。《新五代史·四夷附录第二》载,耶律璟"畋猎好饮酒,不恤国事,每酣饮,自夜至旦,昼则常睡,国人谓之睡王"。《资治通鉴》卷二九〇补充道,"契丹主年少,好游戏",玩儿过了头,"达旦

失眠(续)　47

乃寐,日中方起"。比较来看,徐光溥若"假寐"是一种策略,若"熟睡"则是根本不往心里去;耶律璟呢,纯粹是《周易》说的"德不配位,必有灾殃"了。

唐朝干脆把鸿胪寺卿叫做睡卿。洪迈《容斋四笔》"官称别名"条云:"唐人好以它名标榜官称,今漫疏于此,以示子侄之未能尽知者。"所谓它名,就是谐谑说法,其中说到"光禄为饱卿,鸿胪为客卿、睡卿,司农为走卿,大理为棘卿"。倘若明了光禄寺卿掌祭祀、朝会、宴乡酒醴膳羞之事,司农寺卿掌仓庾常须巡检四方,大理寺卿掌全国刑狱,可知这谐谑称谓的形象了。那么,掌四夷朝贡、宴劳、给赐、送迎之事及国之凶仪的鸿胪寺卿得此睡卿的雅号,敢是因为工作量不大,应了王得臣《麈史》所说的"七寺闲剧不同"?

列子不知从哪里听来的,从前有个古莽之国干脆就是睡国。《列子·周穆王篇》云,其国在"西极之南隅",那里"寒暑亡辨,昼夜亡辨",所以"其民不食不衣而多眠,五旬一觉",最有意思的是,因为睡得太久,一觉50天,国民连现实和梦境都颠倒了,"以梦中所为者实,觉之所见者妄"。与古莽之国皆然相对的"东极之北隅"的"阜落之国",那里"其土不生嘉苗,其民食草根木实,不知火食,性刚悍,强弱相藉,贵胜而不尚义,多驰步,少休息,常觉而不眠",不用睡觉。

如徐光溥式的"假寐",生活中也屡见不鲜。《史记·商君列传》载,"公孙鞅闻秦孝公下令国中求贤者",就从卫国特地跑来应聘,然而"孝公既见卫鞅,语事良久,孝公时时睡,弗听"。实际上他在听,卫鞅即商鞅走后他对身边的引荐人发火了:"子之客妄人耳,安足用邪!"原来,商鞅没有把话说到点子上,孝公摆出的是不爱听的姿态。《三国演义》中演绎出的"蒋干盗书",周瑜也是用假寐这招使之中计。然《三国志》中并无此事，裴松之注引《江表传》曰，蒋干来当说客不假，二人完全坦诚相待，所以"干还，称瑜雅量高致，非言辞所间"；且"干有仪容，以才辩见称，独步江、淮之间，莫与为对"，全不是《三国演义》经典连环画中那副贼眉鼠眼的猥琐样子。

"空床展转对孤檠，寒漏年长更雨声。如此乾坤闲岁月，明朝华发满头生。"宋张蕴《不寐》句。睡眠是人的生理需求。该睡的时候而睡不着亦即失眠，是一件很焦虑的事情。失眠有心理、生理、遗传、环境疾病等多种因素。当然了，还有一种是兴奋过度。蒋防《霍小玉传》中，鲍十一娘拉皮条后，李益准备去见霍小玉就是这样，"其夕，生澣衣沐浴，修饰容仪，喜跃交并，通夕不寐"。

如果经常性地失眠，今天大抵要吃安眠药，从前则有睡草又名睡菜、瞑菜、绰菜等。南朝任昉《述异记》云："桂林有睡草，见之则令人睡。一名醉草，亦呼懒妇箴。"看见了都困，可能有些夸张。嵇含《南方草木状》云："绰菜，夏生于池沼间。叶类茨菰，根如藕条。南海人食之，令人思睡。"与睡草对应的，是却睡草。郭宪《洞冥记》云："有五味草，初生味甘，花时味酸，食之使人不眠，名曰却睡草。末多国献此草。"末多国，又不知是何方神国。屈大均《广东新语》也提到了睡菜与却睡草，此外还提到"广州多有之"的睡莲，举谚曰"毋佩睡莲，使人好眠"来说明睡莲也有安眠药的功能，这恐怕属于对睡莲名字的穿凿附会吧。然睡菜与却睡草，应当是存在过的，未知如今尚得见否，尚有能识者否。

"花竹幽窗午梦长，此中与世暂相忘。华山处士如容见，不觅仙方觅睡方。"失眠，既相当困扰前人，也相当困扰今人。专业人士指出，睡眠是生命过程中继心跳、呼吸之后的第三大生理必备条件。关注睡眠质量就是关注生活质量，关注睡眠就是关注健康。因而失眠更值得关注,因为它往往是身体潜在某种疾病的外在表现形式之一。

2020 年 3 月 21 日

日记(续)

新冠肺炎疫情期间,"日记体"文字风行一时。目力所及,武汉之外,还有关于纽约的、伦敦的、威尼斯的,大抵都出自定居或寄居在那里的我们的人的手笔。前几天一则报道说,《纽约书评》推出来自4个大洲、12个国家的的9篇"作家疫情日记",又包括了韩国、爱尔兰、埃塞俄比亚等国的作家。

"日记者,逐日所书,随意命笔,正以琐屑毕备为妙。"明人贺复徵的说法。更多的日记如陈左高先生所言:"政治家论朝政,出使者记行程,遣戍者叙贬谪,典试者谈科场,旅游者述行踪,随征者载战况。"至于"琐屑毕备"的,当推近代著名思想家王韬了,他的日记不仅记载时事、交游,上海的社会生活、风土习俗,而且不讳言自己的"活思想"。如咸丰二年(1852)七月二十五日他写道,与友人"登酒楼小酌,楼侧有一垂髻女子,颇静婉,从隙中窥之,不觉神移"。八月二十日写道,"侯家浜有一女子临窗刺绣,湘帘不卷。从帘际窥之,其容绝佳,不知何姓也"。诸如此类,俯拾皆是。诚如其所自道:"余所作之事,无不可以告人。"与后世诸多日记致力于营造自家光鲜的一面,大异其趣。

识者指出,日记萌芽于唐,发展于宋。南宋周煇《清波杂志》云:"元祐诸公皆有日记,凡榻前奏对语,及朝廷政事、所历官簿、一时人材贤否,书之惟详。"元祐诸公,即司马光、文彦博、吕公著、曾布、苏轼兄弟等上了"党人碑"的。周烨还说,他从吕公著后人那里看到过曾布的日记"数巨帙",记了些什么呢?"私家交际及婴孩疾病、治疗医药,纤悉毋遗"。这部名曰《曾公遗录》的日记,今存之残本三卷,仍达13万字之多。贺复徵所谓"正以琐屑毕备为妙",在于透过这些,后人能得以一窥时人的社会生活。

如今的各种疫情日记,大抵疫情过后便告一段落。如方方女士前后写了整整60篇,宣布不再继续。从前也有仅录一事始末的这一日记品种。如宋仁宗嘉祐六年(1061),右司谏赵抃为殿试考官,把前后18天的经历记了下来。其《赵清献御试日记》从报到时开始:"二月二十六日,宣赴崇政殿后水阁,同直孺(即贾黯)内翰、贯之(即范师道)杂端充编排官。"三月三日,记下了进士录取标准:"第一谓学识优长,辞理精纯,出众特异,无与比伦。第二谓才学该通,文理周密,于群萃中堪为高等。第三谓艺业可采,文理俱通(须合得及第者)。第四等谓艺业稍次,文理粗通。于此等中仍分优劣,优即为第四等上。第五等(须必然合落者)谓文理疏浅,退落无疑。"此外,还有皇帝哪天赐酒、赐食、赐果。日记全文虽只有千字有余,却清晰记录了此次殿试机构、考官设置以及考试内容、程序,成为研究宋朝科举制度的珍贵资料。

刘昌诗《芦浦笔记》云,赵抃手书的这册日记当时收藏在他家,是他家的"宝藏"。他发现,18天里仁宗总共亲临9次,"幸考校所者二,幸覆考所者四,幸详定所者二,幸编排所者一",仁宗在位都快40年了,"而犹垂意科选,亲屈翠华,以次临幸。虽上巳、寒食休暇之辰,孜孜不废,且训敕劳赐,无日无之,可谓至诚不息者矣"。我们由此亦可窥见,"仁宗盛治"绝非从天而降。

又如徐元杰于宋理宗淳祐四年到五年(1244—1245)间曾任

崇政殿说书,他的《进讲日记》记录了凡18次进讲经过。第一次即"四月初五日进讲"后他写道:"晚讲读《论语》,发明学问之道,求放心须自源头理会。"皇帝说:"心为万事之源。"他乃讲"读《鲁论》,心字只有三处"。皇帝问哪三处,元杰答:第一处,"'夫子七十而从心所欲不逾矩',此是圣人之心。第二处,'回也其心三月不违仁',此是贤者之心。第三处,'饱食终日无所用心,难矣哉',此是愚不肖之心。盖无所用心,则放辟邪侈,无不为矣。心无所用,反不若博弈猥亵之事,圣人戒之深矣"。皇帝听懂了:"正是,心不可无所用。"进讲之后,君臣间也有闲聊,如第二次即"四月十二日",日记写道:"晚讲后赐茶,圣语问'民间蚕茧出盎,农麦登场矣。今年蚕、麦与去年如何?'奏云:'今年蚕中熟,麦却差胜。'"徐元杰的耳闻目睹,也成了理宗了解民情的一个渠道。

出使类日记也属于一事一记。如路振《乘轺录》,是宋真宗大中祥符元年(1008)其出使契丹时所撰日记,详细记录了出使期间沿途道路里程、驿站城镇、军事要塞、居民职业以及辽朝迎送礼节等。陈襄《使辽语录》记录的是宋英宗治平四年(1067),他以国信使身份出使辽国的63天行程,以及与辽之接伴使、馆伴使臣会面的礼节、交流语言等。沈括《乙卯入国别录》记录了宋神宗熙宁八年(1075)夏,其以翰林侍读学士身份出使辽国,与辽右谏议大夫梁颖就边界问题如何激烈辩论。这些日记,对研究宋辽关系都具有相当之高的史料价值。

新冠肺炎疫情日记的价值何在,当下见仁见智,日后有野史之效是无疑的。至于华裔著名演员陈冲在《美国疫情日记》所云:"幸存下来的人们,怎样才能从中懂得人的价值,培养高尚的头脑和宽容的心?"如此则超越野史,属于更高层次的思索了。

2020年3月28日

愚人

4月1日是西方的愚人节。这个节传入我们国度想来很早，鲁迅先生20世纪30年代写给姚克的信中就说："愚人节所发信，顷已收到。"

愚人节的愚人，有"愚弄人"缩略的意味，这种愚弄实际上是捉弄、戏弄，是善意的恶作剧，因为对方上当而开怀。然如《左传·襄公四年》云，寒浞"行媚于内而施赂于外，愚弄其民而虞羿于田，树之诈慝以取其国家"，苏轼《述灾沴论赏罚及修河事缴进欧阳修议状札子》云，傅燮"畏避权势……愚弄上下，有同儿戏"，这类愚弄便属于蒙骗、玩弄，出发点基于恶意，就要大加挞伐了。

从前没有愚人节，性质相近的愚人行为却比比皆是。《诗·卫风·淇奥》有"善戏谑兮，不为虐兮"句。按程俊英诸先生的解释，这是诗人赞美卫武公为人幽默，爱开玩笑，但又不过分，不刻薄伤人。《谐史》云，"武陵一市井少年善说谎"，有个老者觉得自己不会受骗，挑战少年"可向我说一个？"少年答，刚才听说东湖的水给放干了，大家"都去拿团鱼，小人也要去拿，顾不得闲说"。老人一听，赶紧跑去东湖，但见"湖水渺然，乃知此言即谎"。愚人节的玩笑分寸，大抵就是如此了，聊博一笑，没有伤害性、危害性后果。

诸多不可思议的民俗，未必不是从愚人笑话演变而来。《苌楚斋续笔》云，杭州西湖边的雷峰塔所以倒掉，在于"杭人相传，求子者偷塔上一砖回家，即可生子，兼可镇邪辟火，以致偷砖者纷纷。久之，塔虽在，已外强内干"。又云上海的求子土俗更怪："偷生儿女多者之马桶盖，盖于自己马桶上，即可生子。以致生子女多者马桶盖防护维谨，无子者盗窃维巧，得之者欣喜异常，失者则咒骂不已。"诸如此类，先有愚人笑话再三人成虎，难道不存在这种可能吗？

愚人，自身也是一个词语，可以是愚昧的人，浅陋的人。《诗·小雅·鸿雁》有"鸿雁于飞，哀鸣嗷嗷；维此哲人，谓我劬劳；维彼愚人，谓我宣骄"句。周振甫先生译曰："鸿雁在飞，嗷嗷地哀叫。只有这聪明人，说我辛劳。只有那愚蠢人，说我宣扬骄傲。"先秦寓言中每能见到愚人，甚至可以说是汇聚之地。如"刻舟求剑"中"其剑自舟中坠于水，遽契其舟"的涉江者，"守株待兔"中"因释其耒而守株，冀复得兔"的耕者，"揠苗助长"中"闵其苗之不长而揠之者"，不是都可归为愚不可及的一类？《汉书·古今人表》把人分为九等，上上圣人、上中仁人、上下智人云，第九等为"下下，愚人"。按这个定义，愚人已不是不聪明，而是可与为恶，不可与为善的人，如妲己、赵高……

有趣的是，从《汉书》这个表中可以查到愚公，属于"中上"，第四等。这个层级的还有伍子胥、商鞅、祁奚，以及晋文公、老子、墨子等。愚公，春秋时人，未知是否《列子·汤问篇》"愚公移山"的主人公。不排除这种可能。十几年前就有个学者要为叶公好龙里的"叶公子高"平反，说人家是春秋楚国的著名政治家、军事家，寓言污蔑了他。看，叶子高就实有其人。愚公，字面上看就是愚人，智叟正与之对应。故事众所周知，智叟的逻辑是，愚公"以残年余力,曾不能毁山之一毛",愚公不这么认为,自己"子子孙孙无穷匮也,而山不加增,何苦而不平?"不难看到,愚公与智叟的名目实有颠之倒之的讽喻意味,如前人的清晰认识:"俗谓之愚者,未必非智也;俗谓之智者,未必非愚也。"就是说,愚公似愚实智,智叟似智实愚。

白居易《洛阳有愚叟》中有个愚叟形象,也属似愚实智的一类。看他,"浪迹虽似狂,谋身亦不拙。点检盘中饭,非精亦非粝。点检身上衣,无余亦无阙。天时方得所,不寒复不热。体气正调和,不饥仍不渴。闲将酒壶出,醉向人家歇。野食或烹鲜,寓眠多拥褐"。闲云野鹤一般,不啻生活达人,何愚之有?或正是白氏理想化的人格追求也说不定。

愚公典故每为后人道及。如北周庾信《哀江南赋》在言及梁朝局势无可挽回、自己无能为力时说:"岂冤禽之能塞海,非愚叟之可移山。"前一个典故即精卫填海,实际上填不平海;后一个,同样取其艰难之意。唐李德裕名篇《大孤山赋》有"虽愚叟之复生,焉能移其咫步",宋辛弃疾词有"青山不解乘云去,怕有愚公惊着汝"。历朝历代的人们借喻虽多,而愚公故事不胫而走,当推20世纪40年代毛泽东名篇《愚公移山》的问世。那是他为中共七大所作闭幕词,借用愚公知难而上、有志竟成最终"感动了上帝"的故事,形象地指出:"现在也有两座压在中国人民头上的大山,一座叫做帝国主义,一座叫做封建主义。中国共产党早就下了决心,要挖掉这两座山。我们一定要坚持下去,一定要不断地工作,我们也会感动上帝的。这个上帝不是别人,就是全中国的人民大众。全国人民大众一齐起来和我们一道挖这两座山,有什么挖不平呢?"摆在中国共产党面前的重要任务、实现手段、必胜信心,通过这则寓言来表达,既言简意赅,又淋漓尽致。

圣人何以为圣,愚人何以为愚?韩愈《师说》中有此一问。他给出的答案是:"古之圣人,其出人也远矣,犹且从师而问焉;今之众人,其下圣人也亦远矣,而耻学于师。"听不明白韩愈意思的,怕只有"愚益愚"之一途了。

2020 年 4 月 1 日

寒食节

清明节又到了。

清明节如今是祭祖和扫墓的日子,从前则不然,扫墓行为发生在寒食节。二者是相邻的两个节日。在时间关系上,寒食节在前,清明节在后。后来二者合并,为不识者混为一谈了。如富察敦崇《燕京岁时记》云:"清明即寒食,又曰禁烟节。古人最重之,今人不为节,但儿童戴柳祭扫坟茔而已。"

寒食节的一个文化特质是禁火。梁宗懔《荆楚岁时记》云:"去冬节一百五日,即有疾风甚雨,谓之寒食。禁火三日。"宋王禹偁《清明感事》诗云:"无花无酒过清明,兴味萧然似野僧。昨日邻家乞新火,晓窗分与读书灯。"乞新火,意谓寒食节时先灭火,清明节再取得新火,名曰"改火"。有人研究,改火曾经是世界范围内普遍流行的一项非常古老的习俗。王诗既点明了寒食与清明的时间关系,也点明了彼时清明还是游春赏玩的时节,然而自家四壁空空长物无,过得像苦行僧一样,只有燃灯读书了。

寒食节起自何时?《蕉轩随录》"时节始置"引《事物纪原》云:"伏羲初置元日,神农初置腊节,轩辕初置二社,巫咸始置除夕节,周公始置上巳,秦德公初置伏日,晋平公始置中秋,齐景公始置重阳、端午,楚怀王初置七夕,秦始皇初置寒食,汉武帝始置三元,东方朔初置人日。"不过,寒食节是可以溯至上古的。《周礼·秋官司寇》云,司烜氏"掌以夫遂取明火于日"。遂,即阳燧。按《古今注》的说法:"阳燧,以铜为之,形如镜,向日则火生,以艾承之,则得火也。"这种情形,跟如今每届奥运会举办之前,先要在希腊古奥林匹亚遗址采集圣火差不多,都是太阳聚焦的原理。到仲春,司烜氏还要负责"以木铎修火禁于国(城郭)中"。因此,郑玄说"禁火,盖周之旧制也",是春季防火的要求。

但是,主流民间传说将寒食节与介子推(或之推)紧密关联在一起。介子推,春秋晋国人,追随落难的重耳,有"割股奉君"之举;重耳归国继位,"赏从亡者",他又隐居"不言禄"。介子推的事迹大抵只有这些。传说增添了诸多神奇的成分,所谓重耳即晋文公负其功臣,介子推愤而隐于绵山,悔悟后的文公烧山逼令出仕,子推抱树焚死,民间乃相约于其忌日禁火冷食,以为悼念云云。绵山,也因之易名介山,在山西介休。介休,亦因子推而得名。今天有研究指出,关联二者的始作俑者是东汉桓谭,其《新论·离事》云:"太原郡民,以隆冬不火食五日,虽有疾病缓急,犹不敢犯,为介子推故也。"而洪迈《容斋三笔》早就认为,始作俑者是西汉刘向。刘向《新序·节士》云,"晋文公反,酌士大夫酒",子推怨于无爵齿,拿起酒杯说了些气话:"有龙矫矫,将失其所,有蛇从之,周流天下,龙既入深渊,得其安所,蛇脂尽干,独不得甘雨,此何谓也?"然后便上了山,"文公使人求之不得,为之避寝三月,号呼期年",却是"待之不肯出,求之不能得",乃有焚山之举。

当然,前人对寒食节之介子推说已有相当之多的辨正。《后汉书·周举传》载:"太原一郡,旧俗以介子推焚骸,有龙忌之禁。至其亡月,咸言神灵不乐举火,由是士民每冬中辄一月寒食,莫敢烟爨,老小不堪,岁多死者。"周举迁并州刺史,"既到州,乃作吊书以置子推之庙,言盛冬去火,残损民命,非贤者之意,以宣示愚民,使还温食。于是众惑稍解,风俗颇革"。沈括就说了,这里所云寒食,"乃是冬中,非今节令二三月间也"。《五杂组》亦云:"寒食禁火,以为起自介子推者,固俗说之误。"他还顺带指出:"以为龙星见东方,心为大火,惧火之盛而禁之,则尤迂之迂也。"在他看来,寒食节来源的这些说法,"讹以传讹,日甚一日"。不过,建立在某种文化心理之上的节日民俗,一旦构成了深藏在人们行为、语言和心理中的基本力量,便是任何所谓辨正都力不从心的了。

唐朝很重视寒食节,表现之一是节日假期的设定。《唐会要》载,玄宗开元二十四年(736)明确:"寒食、清明,四日为假。"代宗大历十三年(778)加了一天,"自今已后,寒食通清明休假五日"。德宗贞元六年(790)又敕:"寒食、清明,宜准元日节,前后各给三日。"一家伙成了七天长假。宋朝继承了这一点,将寒食节与元旦、冬至同等看待。《宋史·职官志》载:"元日、冬至、寒食假各七日。"《食货志》载,真宗大中祥符元年(1008),"诏泸州南井灶户遇正、至、寒食各给假三日",四川那些专业制盐的人家寒食也有三天假放。

"春城无处不飞花,寒食东风御柳斜。日暮汉宫传蜡烛,轻烟散入五侯家。"唐朝韩翃《寒食》诗,被视为此类题材的代表作,德宗李适亦深爱之,诗人还因此擢升为驾部郎中、知制诰。然人指出,这实际上是一首政治讽刺诗。概《西京杂记》有"寒食禁火日,赐侯家蜡烛";《后汉书·宦者列传》载,桓帝同日封单超等五名宦官为侯,"故世谓之五侯"。喻守真评价:"四句不说别处,偏飞'五侯家',则是明指宦官之得宠,而能传赐蜡烛。寓意深刻,不加讥刺,而已甚于讥刺。"李适他们,没有看出这种春秋笔法吗?

2020 年 4 月 4 日

寒食节（续）

寒食节的民俗是丰富多彩的。

彭乘《墨客挥犀》云："镇阳于诸节中尤重寒食。是日，不问贫富，皆制新衣，焕然满目。"盖"一岁终惟此日易衣。虽甚弊，不复易。至来岁是日，复图一新也"。这就是从前北方过年的待遇了。彭乘说"自闽岭已南，视此节则若不闻矣"，举沈佺期谪岭表诗为例："岭外逢寒食，春来不见饧。镇阳新甲子，何日是清明。"此之"镇阳"暂未知确指，北方是一定的，彭乘用以说明"南北异俗可知"嘛。

《东京梦华录》云："寻常京师以冬至后一百五日为大寒食，前一日谓之'炊熟'，用面造枣䉛飞燕，柳条串之，插于门楣，谓之'子推燕'。子女及笄者，多以是日上头。"及笄，即女孩年满十五岁，这个年纪要把头发绾起来，戴上簪子。《梦粱录》云："清明节前两日谓之'寒食'，京师人从冬至后数起至一百五日，便是此日。家家以柳条插于门，名之曰'明眼'。"《武林旧事》说得更详细一些，"都城人家，皆插柳满檐，虽小坊幽曲，亦青青可爱，大家则加枣䉛于柳上，然多取之湖堤"，有人因而诗云"莫把青青都折尽，明朝更有出城人"，给别人也留点儿。

归纳起来，寒食节的节俗，大致有这样几个。

其一,禁火。

"普天皆灭焰,匝地尽藏烟。"亦沈佺期句。唐朝将寒食视为重要节令,明文规定禁火三天。宋朝也是。《鸡肋编》云:"寒食火禁,盛于河东,而陕右亦不举爨者三日。"前面的"大寒食",是从冬至数起第一百零四天,第一百零六天则是"小寒食"。那么,禁火三天的起止时间就明白无误了。

唐伍唐珪有《寒食日献郡守》:"入门堪笑复堪怜,三径苔荒一钓船。惭愧四邻教断火,不知厨里久无烟。"诗意相当清楚:大家都在为寒食节准备熄火,而像我这样的,不待节令,过的已然是这种生活。语意凄惨悲凉,语气却幽默诙谐。

其二,冷食。

既然禁火,不能举爨,那么唯有吃冷食。这是二者的逻辑关联。

冷食吃些什么呢?《荆楚岁时记》说"造饧大麦粥"。《鸡肋编》说"饭面饼饵之类,皆为信宿之具",都能应对这两三天。又说"以糜粉蒸为甜团,切破暴干,尤可以留久",而以松枝插枣糕置门楣,"留之经岁",还可以治口疮。《七修类稿》说吃青白团子,"采桐杨叶染饭青色"。《帝京岁时纪胜》说"香椿芽拌面筋,嫩柳叶拌豆腐,乃寒食之佳品"。时令相同,因地而异吧。

其三,扫墓。

这是寒食节最重要的功能了。

柳宗元贬谪永州,四年回不去家,不能为先人扫墓,致友人信札有"每遇寒食,则北向长号,以首顿地"语。他之所以悲从中来,因为"田野道路,士女遍满,皂隶佣丐,皆得上父母丘墓,马医夏畦之鬼,无不受子孙追养者",而自己却只能待在贬谪之地。

《宋史·礼志》载,庆历二年(1042)寒食节,"宗室刺史以上,听更往朝陵"。《鹤林玉露》云:"临安净慈寺后有望祭殿,每岁寒食,朝廷差官一员,望祭西京诸陵。差升朝官读祝版。"《鸡肋编》云:"寒食日上冢,亦不设香火,纸钱挂于茔树。其去乡里者,皆登山望祭,裂冥帛于空中,谓之'擘钱'。"浙西人家更有特色,"就坟多作庵舍,种种备具,至有箫鼓乐器,亦储以待用者"。

屈大均《广东新语》提到了韶关南雄过寒食节,"妇女相约上丘垅,以乌糯饭置牲口祭墓"。他还说,宋端宗赵昰被元军追赶南下,死在湛江,陵墓其实在新会崖山,确切地点则是个谜。屈大均尝访其迹,吊之曰:"一路松林接海天,荒陵不见见寒烟。年年寒食无寻处,空向春山拜杜鹃。"又曰:"万古遗民此恨长,中华无地作边墙。可怜一代君臣骨,不在黄沙即白洋。"

《宋史·曹㿟传》载,曹㿟"移浙东提点刑狱,寒食放囚归祀其先",把犯人放出来回家去扫墓。这一招效果很好,"囚感泣如期至",并没有借机逃跑的。

其四,游戏。

《旧唐书·德宗纪》载,贞元元年(785)寒食节,"上与诸将击鞠于内殿"。《文宗纪》载,大和六年(832)寒食节,"上宴群臣于麟德殿",台上优伶演孔子,文宗把戏班子赶走了,他说:"孔子,古今之师,安得侮渎。"这是皇帝。

张籍《寒食内宴二首》其一云:"朝光瑞气满宫楼,彩纛鱼龙四周稠。廊下御厨分冷食,殿前香骑逐飞球。千官尽醉犹教坐,百戏皆呈未放休。共喜拜恩侵夜出,金吾不敢问行由。"这是大臣。

白居易《和春深》云:"何处春深好,春深寒食家。玲珑镂鸡子,宛转彩球花。碧草追游骑,红尘拜扫车。秋千细腰女,摇曳逐风斜。"这是民间。

《开元天宝遗事》云:"天宝宫中至寒食节,竞竖秋千,令宫嫔辈戏笑以为宴乐。帝呼为'半仙之戏'。"宋朝同样如此,"上元结灯楼,寒食设秋千,七夕设摩睺罗"。摩睺罗,即土、木、蜡等制成的婴孩形玩具。总之,上至宫廷下逮民间,寒食节一派欢乐祥和。

宋元之际谢枋得有一首《沁园春》,感叹"十五年来,逢寒食节,皆在天涯",因而自嘲"麦饭纸钱,只鸡斗酒,几误林间噪喜鸦",害得它们都没得吃。寒食节又到,"帝命守坟,王令修墓,男子正当如是邪。又何必,待过家上冢,书锦荣华"。此种家国情怀,自然比柳宗元悲叹个人要高出许多。

2020 年 4 月 6 日

雷神，火神

为了抗击新冠肺炎疫情，武汉以中国速度建起了两座方舱医院：雷神山和火神山。这两个地名有些趣味。我不大清楚，武汉是否原本就存在这两个地名，是的话，则两座医院的得名当然顺理成章。在前人的"三观"中，雷神和火神都是一种存在。雷神，神话中的司雷之神，亦称雷公、雷师。火神，司火之神。

电闪雷鸣，是夏天常见的天气现象。对于为何打雷，今天有科学的解释：云层中的正负极相碰，在发出闪电的同时，闪道中因高温使水滴气化、空气体积迅速膨胀而发出强烈爆炸声。前人解释自然现象，一概用阴阳理论。如《淮南子·天文训》云："天之偏气，怒者为风；地之含气，和者为雨。阴阳相薄，感而为雷，激而为霆，乱而为雾。"并且，像道家的任何祖师一样，雷神亦被拟人化。《山海经·海内东经》云："雷泽中有雷神，龙身而人头，鼓其腹（则雷）。"袁珂先生认为，雷泽即太湖。而按《广东新语·神语》的说法，雷神在广东雷州，有名有姓，叫做陈文玉。云雷州雷神庙供奉一枚鸟卵和陈锳，陈锳乃雷神之父。当地民间传说，"陈锳无子，其业捕猎"，某次"得一巨卵径尺，携以归，雷雨暴作，卵开，乃一男子，其手有文，左曰雷，右曰州，有神人尝入室中乳哺，乡人以为雷种也，神之"。这个男子就是陈文玉，后来还当了雷州刺史，

"既没,神化大显,民因祀以为雷神"。人而成神,想是陈文玉在雷州留下种种惠政,令后人念念不忘之故吧。

雷神信仰属于前人自然崇拜的一种,雷神庙因之成为普遍存在,见存至今的也还有不少。1938年2月在山东牟平雷神庙还暴发过一场激烈战斗,打响了胶东抗战第一枪。科举废除后,如同各地孔庙演变成学宫一样,雷神庙亦庶几近之,牟平那个就是,民国二年(1912)即辟为小学校址,新中国成立后依然,直到20世纪80年代成为文保单位。又《蕉轩随录》云,清朝同治年间王凯泰官广东布政使,"倡设孝廉书院,择地于粤秀山麓之应元宫。宫祀雷神,岁久倾圮,爰移雷神于后山颠,而讲堂成焉"。今天看去,应元宫本身又已经恢复道观本色。

饶是为神,前人认为雷也还是可以被驱使的。孙悟空就不用说了,《西游记》第四十五回在车迟国与道士斗法,命令雷公、电母阵前倒戈,听他"将棍子为号"。雷公一开始没明白,大惊道:"爷爷呀!我们怎吃得这棍子?"悟空说:"不是打你们,但看我这棍子往上一指,就要刮风。"但见那风婆婆、巽二郎没口的答应道:"就放风。""棍子第二指,就要布云。"那推云童子、布雾郎君道:"就布云,就布云。""棍子第三指,就要雷鸣电灼。"那雷公、电母道:"奉承,奉承。"除此之外,各朝也都有役使雷神的传说。

宋《夷坚丙志》云:"建昌王文卿既以道术著名,其徒郑道士得其五雷法,往来筠、抚诸州,为人请雨治祟,召呼雷霆,若响若答。"宋高宗时郑道士来临川,"数客往谒,欲求见所谓雷神者",推却不得,"乃如常时诵咒书符,仗剑叱咤。良久,阴风肃然,烟雾亏蔽,一神人峨冠持斧立于前",自言"弟子雷神也,蒙法师招唤,愿闻其指"。郑道士说这几位想见见你,"故遣相召,无它事也"。结果雷神生气了:"弟子每奉命,必奉上天乃敢至,迨事毕而归,又具以白。今乃以资戏玩,将何辞反命于天?此斧不容虚行,法师宜当之。"说罢一斧子砍下来,"坐者皆失声惊仆,移时方苏,郑已死矣"。戏弄雷神,要赔上卿卿性命,郑道士悔之已晚,但有告诫后人的意味。

明《七修类稿》云,宋理宗时有个叫莫月鼎的也有这种本领。时浙东大旱,"马廷鸾方守绍兴,迎致之,月鼎瞑目按剑,呼雷神役之,俄而震霆一声,大雨倾注"。元世祖时"遣御史中丞崔彧求异人于江南",又找到了他。请来,"帝诏近侍持果肴饷之",时天气晴朗,世祖问能不能来点儿雷声?月鼎说没问题,"即取胡桃掷地,雷应声而发,雷撼殿庭,帝为之改容"。

清《阅微草堂笔记》云:"俗传张真人厮役皆鬼神。尝与客对谈,司茶者雷神也。客不敬,归而震霆随之,几不免。"纪晓岚说那是齐东野语,当不得真,他有亲身经历。有一天,他和张真人同陪祀,"将入而遗其朝珠,向余借",晓岚说:"雷部鬼律令行最疾,何不遣取?"真人一笑。晓岚是用道家著名的咒语"急急如律令"来说事,盖《土风录》云:"律令,雷部神名,善走,用之欲其速。"这里是开玩笑,然晓岚另云,他在福州为官时,"老仆魏成夜夜为祟扰",有天晚上喝多了,骂道:"吾主素与天师善,明日寄一札往,雷部立至矣。"作祟的狐鬼"应声而寂"。晓岚说它们也知道这些,怕给雷劈了。

按《三教源流搜神大全》的说法,道教中的田华毕元帅是雷神,他能够"驾雷车,拥电旆",想雨就雨,想晴就晴。"流及汉末,妖魔纵横,奸淫百出",玉帝便封他为元帅,"辅玄天上帝诛瘟役魅,上管天地潦涸,下纠群魅出没,中击不仁不义等辈"。诛瘟,有雷神山方舱医院的功能寓意了。

2020 年 4 月 11 日

雷神，火神（续）

火神，也是民间信仰中的神祇之一。

在我们的神话传说中，燧人氏钻木取火，依靠摩擦发热而爆出火星，从而结束了人类茹毛饮血的时代。在希腊的神话传说中，则是普罗米修斯从宙斯那里偷取天火并将之赠与人类。在他们看来，火本身就是一种存在，宙斯把住不给才有普氏挺身而出。两相比较，我们的要脚踏实地得多。顺便说一句，因为普氏之举，古希腊在每届奥运会举办时都要点燃圣火。现代奥运会承继了这一传统。开幕前，圣火传递也是必不可少的仪式。火种则采自古奥林匹亚遗址，利用凹镜聚焦阳光而成。

神话归神话，周口店遗址考古发掘表明，距今50万年的"北京人"已经懂得用火，他们居住过的洞穴里留下了很厚的灰烬堆。与此同时，在有人类活动的各文化层中，也发现了烧骨，以及烧过的朴树子、烧石和烧土块，甚至个别石器也有烤灼的痕迹。对用火遗迹的深入研究，可知"北京人"不仅懂得用火，而且有控制火和保存火种的能力。2017年，在与周口店古人类结缘60周年的时间点上，吴新智先生留下一篇口述史，指出周口店还保留着两个第一，其一就是人工用火，"是东亚人类用火的最早证据"。火的使用，无疑完备了人的特征，也为"惟人万物之灵"奠定了基础。

希腊传说的火神是赫菲斯托斯，技艺高超，被视为工匠的始祖。我们这里的火神像雷神一样，同样有"流派"之别。燧人氏即被尊为火德星君，算是资格最老的神祇之一。此外有回禄，《国语·周语上》有"其亡也，回禄信于聆隧"。《左传·昭公十八年》载："郊人助祝史，除于国北，禳火于玄冥、回禄。"杜预注曰："玄冥，水神；回禄，火神。"清吴曾祺认为，回禄就是吴回即祝融。还有阏伯，《汉书·五行志》载："帝喾则有祝融，尧时有阏伯，民赖其德，死则以为火祖，配祭火星。"清翟灏《通俗编·神鬼》云："今恒言犹独于火神称祖。"最有名的火神，自然非祝融莫属了。祝融"兼职"颇多，三皇之一、南方之神、衡山最高峰等等。就火神身份而言，祝融名黎，出身显赫（颛顼之孙），职责专业（帝喾火官）。《国语·郑语》云："夫黎为高辛氏（帝喾）火正，以淳耀敦大，天明地德，光照四海，故命之曰'祝融'，其功大矣。"高诱注《吕氏春秋》"其神祝融"云："祝融，颛顼氏后，老童之子，吴回也，为高辛氏火正，死为火官之神。"前人还有一种见解，"祝融氏，号也；祝融，职也，本非人名。黎为祝融，回亦为祝融，皆职"。

像雷神一样，火神也被民间加以人格化，所以从前有人同样"见过"火神。如《池北偶谈》云，"武进诸生杨某馆于某氏，其人富而豪侈，每夜饮，必三鼓。一日醉归，见馆中灯火甚盛，从窗隙窃窥之，见案边二烛卓立甚巨，有绯衣人据案观书"。他以为是老杨，第二天一问，"杨对以实早寝，未尝夜读，然心怪之"。到晚上，老杨"假寐以伺"，要看个究竟。"近三鼓，忽有大声传呼，排户而入，随有二巨烛出地上，已而红焰满室，仆隶杂遝，拥一绯衣人至，据案而坐，取案上书册翻之"。老杨吓得大声喊叫，绯衣人好像没有听到。"将五鼓，绯衣者徐起，径趋杨卧处，众皆从之。忽举床四脚，盘旋室中，复掷之空中者数四。天将曙，又闻传呼声，寂无所见矣"。老杨醒来后,看大门还是插着的,"问院中人,毫无所闻也",于是乎赶快辞工回家。没几天,"火大作,所居皆烬"。老杨恍然大悟,自己见到的原来是火神啊,把床抛来抛去的,那是在预警啊。

老杨受聘的这家可能是意外失火,《西游记》第五十一回,孙悟空打不过青牛怪,到玉帝那里搬救兵,其中就有雷公和火德星君,后者的使命是"来此放火,烧那怪物一场,或者连那圈子烧做灰烬"。结果,"那妖魔见火来时,全无恐惧。将圈子望空抛起,唿喇一声,把这火龙、火马、火鸦、火鼠、火枪、火刀、火弓、火箭,一圈子又套将下去,转回本洞,得胜收兵"。

火神庙曾经也是一个普遍存在,见今各地仍保留不少。北京就有好几个,城里的什刹海、和平门,城郊的大兴都有,前一个还是敕建。此外,长沙的、漯河的、邢台的、广汉的那些,还都成了当地旅游景点。《郎潜纪闻初笔》云,清朝后期"京师书摊,今设琉璃厂火神庙,谓之庙市"。而早期,如"康熙朝诸公,皆称慈仁寺买书,且长年有书摊,不似今之庙市仅新春半月也"。陈康祺还说嘉庆时的学者王引之,"晚年,名益高,海内访先生者,率不相值,惟于慈仁寺书摊访之,则无不见,亦一佳事"。

鲁迅先生写过一篇《火》,从普罗米修斯说到燧人氏,遗憾"到如今只见中国人供火神菩萨,不见供燧人氏的"。这当然不是事实,然先生是要借此言事,"火神菩萨只管放火,不管点灯。凡是火着就有他的份。因此,大家把他供养起来,希望他少作恶。然而如果他不作恶,他还受得着供养么,你想?"讽喻的意味就更加十足了。火神之与疫病关联,毛泽东"借问瘟君欲何往,纸船明烛照天烧"句,言简意赅吧。

2020 年 4 月 15 日

劳动

今天是"五一国际劳动节"。1886年5月1日,美国芝加哥等地工人举行罢工和游行示威,要求实行8小时工作制并赢得胜利。基于这个前提,1889年在恩格斯组织召开的第二国际成立大会上,决定将5月1日作为国际劳动节。恩格斯高度评价"劳动",在《劳动在从猿到人转变过程中的作用》中他指出,劳动远远不止政治经济学家所说的是一切财富的源泉,"劳动创造了人本身"。

我们的典籍中早有"劳动"一词,但不是后世的概念,主要是指操作、活动。如《庄子·让王篇》云,舜欲禅让天下,让过许由,让过子州支伯,让过石户之农,大家都不接受。让到善卷时,善卷也没有接受,他说:"余立于宇宙之中,冬日衣皮毛,夏日衣葛絺;春耕种,形足以劳动;秋收敛,身足以休食;日出而作,日入而息,逍遥于天地之间而心意自得。吾何以天下为哉!"潇洒过我的日子不好吗,要天下干什么用,"悲夫,子之不知余也!"可叹啊舜,你这么不了解我。

劳动,还有锻炼身体的意思。《三国志·魏书·华佗传》载,华佗对徒弟吴普说:"人体欲得劳动,但不当使极尔。"人得适当活动,别弄得太累就是。活动活动,"则谷气得消,血脉流通,病不得生,譬犹户枢不朽是也"。他说从前那些长寿的人都是靠锻炼,"熊颈鸱顾,引挽腰体,动诸关节,以求难老"。他还向吴普传授了自己创制的五禽戏,"一曰虎,二曰鹿,三曰熊,四曰猿,五曰鸟",倘若"体中不快,起作一禽之戏,沾濡汗出,因上著粉,身体轻便,腹中欲食"。吴普照办了,很奏效,"年九十余,耳目聪明,齿牙完坚"。

劳,繁体作"勞"。《说文解字》释曰:"剧也。从力,熒省。熒,火烧冂,用力者劳。"翻译过来就是:劳,十分勤苦。由力、由熒省去下面的火而会意。熒,表示火灾烧屋;用力救火的人十分辛苦。王筠《释例》不同意这种说法,以为"劳字本不可解,许君勉强说之"。徐灏则有些折衷:"从力从熒省,盖于屋下夜中,篝镫力作,勤劳之意也。古文从力从熒不省。"

今天"劳动"的含义,大抵寓于从前的"劳人""劳力""劳事""劳工"等词语之中。

劳人,劳作之人。《诗·小雅·巷伯》有"骄人好好,劳人草草。苍天苍天,视彼骄人,矜此劳人"句。周振甫先生译曰:"骄人得意很高兴,劳人辛苦常艰辛。苍天啊苍天,瞧瞧那骄横的人,哀怜那辛劳的人。"当然,还有一种观点说此之"骄人"是得意的谗人,"劳人"是失意的人,即被谗者。《旧五代史·晋书·高祖记》载,天福五年(940)四月,石敬瑭"罢洛阳、京兆进苑囿瓜果,悯劳人也",这个"劳人"是劳作之人,当确凿无疑了。

劳力,从事体力劳动。《史记·扁鹊仓公列传》载,淳于意给项处看病,诊脉之余嘱他:"慎毋为劳力事,为劳力事则必呕血死。"项处没听,也不幸为淳于意所言中。《左传·襄公九年》载,知武子曰:"君子劳心,小人劳力,先王之制也。"孟子也说过"劳心者治人,劳力者治于人"的话,记得"批林批孔"那阵,这是着重批判的一个方面,视孟子为"孔家店二老板"。该语出自《孟子·滕文公上》,孟子对陈相说的,意谓管理国家一定要有分工,"有大人之事,有小人之事。且一人之身,而百工之所为备"。反过来呢,"如必自为而后用之,是率天下而路也! 故曰:或劳心,或劳力;劳心者治人,劳力者治于人;治于人者食人,治人者食于人。天下之通义也。"就是说,有官吏的工作,有小民的工作。只要是一个人,就要使用各路工匠制造出来的各种商品,但如果每件东西都要靠自己来造,这是让天下的人疲于奔命。因此,有的人劳动脑力,有的人劳动体力;脑力劳动者统治人,体力劳动者被人统治;被统治者养活别人,统治者靠人养活,这是通行天下的共同规则。孟子的这种客观阐述,在当时的批判者看来是在竭力宣扬唯心主义的反动思想。

劳事,劳作之事。《桯史》云,宋孝宗"锐志复古,戒燕安之鸩,躬御鞍马,以习劳事,仿陶侃运甓之意"。陶侃运甓,事见《晋书·陶侃传》,"侃在州无事,辄朝运百甓于斋外,暮运于斋内"。人家问他这是在干什么,他说"吾方致力中原,过尔优逸,恐不堪事"。陶侃是借搬砖来励志勤力。平反岳飞、隆兴北伐,宋孝宗也的确有些作为。

劳工,近代以来对工人的称谓。《苌楚斋随笔》云,1914年,南京河海工学院举行毕业典礼,江苏省长陈陶遗亲临演讲,其中说道:"我有一最好朋友,素来主张劳工神圣,乃尝见其以皮鞭鞭车夫。"那朋友该属于说一套做一套的两面派了。《浪迹丛谈》另有件"一时传为笑柄"的事。陈玉方的车夫跟人家打架被"拘至堂中",上面让他"自行处置"。陈玉方"熟视半晌",说这个人他不认识。车夫生气了:"小人伺候主人多年,何不识也?"待其转过身去,陈玉方才说对对对,真的是他。孔夫子旧书网上有卖《林则徐书陈玉方先生传》,显见林则徐跟陈玉方的关系挺不错。

　　提到劳动,人们脑海中浮现的往往马上是体力劳动。印象中,刚打倒"四人帮"那阵,报纸上公开讨论过"脑力劳动是不是劳动"。如今,恐怕早没有人为这个原本不成其为问题的问题纠结了吧。

2020 年 5 月 1 日

捣鸟窝

"鸟粪掉在某人车上,从早上到下午,派出绿化队拆了所有鸟窝……"前几天,北京微博网友发出了这条消息,且有视频为证:一辆号牌清楚的高空作业车正在启动升降机。事发丰台区东高地街道梅源里小区。有关方面随后回应说,那是小区物业公司接到居民反映,乃委托小区绿化养护单位将树上喜鹊窝拆除,共拆除三个,里面没有幼鸟和鸟蛋,未伤害到野生鸟类。

喜鹊窝,一般都是搭在树上的。《诗·陈风·防有鹊巢》云:"防有鹊巢,邛有旨苕。谁侜予美?心焉忉忉。"防,堤坝。清朝学者马瑞辰指出:"鹊巢宜于林木,今言防有,非其所应有也。不应有而以为有,所以为谗言也。"这首《防有鹊巢》正被认为是担忧有人离间自己情人的诗。《召南·鹊巢》还有"维鹊有巢,维鸠居之。之子于归,百两御之"句,按程俊英诸先生的观点,诗人看见鸠居鹊巢,联想到女子出嫁,住进男家,就用来起兴。而迎接车辆之众,显见新娘来自贵族之家。至于鹊巢鸠占成为强占别人房屋、土地、妻室等的比喻,属于后话。

从前的人将喜鹊在自家"地盘"上筑巢往往视为吉兆。"鹊巢"本身,即有"妇人之德"之指。《南部新书》云:"崔圆妻在家见二鹊构巢,共衔一木,大如笔管,长尺余,安巢中,众悉不见。俗言见鹊上梁必贵。"崔圆,《旧唐书》有传,"开元中,诏搜访遗逸"而崭露头角;"安史之乱"后,"玄宗亲制遗爱碑于蜀以宠之"。又《蕉轩随录》云:"内阁古树极多,浓阴老干,皆数百年物也。每遇会试年,有鹊架巢,则是科必得鼎甲,历验不爽。"因此,前人在"别有用心"时才会捣毁鹊巢。如《酉阳杂俎》云:"贞观中,忽有白鹊,构巢于寝殿前槐树上,其巢合欢如腰鼓。"就在"左右拜舞称贺"之际,太宗李世民说话了:"我尝笑隋炀帝好祥瑞,瑞在得贤,此何足贺!"乃命毁其巢,将白鹊放于野外。这是要群臣记取隋朝灭亡的教训。饶是如此,洪迈也不认同李世民此举:"鹊巢之异,左右从而献谀,叱而去之可也,何必毁其巢!"

不独鹊巢,前人对鸟窝大抵都是爱护的。当然,《水浒传》中鲁智深一类的鲁莽汉子要另当别论。其"倒拔垂杨柳"为人们所津津乐道,之所以拔就是因为上面有个老鸦窝,"每日只聒到晚"。鲁智深与那帮泼皮聚会时,老鸦又"不合时宜"地叫了,众人要搬梯子把窝给拆了,"也得耳根清净"。智深则乘着酒兴,"相了一相,走到树前,把直裰脱了,用右手向下,把身倒缴着,却把左手拔住上截,把腰只一趁,将那株绿杨树带根拔起"。有点儿文化的,即使干也不会这么直接。如《稽神录》所云张铤为彭泽令,甫一到任,发现"宅堂后有神祠,祠前巨木成林,乌鸢野禽群巢其上,粪秽积于堂中"。先前的人"畏其神,故莫敢犯"。张铤使巫祝于神曰:"所为土地之神,当洁清县署以奉居人,奈何使腥秽如是耶?尔三日中当尽逐众禽,不然,吾将焚庙而伐树矣!"过两天,果然"有数大鹗奋击而至,尽坏群巢"。这是假手于鹗了。

《汉书·宣帝纪》载,元康三年(63)夏六月诏曰:"三辅毋得以春夏摘巢探卵,弹射飞鸟。具为令。"必须明确的是,此诏前提在于:"今春,五色鸟以万数飞过属县,翱翔而舞,欲集未下。"无论如何,不准捣鸟窝、不准打飞鸟,尽管适用时间只是彼一时也,还是有积极意义的吧。民间流传的各种因果故事,更可体现出前人之爱护鸟窝。

《曲洧旧闻》说的是鹳巢。云仇念"为东州一邑宰",早晨起来办公,"有鹳雀翔舞庭下,驱逐久之,方去"。第二天又来了,他觉得很奇怪,乃"遣一吏迹所止而观其为何"。出城数里,吏"见一大树,鹳雀径止其上。视其颠,则有巢焉,数子啁啾其中"。树下呢,有几个人"持锯斧绳索将伐之"。吏赶快制止,并把他们带到衙门。仇念问为什么要伐树,他们说当柴火卖。又问能卖多少钱?答五千。"仇即以己钱五千与之",并且告诉他们:"是鹳连日来,意若求救于我者。异类而有知如此,尔不可伐。不然,且及祸。"

《七修类稿》说的是燕巢。云金朝安抚使田琢"少从军塞外,居有双燕为巢",有人想捉燕子,"田曲全护"。有天燕子来了,"飞止坐隅,都无惊畏,巧语移时不去"。田琢一琢磨,莫不是明天秋社,燕子该要南归,这是在跟他告别?于是作诗一首,"君怜我处频迎语,我忆君时不掩扉。明日西风悲鼓角,君应先去我何归"云云,写成小字,"为蜡丸系其足"。后八年田琢为潞州判官,燕子又"飞鸣公廨",腿上的蜡丸还在。

《鹤林玉露》说的是鹰巢。云"婺州州治,古木之上有鹰巢,一卒探取其子。郡守王梦龙方据案视事,鹰忽飞下,攫一卒之巾以去"。发现弄错了,鹰又"衔巾来还",这回"径攫探巢者之巾而去"。王梦龙了解到事情经过,"杖此卒而逐之"。罗大经感慨道:"其攫探巢者之巾,固已异矣。于误攫他卒之巾,复衔来还,尤为奇异。世之人举动差谬,文过遂非,不肯认错者多矣,夫子所谓可以人而不如鸟乎?"

做错了而勇于承认,衡之以如今的不少事情,人还真的不如鸟。丰台捣鸟窝之有关方面的前后反应,便是活生生的一例。

2020 年 5 月 11 日

凤凰

广州的凤凰花正在艳丽地开放,所在皆是,橙色或猩红色。凤凰花,依存于凤凰木。辞书上说,凤凰木是一种豆科乔木,原产非洲马达加斯加,株高6—12米,速生,叶羽状分裂,花艳丽,已广泛引种到世界各地的无霜地区。前人有"叶如飞凰之羽,花若丹凤之冠"的说法,或是凤凰木及花得名之源吧。

凤凰,在我们的神话谱系中是百鸟之王。《山海经》云,丹穴之山有种鸟,"其状如鸡,五采而文,名曰凤皇",它"饮食自然,自歌自舞,见则天下安宁",如韩愈所云:"凤凰、芝草,贤愚皆以为美瑞;青天、白日,奴隶亦知其清明。"司马相如有"凤兮凤兮归故乡,遨游四海求其凰"句,概雄鸟为凤,雌鸟为凰,凤也用来比喻婚姻关系中的男方。古埃及和古希腊罗马神话中也有这种神鸟,关联太阳崇拜。在他们的传说中,凤凰寿命在500年以上,自知快死时,乃用芳香的树枝和香料造巢,然后点燃,火堆里会奇妙地跳出一只新凤凰,所谓浴火重生,凤凰涅槃。

虽然是并不存在的神鸟,但是丝毫不妨碍人们描述凤凰的样子,如《说文解字》之"鸿前麟后,蛇颈鱼尾,鹳颡鸳思,龙文龟背,燕颔鸡喙,五色备举"。也丝毫不妨碍历史上许多人像"看见"过龙、麒麟一样,"看见"过凤凰。《廿二史札记》云:"两汉多凤凰,而最多者,西汉则宣帝之世,东汉则章帝之世。"如《汉书》《后汉书》之《本纪》载,本始元年(前73)五月,"凤凰集胶东千乘";四年(前70)五月,"(凤凰)集北海安邱、淳于";地节二年(前68)夏,"凤凰集鲁郡,群鸟从之"等,赵翼有个详细的爬梳。宣帝还因之改元"五凤",这个年号用了四年。对于宣、章在位时何以凤凰之多,赵翼推测:"得无二帝本喜符瑞,而臣下遂附会其事耶?"章帝有"凤凰所见亭部,无出今年租,先见者赐帛十匹,近者三匹"之诏,无疑也会加剧"看见"凤凰的地方和人。

不独汉宣、章两世,在那些自认为"天下承平日久,可谓治世"的时代,凤凰大抵都会知趣地现身。如《燕翼诒谋录》云:"真宗景德元年(1004)五月七日午时,白州有凤凰三,自南入城,众禽周绕,至万岁寺前,栖高木,上身如龙。"《癸辛杂识》云,金泰和四年(1024)六月,磁州武安县,"凤从东南来,众鸟周围之,大者近内,小者在外,以万万计",逗留了整整三天,"乃从西北摩空而上,县中三日无鸟雀"。《铁围山丛谈》云:"博白有远村号绿含,皆高山大水,人足迹所勿及,斗米一二钱,盖山险不可出。"村民宣称"我山多凤凰",他们的凤凰"其大如鹅,五色有冠,率居大木之颠,穴木而巢焉。遇天气清明则出,出必双双而飞。所过则群鸟举为之敛翼,俯首而伏,不敢鸣者久之"。到了清朝也还不乏此类记载。《蕉轩随录》云,雍正八年(1730)正月二十日,"房山县石梯构(沟)山中凤凰集于峰顶,文彩烂然。工匠樵牧民人等千有余人,无不共见"。那么多人有此眼福,究其缘由,或跟今天动辄看到UFO差不多吧,自己以为而已。

凤凰木及花之外,与"凤凰"搭车的物事还有不少。如凤凰车,指古代帝王所乘的车子。凤凰城,指京城。凤凰池,指魏晋时设于禁苑的中书省,掌管机要,接近皇帝。有意思的还是凤凰台。李白有《登金陵凤凰台》诗:"凤凰台上凤凰游,凤去空台江自流。

吴宫花草埋幽径，晋代衣冠成古丘。三山半落青天外，二水中分白鹭洲。总为浮云能蔽日，长安不见使人愁。"实际上在李白之前，凤凰台并不起眼，有没有这个景观也很难说，很可能正是因为李白的题写，凤凰台才成了名胜。《宋书·符瑞志》载，文帝元嘉十四年（437）三月，"大鸟二集秣陵民王顗园中李树上"，扬州刺史彭城王义康闻之大喜，乃"改鸟所集永昌里曰凤皇里"。这就是凤凰台的原型了。李白为什么要就此凭空一说呢？胡仔《苕溪渔隐丛话》指出，是针对崔颢的黄鹤楼诗，李白"欲拟之较胜负"，他不是说"眼前有景道不得，崔颢题诗在上头"吗？黄鹤楼既然贴上崔颢的标签了，他就另辟战场，用"凤凰台"来和"黄鹤楼"比拼，连韵脚和句式结构都照搬照用。用商伟先生的话说，崔颢无心，李白有意，李白"仿佛是为了证明，即便是同一个写法，他也能有所改进，甚至可以把原作比下去"。

　　《大唐新语》云，玄宗"尝遣中官往淮南采捕鸂鶒及诸水禽"，倪若水上疏切谏，说眼下农时正忙，"田夫拥耒，蚕妇持桑"，陛下"采捕奇禽异鸟，供园池之玩"，该让百姓怎么想呢。他奉劝玄宗"当以凤凰为凡鸟，麒麟为凡兽，则鸂鶒之类，曷足贵也！"但我们知道，作为借喻人才，凤凰则非"凡人"，是地位高贵或德才高尚的人。《诗·大雅·卷阿》有"凤皇鸣矣，于彼高冈，梧桐生矣"，即寓意野无遗贤。《启颜录》云，孙权接待蜀使费祎，叮嘱群臣，他来时，你们吃你们的。因为"权为辍食"，费祎嘲笑说："凤凰来翔，麒麟吐哺，驴骡无知，伏食如故。"既以凤凰自诩，又用"周公吐哺，天下归心"的典故恭维了孙权，又戏弄了他的手下。

　　筑巢引凤，今天也是营造良好条件以吸引人才的常用语。凤凰这个象征瑞应的文化意象，从来没有淡出过国人的思维。

2020 年 5 月 17 日

比武

5月17日,山东淄博,68岁的"浑元形意太极掌门"马保国与50岁的搏击业余选手王庆民进行了一次比武。结果,在短短30秒内马保国便3次被对手KO(击倒)。视频上看,老马根本没有招架之功,甚至有一次他自己主动仰面朝天,宛如碰瓷。而比武之前,裁判还一再叮嘱老马不要出手太重,"我喊停你一定要停",担心他把对方给打伤了呢。

比武,较量武艺,冷兵器时代的通常做法。正野史中都有一定记载,不过比的大抵是摔跤,即角抵或相扑,结果多是正能量的:为国争光。如《晋书·庾阐传》载,庾阐的父亲庾东跟"西域健胡"过招一回。时晋武帝司马炎在位,"有西域健胡趫捷无敌,晋人莫敢与校。帝募勇士",结果"以勇力闻"的庾东入选,他也不负众望,"扑杀之,名震殊俗"。

《续高僧传》中有两个释法通,其中籍贯京兆的那位力量相当了得,"有大石臼重五百余斤,通于南山负来,供僧用,今见在,贮水施禽鸟"。西蕃来了个叫大壮的,"在北门试相扑,无得者",这回是弄得隋文帝杨坚挺没面子。难道"大隋国无有健者"?于是法通被召来,"令相扑"。法通说,大壮的力气有多大,较量一下手劲就知道了。结果,"通任其把捉,其人努力把捉,通都不以为怀"。轮到法通了,"总揽两手急搠,一时血出外濆,彼即蟠卧在地乞命"。撒手后法通说,我都不敢使劲,"恐你手碎去"。大壮完全服气,"举朝称庆"。

《啸亭杂录》云:"国初诸王,披坚执锐,抚定辽、沈,先烈亲王诸子中如克勤郡王、颖毅王。诸王平定山左,各著有劳绩,惟先惠顺王以年幼未经从军,然天授神勇,众罕与匹。"表现在哪里呢?"顺治中,有喀尔喀使臣至,与近臣角抵,俱莫能撄",惠顺王听说后,"伪为护卫入朝,杂于众中,使臣与斗,应手而仆"。顺治高兴极了,"赏赉无算",那时惠顺王刚刚二十岁。

不过,旧时的比武大多出自市井说书人或文学作品,他们对此很能绘声绘色,擂台呀什么的。如《说唐》第七回有段描写:"近来元帅又选一个右领军,叫做史大奈。帅府规矩,送领职的演过了武艺,还恐没有本事,就在顺义村土地庙前造了一座擂台,限一百日,没有人打倒他,才有官做。倘有好汉打倒他,就把这领军官与那好汉做。"秦琼等三人去了,见那擂台"高有一丈,阔有二丈,周围挂着红彩,四下里有人做买卖,十分热闹。左右村坊人等,都来观看"。童环、金甲见史大奈语出狂妄,先后跳上擂台过招,但也相继被史大奈一个回合便打了下去,跟今世老马的遭遇差不多。秦琼"看了大怒,也就跳上擂台"。又如《水浒传》里有许多比武情节。杨志和索超在北京斗武,"一个金蘸斧直奔顶门,一个浑铁枪不离心坎",斗了五十余合,不分胜败。吕方和郭盛在对影山争夺话语权,"各使方天画戟",最后被花荣一箭射服。"燕青智扑擎天柱",比的也是摔跤。任原祸从口出,自号"擎天柱"不说,还来句"相扑世间无对手,争交天下我为魁",惹恼了燕青,专门来砸了他的场子。再如《说岳全传》里有岳飞比武,武考场上枪挑了小梁王柴桂。不过,岳飞既实有其人,后人便难免考证:柴桂是周

陈桥兵变拿下的就是大周的江山,这种背
个胆子,柴桂也不敢在京城公开撒野。

小说家言,从前的打仗是两边士卒列阵排开,将领依
,或者"三英战吕布"。比输了的,这边则一家伙掩杀过去。
吕思勉先生指出:"这固然不是事实,然将对将相厮杀,而其余的兵士看着不动,前代亦偶有其事。不过不像平话中所说,以此为决定胜负的要件罢了。"《三国志·魏书·吕布传》裴注引《英雄记》所云吕布与郭汜交战事,即其一"偶"。"郭汜在城北,布开城门,将兵就汜,言'且却兵,但身决胜负'",吕布提出两个单挑。于是"汜、布乃独共对战,布以矛刺中汜,汜后骑遂前救汜"。郭汜当然打不过吕布,时谚"人中有吕布,马中有赤兔"嘛,吕布是当时的武艺大拿。隋唐之际,顶尖人物则要推李元霸,手持共重八百斤的两柄铁锤,所向披靡,所谓"天下第一好汉"。至于影视中的比武招亲,更不免出于后人的纯粹臆想。逻辑上就不可能,彼时成婚有"纳采、问名、纳吉、纳征、请期、亲迎"六道程序,比武招亲能对上哪一道?

这几年,时而有包括太极拳在内的传统武术对决搏击格斗的新闻,前者皆落下风。2017年4月,徐晓冬仅用20秒就击倒了魏雷。究其因由,一方面或在于随着时代变迁,太极拳越来越倾向于养生功能,与搏击就是要打倒对方的游戏规则并不一样,二者本不该同时出现在擂台上。另一方面,或在于如今号称"太极宗师"的骗子太多,形同跳梁小丑,败坏了太极拳的声誉。闫芳的"凌空劲"不是早就成了笑柄了吗?不堪一击的马保国赛后声称,传统功夫讲究点到为止,自己右拳放到鼻子上没有打他,如果这个时间要发力,一拳就把他的鼻子打骨折了。令人喷饭。

2020年5月21日

怀"。轮到法通了,"总揽两手急搦,一时血出外溃,彼即蟠卧在地乞命"。撒手后法通说,我都不敢使劲,"恐你手碎去"。大壮完全服气,"举朝称庆"。

《啸亭杂录》云:"国初诸王,披坚执锐,抚定辽、沈,先烈亲王诸子中如克勤郡王、颖毅王。诸王平定山左,各著有劳绩,惟先惠顺王以年幼未经从军,然天授神勇,众罕与匹。"表现在哪里呢?"顺治中,有喀尔喀使臣至,与近臣角抵,俱莫能撄",惠顺王听说后,"伪为护卫入朝,杂于众中,使臣与斗,应手而仆"。顺治高兴极了,"赏赉无算",那时惠顺王刚刚二十岁。

不过,旧时的比武大多出自市井说书人或文学作品,他们对此很能绘声绘色,擂台呀什么的。如《说唐》第七回有段描写:"近来元帅又选一个右领军,叫做史大奈。帅府规矩,送领职的演过了武艺,还恐没有本事,就在顺义村土地庙前造了一座擂台,限一百日,没有人打倒他,才有官做。倘有好汉打倒他,就把这领军官与那好汉做。"秦琼等三人去了,见那擂台"高有一丈,阔有二丈,周围挂着红彩,四下里有人做买卖,十分热闹。左右村坊人等,都来观看"。童环、金甲见史大奈语出狂妄,先后跳上擂台过招,但也相继被史大奈一个回合便打了下去,跟今世老马的遭遇差不多。秦琼"看了大怒,也就跳上擂台"。又如《水浒传》里有许多比武情节。杨志和索超在北京斗武,"一个金蘸斧直奔顶门,一个浑铁枪不离心坎",斗了五十余合,不分胜败。吕方和郭盛在对影山争夺话语权,"各使方天画戟",最后被花荣一箭射服。"燕青智扑擎天柱",比的也是摔跤。任原祸从口出,自号"擎天柱"不说,还来句"相扑世间无对手,争交天下我为魁",惹恼了燕青,专门来砸了他的场子。再如《说岳全传》里有岳飞比武,武考场上枪挑了小梁王柴桂。不过,岳飞既实有其人,后人便难免考证:柴桂是周世宗柴荣之后,赵匡胤陈桥兵变拿下的就是大周的江山,这种背景之下,借他一千个胆子,柴桂也不敢在京城公开撒野。

继续按小说家言,从前的打仗是两边士卒列阵排开,将领依次比武,或者"三英战吕布"。比输了的,这边则一家伙掩杀过去。吕思勉先生指出:"这固然不是事实,然将对将相厮杀,而其余的兵士看着不动,前代亦偶有其事。不过不像平话中所说,以此为决定胜负的要件罢了。"《三国志·魏书·吕布传》裴注引《英雄记》所云吕布与郭汜交战事,即其一"偶"。"郭汜在城北,布开城门,将兵就汜,言'且却兵,但身决胜负'",吕布提出两个单挑。于是"汜、布乃独共对战,布以矛刺中汜,汜后骑遂前救汜"。郭汜当然打不过吕布,时谚"人中有吕布,马中有赤兔"嘛,吕布是当时的武艺大拿。隋唐之际,顶尖人物则要推李元霸,手持共重八百斤的两柄铁锤,所向披靡,所谓"天下第一好汉"。至于影视中的比武招亲,更不免出于后人的纯粹臆想。逻辑上就不可能,彼时成婚有"纳采、问名、纳吉、纳征、请期、亲迎"六道程序,比武招亲能对上哪一道?

这几年,时而有包括太极拳在内的传统武术对决搏击格斗的新闻,前者皆落下风。2017 年 4 月,徐晓冬仅用 20 秒就击倒了魏雷。究其因由,一方面或在于随着时代变迁,太极拳越来越倾向于养生功能,与搏击就是要打倒对方的游戏规则并不一样,二者本不该同时出现在擂台上。另一方面,或在于如今号称"太极宗师"的骗子太多,形同跳梁小丑,败坏了太极拳的声誉。闫芳的"凌空劲"不是早就成了笑柄了吗?不堪一击的马保国赛后声称,传统功夫讲究点到为止,自己右拳放到鼻子上没有打他,如果这个时间要发力,一拳就把他的鼻子打骨折了。令人喷饭。

2020 年 5 月 21 日

摆地摊

"地摊经济"新近成为一个热词。成都率先对占道经营开绿灯、全国两会期间政协委员提议给地摊松绑、中央文明办明确全国文明城市测评不考核占道经营等,都与之相关。地摊,在街边就地出卖货物的摊子,"占道"是其"经营"的主要方式。

摆地摊在从前很普遍,谋生的一种。《老残游记》第十二回,申子平"径奔山集"去找刘仁甫,"看那集上人烟稠密,店面虽不多,两边摆地摊、售卖农家器具及乡下日用对象的,不一而足"。这种情形,今天在农村仍然是常见景观,只是在很多城市里,才曾经是城管眼里的"过街老鼠"。提倡"地摊经济",大抵是要在城市中再现这种久违了的情形。但与先前不同的是,有的城市公开声明自己这里并不适合,有的城市则划定了一定范围。

《夷坚志》里有个叫王良佐的,"初为细民,负担贩油,后家道小康,启肆于门,称王五郎"。此则或可说明,摆地摊是一种比较低端的谋生方式。比较直观的宋朝京师人等如何摆地摊,从张择端名画《清明上河图》中可窥一斑。如"孙羊正店"前有一溜摆地摊的,有的相对固定,张着圆伞,摊主悠然坐在多种果品旁,也有在弯腰忙活的半流动摊贩。旁边鲜肉铺前还有个说书摊,围着十几个听众,有老有少;有个倚筐而立,筐里装的不知是什么,在和顾客介绍或讨价还价。"李家输卖店"前,有人在问讯一个半流动小贩。大路上,有顶着货品拿着三脚托架在寻找合适卖货地点的流动小贩。大路一角有个卖药摊,摊主席地而坐,面对围观者正在运用"三寸不烂之舌"。虹桥上更人满为患,扒着桥栏看热闹的,搭棚起伞卖东西的,颇有水泄不通之势,骑马的官员、坐轿子的不知何种人士,前导的人只好吆喝着开道。

宋朝地摊卖的东西,那叫五花八门。《武林旧事》"小经纪"条,记载的是南宋杭州的地摊,生活用品之外,有班朝录(朝士官职姓名)、供朝报(刊载诏令、奏章及官吏任免事务的朝廷公报)、选官图(赌博游戏用具)、诸色科名(登录各种科举考试中第人名的簿册)、开先牌(登载佛寺名录的簿册),还有卖老鼠药的,卖"猫窝、猫鱼""鸡食、鱼食"的,目测总有二三百种之多。

历史上有几个皇帝或准皇帝也喜欢摆地摊。《后汉书·灵帝纪》载,光和四年(181),"帝作列肆于后宫,使诸采女贩卖,更相盗窃争斗。帝著商估服,饮宴为乐"。《晋书·愍怀太子传》载,太子"于宫中为市,使人屠酤,手揣斤两,轻重不差。其母本屠家女也,故太子好之"。然其"又令西园卖葵菜、蓝子、鸡、面之属,而收其利"。《南齐书·东昏侯纪》载,萧宝卷"于苑中立市,太官每旦进酒肉杂肴,使宫人屠酤,潘氏为市令,帝为市魁,执罚,争者就潘氏决判"。就是说,让太监杀猪宰羊,宫女沽酒卖肉,自己假装市场的执法人员,有争议的,由其所宠爱的潘妃来定夺。《旧唐书·中宗睿宗纪》载,景龙三年(709),中宗"遣宫女为市肆,鬻卖众物,令宰臣及公卿为商贾,与之交易,因为忿争,言辞猥亵。上与后观之,以为笑乐"。除了愍怀太子的"收其利",这些人的摆地摊大抵要归为怪癖之列,与经济无甚关联。

对无牌流动小贩的称呼,广东白话叫做"走鬼"。在了解其由来之前，我曾望文生义，以为该是"鬼走"，管理的人来了，跑的该是小贩嘛。且前人有此类用法，如唐朝之"不良人"，实际上是"捉不良人"，指县衙中专管缉捕盗贼的吏卒，即捕快。《朝野佥载》云："贞观中，左丞李行廉弟行诠前妻子忠烝其后母，遂私将潜藏，云敕追入内。行廉不知，乃进状问，奉敕推诘极急。"李忠害怕了，"私就卜问，被不良人疑之，执送县"。另一则就很明确了："中书舍人郭正一破平壤，得一高丽婢，名玉素，极姝艳，令专知财物库。正一夜须浆水粥，非玉素煮之不可。"结果玉素趁机下毒，并卷走"金银器物十余事"。郭正一赶快服食土浆、甘草，算是保住了命，"录奏，敕令长安、万年捉不良脊烂求贼"，赖"不良主帅魏昶有策略"，最终破案。"捉不良"与"不良"，一字之差，意思恰好相反。识者指出，"走鬼"语源香港上世纪三四十年代，彼时对来自印度与巴基斯坦的雇佣警察，港人称之"红毛鬼"，走鬼，意谓他们来了。原本相互招呼走脱的暗语，变成了流动小贩的代名词。

黄六鸿《福惠全书》是了解清初地方社会情况的第一手资料，其"门摊税"条云："凡城市临街、铺面前隙地，有支棚摆摊，卖杂货生理者，晚则收归，早则铺设，有司以为贸易取利，宜输官钱，名之曰门摊税。然此皆穷民小本，藉之为糊口计。本铺既索地租，而官又分其微获，将安忍乎？邑如有此，宜除之以示慈惠。"门摊，即临街摆摊。门摊税，即营业税。黄六鸿觉得这个税不该收。

"地摊经济"如今重现江湖，初衷想来正是"以示慈惠"。曾几何时，城管与小贩的矛盾激化到不可调和的地步，极端的地方还闹出了人命。在管理已颇见成效的当下，回归之，或是疫情面前的权一时之需。无论如何，城市管理者的管理智慧又将面临考验，远比收税与否困难得多。

2020 年 6 月 6 日

粥(续)

新冠疫情期间备受关注的复旦大学附属华山医院感染科主任张文宏,不久前又火了一把。起因是张医生强调孩子的早餐一定要吃好,"只能吃鸡蛋、牛奶,不许喝粥"。此前他也说过,人在生病时要多吃营养的东西,喝粥是没有用的。

此语甫出,舆论大哗,赞弹有之。打捞历史文化记忆的话,张医生这些言论,张文潜听了就会不高兴。两人的名字虽只有一字之差,却不是本家兄弟的关系。张文潜是北宋官员,"苏(轼)门四学士"之一,以诗文名世。并且,文潜,字也,张耒才是本名。称字而不称名,传统文化中称谓上的礼貌嘛。张文潜为什么会不高兴呢?看看他写的《粥记赠潘邠老》就知道了。他说,当朝张安道(方平)"每晨起,食粥一大碗。空腹胃虚,谷气便作,所补不细。又极柔腻,与脏腑相得,最为饮食之良"。接着他又引了妙齐和尚的说法为佐证:"山中僧每将旦一粥,甚系利害,如或不食,则终日觉脏腑燥渴。盖能畅胃气,生津液也。"最后他亮出了自己的观点:"今劝人每日食粥,以为养生之要,必大笑。大抵养性命,求安乐,亦无深远难知之事,正在寝食之间耳。"无疑,在张文潜那里,喝粥,尤其是早餐喝粥,属于"养生之要"的一种。

如上面所介绍,像张文宏医生一样,张文潜也非寻常人物,他的文字尤其散文,针砭时弊,包容古今,苏轼、黄庭坚、杨万里等当时就给予了很高评价。那篇《粥记》也是引起了共鸣的。举宋人为例。如费衮就说,有人读了之后可能会笑话张文潜,不要笑,"予观《史记》,阳虚侯相赵章病,太仓公诊其脉曰:'法五日死。'后十日乃死。所以过期者,其人嗜粥,故中藏实,中藏实故过期"。后面的话不甚了了,前面几句很清楚:赵章本来被淳于意确诊只能再活五天,可他却活了十天。原因呢?赵章爱喝粥。所以费衮说,"文潜之言,又似有证",不是随便说的。《宋史·王旦传》也有类似记载,王旦疾甚,真宗"遣内侍问者日或三四",并且"手自和药,并薯蓣粥赐之"。薯蓣,即山药。

又如费衮说他看过苏轼写的一个帖子,这么写的:"夜坐饥甚,吴子野(复古)劝食白粥,云能推陈致新,利膈养胃。僧家五更食粥,良有以也。粥既快美,粥后一觉,尤不可说,尤不可说!"再如陆游《食粥》诗,更明确表示赞同,诗序交待得很清楚:"张文潜有食粥说,谓食粥可以延年,予窃爱之。"诗云:"世人个个学长年,不悟长年在目前。我得宛丘平易法,只将食粥致神仙。"所以,倘若回到宋朝,不要说张文潜,苏东坡、费衮、陆游他们听到喝粥有害论,估计都会站出来反驳的。

粥虽寻常之物,却有温饱类与养生类之分,张文潜他们针对的自然是后一种,像清朝美食家袁枚说的:"见水不见米,非粥也;见米不见水,非粥也。必使水米融洽,柔腻如一,而后谓之粥。"朱彝尊谈煮粥,"用井水则香,用河水则淡而无味。然河水久宿煮粥,亦佳。井水经暴雨过,亦淡"。温饱类的则不会有这么讲究。《后汉书·冯异传》载,刘秀征战王郎,"时天寒烈,众皆饥疲",不知道冯异从哪里弄来了豆粥。第二天早晨,刘秀对诸将还念念不忘:"昨得公孙豆粥,饥寒俱解。"有得吃,就已经相当满足了。我国全面小康年内就将实现,现在百姓家喝的也不会是这一种。"不许喝粥",颇有些无视传统文化。前述之外,举目可见典籍中对粥的津津乐道。

周密《武林旧事》开列了南宋时杭州的名粥,计有七宝素粥、五味粥、粟米粥、糖豆粥、糖粥、糕粥、馓子粥、绿豆粥。林洪《山家清供》里有梅粥、真君粥、河祇粥。他解释梅粥,"扫落梅英,捡净洗之,用雪水同上白米煮粥。候熟,入英同煮"。真君粥呢,"杏子煮烂去核,候粥熟同煮"。然"真君"何来?来自董奉,"董真君未仙时多种杏。岁稔,则以杏易谷;岁歉,则以谷贱粜。时得活者甚众"。董奉后来白日升仙,林洪因之感慨"岂必专于炼丹服气?苟有功德于人,虽未死而名以仙矣"。洪迈《夷坚志》里还有鳜鱼粥,"其法用鳜鱼大者四枚,破除净尽,去首尾及皮,以线系骨端垂于釜中。然后下水与米。凡盐、酒、姜、椒之属,悉有常数。度其糜烂,则聚四线为一,并擎之,鱼骨尽脱,肉皆溃于粥矣"。朱彝尊《食宪鸿秘》开列了神仙粥、胡麻粥、薏苡粥、山药粥、芡实粥等。袁枚《随园食单》也有一家之言:"近有为鸭粥者,入以荤腥;为八宝粥者,入以果品,俱失粥之正味。不得已,则夏用绿豆,冬用黍米,以五谷入五谷,尚属不妨。"

"卧听鸡鸣粥熟时,蓬头曳履君家去",苏东坡这一句,也是早餐喝粥心情迫不及待的生动写照。《渑水燕谈录》云,张齐贤"以吏部尚书知青州六年,其治安静,民颇安之",但是仍然有人"谤其居官弛慢",令朝廷将之召还。张齐贤说真有意思,"向作宰相,幸无大过,今典一郡,乃招物议,正如监御厨三十年,临老反煮粥不了"。开玩笑说,比喻倒是恰当,但未免如今日张医生那样轻视了煮粥。

2020 年 6 月 10 日

继父

艺人仝卓自曝当年高考身份舞弊案已经真相大白。临汾市纪委监委通报,2012年高考后,仝卓(时用名李振华)想再次参加高考并报考解放军艺术学院,因该校要求必须是应届生才能报考,其继父仝天峰乃"请托陕西省延安市有关人员为仝卓办理了虚假转学手续"。旋即,16名"有关人员"也相继被处理。此前,震惊全国的云南孙小果案中,也有个继父李桥忠,为判处死刑的孙小果违规减刑不遗余力。

孔颖达疏《礼记》云:"继父者,谓母亲后嫁之夫也。"顾炎武《日知录》"继父同居者"条云:"夫物之不齐,物之情也。虽三王之世,不能使天下无孤寡之人,亦不能使天下无再适人之妇。"这是没有办法的事。妇所再适之人,即后嫁之夫;倘妇先有子女,对后嫁之夫而言就是继父。另一方面,后嫁之夫若已有子女,再适人之妇就是继母。这层亲属关系从血缘上来说,不属于直系,但从法律上来说属于,今天来看,双方同样具有抚养、赡养、继承等义务和权利。顾炎武那个时候也说了,"假令妇年尚少,夫死,而有三五岁之子,则其本宗大功之亲自当为之收恤",如果没有大功之亲,又不能跟着母亲,就没有活路了。这个时候,"其母所嫁之夫,视之如子而抚之,以至于成人。此子之于若人也名之为何,不得不称为继父矣"。继父尽了抚养之责,去世后继子要为之穿孝服,"长而同居,则为之服齐衰期;先同居而后别居,则齐衰三月,以其抚育之恩次于生我也"。齐衰,丧服的一种,"五服"中列位二等,次于斩衰。前一种情况要穿一年,后一种也要三个月,以示报恩。顾炎武认为:"为此制者,所以寓恤孤之仁,而劝天下之人不独子其子也。"

北宋贤相杜衍有个继父。《宋史·杜衍传》记载其亲生父亲名遂良,"仕至尚书度支员外郎。衍总发苦志厉操,尤笃于学"。司马光《涑水记闻》另有补充,说杜衍父亲早卒,"遗腹生公,其祖爱之",爷爷喜欢他。杜衍的母亲本来是继室,"前母有二子,不孝悌,其母改适河阳钱氏",只有再嫁。爷爷死时,杜衍才十五六岁,那两个同父异母的哥哥"以为母匿私财以适人,就公(衍)索之,不得,引剑斫之,伤脑"。杜衍"乃诣河阳,归其母",但"继父不之容"。杜衍功成名就后,并没有计较前嫌,"其长兄犹存,待遇甚有恩礼。二兄及钱氏、姑氏子孙,受公荫补官者数人"。

北宋另一贤相范仲淹也有个继父,正史中提到了这一点。《宋史·范仲淹传》载:"仲淹二岁而孤,母更适长山朱氏,从其姓,名说。少有志操,既长,知其世家,乃感泣辞母,去之应天府,依戚同文学。"就是说,范仲淹原名叫做朱说,"改集庆军节度推官,始还姓,更其名"。吴处厚《青箱杂记》云,范仲淹复本姓之后发了个帖子:"志在投秦,入境遂称于张禄;名非霸越,乘舟乃效于陶朱。"张禄即战国时魏人范雎,改名张禄而入秦国,成为秦国继往开来的一代名相。陶朱即越人范蠡,辅佐勾践吞吴后,急流勇退,"改朱姓而自越去陶",自号陶朱公。范雎、范蠡都是范姓先贤,都曾因故而改名换姓,范仲淹引二人故事,一方面表达了认祖归宗的合理愿望,另一方面也表达了自己志在天下的雄心。吴处厚还说,此前,后蜀翰林学士范禹偁曾随张姓,改回本姓之后,也有个帖子:"昔年上第,误标张禄之名;今日故园,复作范睢之裔。"《十国春秋》载,范禹偁改姓也是因为有了继父,所谓"随母改适张氏,因冒姓名曰张谔"。

范仲淹的继父名叫朱文翰。《宋会要辑稿·仪制》载,仁宗庆历五年(1045)四月四日,资政殿学士、右谏议大夫、新知邠州范仲淹上言:"念臣遭家不造,有生而孤,惟母之从,依之以立。继父故淄州长山县令朱文翰,既加养育,复勤训导,此而或忘,已将安处?伏遇礼成郊庙,泽被虫鱼。伏望以臣所授功臣阶勋恩命回赠继父一官。"于是,诏朱文翰特赠太常博士,虽品级不高,毕竟是范仲淹心里还装着继父。

前溯的话,秦始皇也相当于有个继父。按《史记·吕不韦列传》的说法,秦始皇是吕不韦的儿子。当年,吕不韦找了个姿容绝美而又善舞的姑娘同居,"知有身"。有一天,"子楚从不韦饮,见而说之,因起为寿,请之"。吕不韦很生气,"念业已破家为子楚,欲以钓奇,乃遂献其姬。姬自匿有身,至大期时,生子政。子楚遂立姬为夫人"。子楚,即秦庄襄王,秦始皇名义上的父亲。《说苑·正谏》另云:"秦始皇帝太后不谨,幸郎嫪毐,封以为长信侯,为生两子。"嫪毐"专国事,浸益骄奢",某日赌博,又喝多了,骂人家:"吾乃皇帝之假父也,窭人子何敢乃与我亢!"人家马上告诉了秦始皇,嫪毐最终落得车裂的下场。假父之成继父,只差了个婚礼而已。

《巢林笔谈》云:"明闽民有随母再嫁者,刲股疗继父疾,有司以孝闻。"御史陈缨明确表示毫不认同,他说:"弃本姓而冒他姓,义已不明;亏父体以济父仇,孝则安在?"显而易见,自南宋以来的"存天理灭人欲"盛行之后,封建礼教对于中国传统女性的言行举止日渐苛刻,"三从四德"还是次要的,首要的是"从一而终"。妇女再嫁的行为,已为明清的封建卫道士们不能容忍了。

2020 年 6 月 15 日

吟诵

5月15日央广网有条视频,画面是江西湖口县第四中学邹雅慧同学在秀美的石钟山风景区吟诵苏轼的《石钟山记》:"《水经》云:'彭蠡之口有石钟山焉。'郦元以为下临深潭,微风鼓浪,水石相搏,声如洪钟……"边走边诵,有板有眼。

曾国藩说:"君子有三乐。读书声出金石,飘飘意远,一乐也。"在前人看来,读书读出声音,是一种比较重要的读书方法,所谓吟诵。吟诵可以泛指读书,而其狭义的一面,便是有节奏地诵读诗文。赵敏俐先生指出:"吟诵之所以成为一种读书方式,首先在于它符合汉语言文字的发声规律。汉语是一种旋律型声调语言,一字一音,又具有不同的声调,将它们按照一定的节奏诵读,自然就产生一种音乐的美感。"实践起来,大抵就是像湖口的邹同学这样吧。

典籍中的前人吟诵,比比皆是。如《隋书·薛道衡传》载:"江东雅好篇什,陈主尤爱雕虫,道衡每有所作,南人无不吟诵焉。"韩愈《进学解》中的国子先生,既教育学生"业精于勤荒于嬉,行成于思毁于随",自己也身体力行,"口不绝吟于六艺之文,手不停披于百家之编"。《鹤林玉露》云,宋高宗绍兴八年(1138)科举,福建人包揽了前三名,探花陈修的句子——葱岭金堤,不日复广轮之土;泰山玉牒,何时清封禅之尘——给高宗留下深刻印象,至于"亲书此联于幅纸,粘之殿壁"。及开榜唱名到陈修时,高宗在确认"卿便是陈修"后,乃"吟诵此联,凄然出涕"。建炎南渡,令他感慨万千吧。

从前的教育或教学也是这样。《鹤林玉露》另云:"农圃家风,渔樵乐事,唐人绝句模写精矣。余摘十首题壁间,每菜羹豆饭饱后,啜苦茗一杯,偃卧松窗竹榻间,令儿童吟诵数过,自谓胜如吹竹弹丝。"《明史·文苑传》载王冕幼贫,"父使牧牛,窃入学舍,听诸生诵书",晚上回家,牛都给弄丢了,"父怒挞之,已而复然"。学堂里的吟诵之声,对王冕有着极大的吸引力。不少小时候家里穷的孩子,也是这种学习方法。如《晋书》中的徐苗,"少家贫,昼执锄耒,夜则吟诵"。又《南齐书》中的沈驎士,"少好学,家贫,织帘诵书,口手不息"。鲁迅先生《从百草园到三味书屋》更有一段私塾里的生动描写:先生大声道:"读书!"于是乎,"大家放开喉咙读一阵书,真是人声鼎沸"。这当中,有读"仁远乎哉我欲仁斯仁至矣"的,有读"笑人齿缺曰狗窦大开"的,有读"上九潜龙勿用"的,有读"厥土下上上错厥贡苞茅橘柚"的……《论语》《幼学琼林》《易》《尚书》,吟诵什么的都有。而"先生自己也念书。后来,我们的声音便低下去,静下去了,只有他还大声朗读着"。

吟诵正需要出声。西汉朱买臣"担束薪,行且诵书",同样背着柴火到集上去卖的妻子受不了,"数止买臣毋歌呕道中",朱买臣非但不听,反而"愈益疾歌",结果"妻羞之,求去",不跟他过了。《世说新语·文学》载,东晋袁虎少贫,"尝为人佣载运租",也是一边干活一边吟诵。某天夜里谢尚微服泛江,"闻江渚间估客船上有咏诗声,甚有情致;所咏五言,又其所未尝闻,叹美不能已"。派人一问,原来是袁虎"自咏其所作《咏史诗》",两人一下成了朋友。朱买臣的境遇较之袁虎,真是判若云泥。

《世说新语·雅量》云,桓温"伏甲设馔,广延朝士,因此欲诛谢安、王坦之"。王坦之吓坏了,问谢安怎么办。谢安不仅"神意不变",而且"望阶趋席,方作洛生咏",吟诵起嵇康《赠秀才入军诗》,"浩浩洪流,带我邦畿"云云。这下倒是桓温有些心慌,"乃趣解兵"。按余嘉锡先生的见解,谢安是模仿洛下书生读书之声以咏诗。《晋书·谢安传》载,谢安喜欢吟诵,"尝与孙绰等泛海,风起浪涌,诸人并惧,安吟啸自若"。不过谢安"有鼻疾,故其音浊,名流爱其咏而弗能及,或手掩鼻以敩之",对谢安的这种机械模仿,就十分可笑了。当然,素为桓温所亲暱的顾长康是不客气的,人问之"何以不作洛生咏",他答"何至作老婢声",以"老婢声"来讥讽谢安的发音。

前人于吟诵对学问的效能颇多心得。朱熹云:"凡读书须整顿几案,令洁净端正,将书册齐整顿放,正身体,对书册,详缓看字,仔细分明。读之须要读得字字响亮,不可误一字,不可少一字,不可多一字,不可倒一字,不可牵强暗记。只是要多诵遍数,自然上口,久远不忘。"张岱云,自己小时候"凡看经书,未尝敢以各家正襟危坐,朝颂白文数十而过,其意义忽然有省。间有不能强解者,无意无义,贮之胸中。或一年,或二年,或读他书,或听他人议论,或见山川云物鸟兽虫鱼,触目惊心"。郑燮云:"人咸谓板桥读书善记,不知非善记,乃善诵耳。板桥每读一书,必千百遍,舟中、马上、被底,或当食忘匕箸,或对客不听其语,并自忘其所语,皆记书默诵也。书有弗记者乎?"

叶嘉莹先生在谈及学习古典诗词时也说到:"诗歌兴发感动的力量是从吟诵来的,传统的吟诵几乎已经失传了,我们不赶快抢救,就要灭绝了,如果我们不会吟诵,用理智来写诗,诗歌中兴发感动的力量难以找到,诗歌的生命会被减损。"湖口邹同学之举,值得推广。

2020 年 6 月 21 日

督邮

四大名著之一的《三国演义》，迄今我没有完整地通读过一遍。从前，少年的时候，读不进去，人物太多，关系太杂，一会儿他是他的人，一会又投奔或投降了他，眼花缭乱。后来，则是怕和《三国志》鱼目混珠，明明是小说，却偏偏让人误认为是历史。如吕思勉先生所言："这部书有些地方，渲染得很有文学意味，如赤壁之战前后便是；有些地方，却全是质实的事，简直和正书差不多。"

不过，第二回的"张翼德怒鞭督邮"却是印象相当深刻。张飞的形象历来很正面，反衬出督邮的形象相当负面。但督邮究竟是干什么的，一直未求甚解。自家的《三国演义》是人民文学出版社版本，注释颇多，然对"督邮"未着一字，想是认为不成其为问题了；又或者，同样没有当成一回事。先看看罗贯中的描写。刘备镇压黄巾之后，"除授定州中山府安喜县尉"，然而上任不到四个月，"朝廷降诏，凡有军功为长吏者当沙汰，玄德疑在遣中"。这个时候督邮来了，"玄德出郭迎接，见督邮施礼。督邮坐于马上，惟微以鞭指回答"。这种傲慢姿态先令"关、张二公俱怒"，随后，督邮又把刘备训斥了一番。县吏告诉刘备："督邮作威，无非要贿赂耳。"刘备说自己居官清廉，拿不出钱；张飞则酒后"径入馆驿"，大喝:"害民贼!认得我么?"督邮还没来得及开口,"早被张飞揪住头发,扯出馆驿,直到县前马桩上缚住;攀下柳条,去督邮两腿上着力鞭打,一连打折柳条十数枝"。

这里大抵已能窥见督邮职能的影子:对县级官员的监察。梁章钜《称谓录》云督邮"即今驿丞之流",非常片面。清朝的驿丞借用了汉的名称,却不等于汉之督邮就是信使。汉时,督邮实际上是郡的重要属吏,代表太守督察县乡,宣达教令,兼司狱捕亡。如《续汉志》所言:"郡监县有五部,部有督邮掾,以察诸县也。"陈仲安先生认为,督邮之职始见于西汉中叶以后,所掌有三:一曰督察,如《汉书·韩延寿传》所载:"督邮分明善恶于外。"因此,"督邮不用本部人,盖避免同部有私也"。二曰督送邮书、奉宣教令,此概其本职。三曰杂职。即与督察有关之附职,包括奉诏捕系,追案盗贼,录送囚徒,催租点兵,询核情实等。督邮的重要,杜佑《通典》说它是"功曹之极位"。

浏览所见,督邮之督送邮书的"本职"尚缘悭一面,监察的职能倒比比皆是。《汉书·黄霸传》载:"许丞老,病聋,督邮白欲逐之。"黄霸说话了:"许丞廉吏,虽老,尚能拜起送迎,正颇重听,何伤?且善助之,毋失贤者意。"他是这么看的:"数易长吏,送故迎新之费及奸吏缘绝簿书盗财物,公私费耗甚多,皆当出于民,所易新吏又未必贤,或不如其故,徒相益为乱。"不管黄霸的辩解有没有道理吧,督邮的监察职能明白无误。

《后汉书》中,这类记载就更多了。

《卓茂传》载,卓茂为河南密县令,"数年,教化大行,道不拾遗"。平帝时,天下闹蝗灾,"河南二十余县皆被其灾,独不入密县界。督邮言之,太守不信,自出案行,见乃服焉"。这当然要姑妄听之了,此处援引只在于强调督邮的作用。

《郅寿传》载，郅寿为冀州刺史，"时冀部属郡多封诸王，宾客放纵，类不检节，类犹皆也。寿案察之，无所容贷。乃使部从事专住王国，又徙督邮舍王宫外，动静失得，即时骑驿言上奏王罪及劾傅相，于是藩国畏惧，并为遵节。视事三年，冀土肃清"。近王宫置督邮舍，便于察王之得失。

《苏不韦传》载，不韦父苏谦"初为郡督邮。时魏郡李暠为美阳令，与中常侍具瑗交通，贪暴为民患"，前面的人拿他没办法，"及谦至，部案得其臧，论输左校"，苏谦反而被诬受难。

《钟离意传》载，钟离意"少为郡督邮，时部县亭长有受人酒礼者，府下记案考之"。

《陈球传》载，陈球为繁阳令，"时魏郡（繁阳隶魏）太守讽县求纳货贿，球不与之，太守怒而挝督邮，欲令逐球"。即便上司动怒，督邮仍然没有从命，他说："魏郡十五城，独繁阳有异政，今受命逐之，将致议于天下矣。"太守这才缩手。

《张俭传》载，桓帝延熹八年（165），张俭为东部督邮，"时中常侍侯览家在防东，残暴百姓，所为不轨。俭举劾览及其母罪恶，请诛之"。结果侯览"遏绝章表，并不得通，由是结仇"。

《侯览传》中，张俭的弹劾很具体，云侯览"前后请夺人宅三百八十一所，田百一十八顷。起立第宅十有六区，皆有高楼池苑，堂阁相望，饰以绮画丹漆之属，制度重深，僭类宫省。又豫作寿冢，石椁双阙，高庑百尺，破人居室，发掘坟墓。虏夺良人，妻略妇子，及诸罪衅，请诛之。"还说侯览的母亲，"生时交通宾客，干乱郡国"。该是侯览的唆使吧，有个叫朱并的，"上书告俭与同郡二十四人为党，于是刊章讨捕"。张俭不得不出逃，一路上"望门投止，莫不重其名行，破家相容"，可见其深得人心之处。

从苏谦、张俭诸人身上，可窥督邮履职之艰。但当时规定，督邮作为郡一级监察官,有权对属县官员进行纠举弹劾,而属县令、丞、尉等官吏,在任何情况下都不得凌辱督邮。督邮中当然不乏败类,如《后汉书·戴封传》载,戴封为西华令,"时督邮行县,蝗忽大至,督邮其日即去,蝗亦顿除"。剔除荒诞不经的成分,对该督邮的愤恨之情溢于言表。但《三国志·蜀书·先主传》载,打督邮的却不是张飞而是刘备,也没有督邮索贿的前提。"督邮以公事到县,先主求谒,不通,直入缚督邮,杖二百,解绶系其颈着马柳,弃官亡命"。这个督邮只是正常履职。那么,不能排除刘备要跟督邮套近乎没能如愿而气急败坏;又因为知道气急败坏的后果,只好溜之大吉了。

在污名督邮问题上"刘冠张戴",此《三国演义》又一淆乱视听的例证。

2020年6月27日

名牌

日前,互联网巨头腾讯公司状告贵阳老干妈公司在腾讯投放了千万元广告,但无视合同长期拖欠未支付,因而申请冻结、查封后者1600余万财产。旋即,老干妈公司声称从未与腾讯公司或授权他人与腾讯公司就"老干妈"品牌签署过任何协议,且从未与腾讯公司进行过任何商业合作。观者一时云里雾里。

"老干妈"大名鼎鼎。资料上说,那是由陶华碧于1996年在贵阳龙洞堡白手起家创立的调味品公司。公司沿用传统工艺,主要生产风味豆豉、风味鸡油辣椒等20余个系列产品,但提起"老干妈",大家都会本能地想到"辣椒酱"。这家中国生产及销售量最大的辣椒制品生产企业,早已享誉海内外,成为业界响当当的名牌。

"食不厌精,脍不厌细。"先贤孔子便十分讲究饮食,古代也诞生了众多名牌食品。

如唐朝。《酉阳杂俎》云:"今衣冠家名食,有萧家馄饨,漉去汤肥,可以瀹茗(即烹茶);庾家粽子,白莹如玉;韩约能作樱桃毕罗(一说为包馅面食,一说为抓饭),其色不变。又能造冷胡突(一说为凉粉)。"又,道士陈景思云:"敕使齐日升养樱桃,至五月中,皮皱如鸿柿不落,其味数倍人,不测其法。"就是说,齐日升种樱桃很有一套。衣冠家,即缙绅人家。敕使,皇帝使者。则这些吃的东西,虽然名声在外,但恐怕只是权贵们小范围享用。

宋朝的名牌食品有普及开来、惠及大众的意味。《东京梦华录》《梦粱录》都罗列了不少,前文已有道及。又百岁寓翁《枫窗小牍》云:"旧京工伎固多奇妙,即烹煮盘案亦复擅名,如王楼梅花包子、曹婆肉饼、薛家羊饭、梅家鹅鸭、曹家从食、徐家瓠羹、郑家油饼、王家乳酪、段家爊、不逢巴子、南食之类,皆声称于时。"旧京,自然是北宋都城开封;宋室南迁杭州之后,还有"湖上鱼羹宋五嫂、羊肉李七儿、奶房王家、血肚羹宋小巴之类,皆当行不数者"。其中的宋五嫂,百岁寓翁说是他家老仆人的嫂子,"每过湖上时,进肆慰谈"。周密《武林旧事》也说道:"宋五嫂鱼羹,尝经御赏,人所共趋,遂成富媪。"从宋朝的这些名牌食品的名称,似可窥见"老干妈"的前世。或者说,以名姓、亲属称谓等来命名食品,是我们的一项固有文化传统。

又如清朝。《清稗类钞》有"苏有陆稿荐熟肉店"条,云"苏州熟肉店所售为猪、鱼、鸡、鸭之已熟者,其市招无一非陆稿荐"。为什么呢?传说陆氏之先设肆于此之时,有个乞丐每天都来吃肉,而"不名一钱",然店主也无所谓;即便寄宿店庑,也不嫌弃他。乞丐什么都没有,"惟一稿荐(即稻草编成的垫褥),一日,忽弃之而去"。后来"店偶乏薪,析荐以代,则燔炙之时,香闻数十里,因以驰名",原来那稿荐是个宝物。以后凡是熟肉店,店主"即非陆姓,亦假托其名以冀增重于时"。陆稿荐,熟食名牌也。

又有"苏人阿昭卖熏烧食物"条,说苏州有个叫阿昭的,专卖熏烧猪、鱼、鸡、鸭等,"精美异常,人争买之,晡时便尽"。但这个阿昭每天供应的都是"限量版",多了不做。他的观点是:"人之所以为人者,须有生趣。吾不多作,使得有余闲,足以自娱。且于其时可承欢于吾母,得叙天伦之乐也。又天下生计,须天下人共之,何可恃己之能,夺人食耶?"苗月电影《热干面的味道》(2015)中的武汉"老码头热干面"馆,每天只卖200碗,卖完收档,倒是颇有阿昭的遗风。

名牌,自然不限于食品。如论起北宋京城最好的酒楼,就是樊楼,时人多津津乐道之。《齐东野语》云,其"乃京师酒肆之甲,饮徒常千余人"。《能改斋漫录》云其原名白矾楼,"本商贾鬻矾于此,后为酒楼"。《东京梦华录》云,樊楼"后改为丰乐楼,宣和间,更修三层相高。五楼相向,各有飞桥栏槛,明暗相通,珠帘绣额,灯烛晃耀"。其中,"内西楼后来禁人登眺,以第一层下视禁中",从楼上能看见皇宫里的动向,自然不准了。

如清朝时苏州、上海有"雷允上药店",乃药店中的名牌,"素以治喉疾之六神丸著名,营销中外。检查海关贸易册,六神丸一项,每年出口价值银数十万元,盖皆贩运至日本者也"。京师前门有"针刀剪铺,门竖高坊,上大书三代王麻子"。王麻子是名牌,有意思的是,"外省多有冒之者,所悬市招,犹大出矢言",说什么"近有假冒者,男盗女娼",等于在骂自己。管庭芬《渟溪日记》云,金冬心的画是杭州名牌,但如"如离宫之手钏、张小泉之剪刀、王老娘之牙刷,招牌遍挂,问其确实者,虽土人莫能指也",也是冒牌货居多。关于王麻子、张小泉,毛泽东在《加快手工业的社会主义改造》(1956年3月5日)一文中也有提到:"提醒你们(指汇报手工业工作情况的国务院有关部门),手工业中许多好东西,不要搞掉了。王麻子、张小泉的刀剪一万年也不要搞掉。我们民族好的东西,搞掉了的,一定都要来一个恢复,而且要搞得更好一些。"表明他也是十分注重名牌的。

腾讯和"老干妈"的那扇"罗生门",7月1日贵阳公安双龙分局有了通报,称系三名犯罪嫌疑人伪造老干妈印章,冒充其市场经营部经理与腾讯签订合作协议。目前三人已被刑拘。后事如何,唯有拭目以待。

2020 年 7 月 2 日

蓑衣

早晨看"学习强国",见到一条"江苏非遗:传承蓑衣技艺,匠心编织乡愁"的消息,介绍的是新沂蓑衣。蓑衣,稍微有点儿年纪的人都知道,那是一种用草或棕制成、披在身上的防雨用具。"西塞山前白鹭飞,桃花流水鳜鱼肥。青箬笠,绿蓑衣,斜风细雨不须归。"张志和这阕《渔歌子》脍炙人口,对蓑衣的功能也有明确的表达:戴上草帽,穿上蓑衣,雨下你的,我可以不在乎。新沂是徐州的下辖市,前几年,新沂蓑衣编织技艺便入选了省级非遗。查资料,新沂蓑衣的特点,是能够用茅草编织出种种美妙的几何图案,既可以当雨衣又可以当席被。

蓑衣的历史相当悠久。《诗·小雅·无羊》有"尔牧来思,何蓑何笠,或负其餱",毛苌注云:"蓑所以备雨,笠所以御暑。"何,通"荷",担负,此处引申为披戴。可能蓑衣之问世,就是为了防雨。《山海经·西山经》云,三危山上"有兽焉,其状如牛,白身四角,其豪如披蓑,其名曰傲𤝻"。郭璞注曰:"蓑,避雨之衣也。音梭。"刘禹锡贬谪连州时某日见到:"田塍望如线,白水光参差。农妇白纻裙,农夫绿蓑衣。"蓑衣在从前是一个普遍存在,如今在相当多省市的非遗项目中,都可以觅到它的身影。

蓑衣的用料,自然是就地取材。新沂用的是茅草、高粱叶裤等,屈大均《广东新语》云,广东用油葵。盖谚曰:"油葵蓑,蒲葵笠。朝出风干,暮归雨湿。"谚又曰:"只卖叶,休卖花。花贫叶富,二葵成家。"广州竹枝词亦云"参差叶尾作蓑篷",说的则是蒲葵,"篷形方,大三尺许,以施于背遮雨"。《红楼梦》第四十五回,宝玉来看望黛玉,"头上带着大箬笠,身上披着蓑衣",黛玉一瞧不觉笑了:"那里来的这么个渔翁?"接着,"黛玉又看那蓑衣斗笠不是寻常市卖的,十分细致轻巧,因说道:'是什么草编的?怪道穿上不像那刺猬似的。'"可惜曹雪芹没有就势交待一下用的究竟是什么草,只借宝玉之口说是北静王送的,"他闲了下雨时在家里也是这样。你喜欢这个,我也弄一套来送你"。

"千山鸟飞绝,万径人踪灭。孤舟蓑笠翁,独钓寒江雪。"(柳宗元句)"一蓑一笠一扁舟,一丈丝纶一寸钩。一曲高歌一樽酒,一人独钓一江秋。"(王士禛句)宝玉披蓑戴笠,黛玉视之为渔翁,固然是在调侃,却正从现实中来。前人言及蓑笠,大抵皆要捎带渔翁,反之亦然。近世袁世凯被清廷罢官那段时间,回到老家河南安阳洹上村,意欲"散发天涯从此去,烟蓑雨笠一渔舟",过所谓赋闲垂钓的生活,便特地装扮成那样:端坐于小舟,戴了顶斗笠,披了件蓑衣。

当然,蓑笠装扮并非渔翁的专利,《通典·礼典》便有"道车载朝服,槀车载蓑笠"。道车,朝夕及燕出入之车。朝服,日视朝之服,玄衣素裳也。槀,散也。散车,以田以鄙之车也。蓑笠,备雨服也。不过,这属于凶礼之制。《清波杂志》云,李清照"每值天大雪,即顶笠披蓑,循城远览以寻诗。得句必邀其夫赓和,明诚每苦之也"。看起来,李清照真的是标准的小资文青,只是先生跟着受罪不小。《七修类稿》云,元朝著名画家王冕,"少明经不偶,即焚书读古兵法,戴高帽,披绿蓑,着长齿屐,击木剑,行歌于市,人以为狂士之负材气者,争与之游"。

"海滨蓑笠叟,驼背曲、鹤形臞。定不是凡人,古来贤哲,多隐于渔。"刘克庄《木兰花慢》词表明,蓑衣正可以作为一种道具。浏览发现,不少异人都以"蓑衣"名之。《夷坚志》里有刘蓑衣,一云宋孝宗隆兴二年(1164),何麒在茅山上访之,人家还"常时不与士大夫接"呢。一云宋高宗绍兴癸酉(1141),秦昌龄等诣茅山"访刘蓑衣于黑虎洞",大家在"林间席地饮酒"。《钱塘遗事》里有何蓑衣,宋孝宗时"金人南向,人言汹汹",便派人向他咨询到底会不会打过来,何蓑衣并不明确答案,只说了两句话:"胡孙拖白不终场,英雄裂土封侯王",以及"闹啾啾,也须还我一百州"。结果,"中使持归以奏,时人莫谕其旨",等于白问了。《四朝闻见录》中也有何蓑衣,"颇能道人祸福,至闻于上。上屡遣使问之,皆有异,遂召之至京,亲洒宸翰,扁'通神庵'"。这个"上",是宋光宗。孝宗、光宗,前后脚的皇帝,那么,这个何蓑衣兴许也是同一个人。《西塘集耆旧续闻》中还有相士赵蓑衣,先"看"出一人能当上更大的官,中了;后又"看"两人"谁先入相",但这回坏菜了。

《东坡志林》云,范镇邀苏轼搬去许昌,大家当邻居。苏轼说:"许下多公卿,而我蓑衣箬笠,放荡于东坡之上,岂复能事公卿哉?"苏轼当然未必真的蓑衣箬笠,只是表明和那些公卿合不到一起罢了。《鹤林玉露》云:"士岂能长守山林,长亲蓑笠,但居市朝轩冕时,要使山林蓑笠之念不忘,乃为胜耳。"境界就更胜一筹了,意谓你不用扮成那副样子,当官后还想着平民百姓足矣。

时至今日,蓑衣已经退出了人们的日常生活,这是生活水平提高的一个表征;但是它不该退出历史舞台,因为浓缩着深厚的文化内涵。

2020 年 7 月 11 日

六月六

今天是农历六月初六。在传统节日中,六月六占有重要一席,不知从何时起被主流社会给遗忘掉了,只在一些地方还仍然保留。在谢有顺先生的朋友圈就看到,他们老家福建长汀这天是"庆禾祭",又名"百鸭祭",每家每户都用大肥鸭、黄米粄祭拜他们心目中的保护神——"黄倬三仙"。"百鸭祭"还入选了龙岩市的非遗项目。

放眼看去,六月六是一项集约多项民俗活动的节日。比如北方有"六月六,请姑姑"之谚,说这一天嫁出去的闺女要回娘家。其由来要上溯到春秋时的晋相狐偃和其女婿赵盾,化解嫌隙,消怨避难。除此之外,最主要的民俗活动是晒或洗,"晒"的品种很多,书、衣服、衣冠带履、銮舆仪仗;"洗"的对象亦然,人、猫狗,甚至还有大象。并且,六月六不拘地域,是一个全方位的存在

《西湖游览志馀》讲的是杭州民俗,云"六月六日,宋时作会于显应观,因以避暑,今会废,而观亦不存。自此游湖者多于夜间停泊湖心,月饮达旦,而市中敲铜盏卖冰雪者,铿聒远近。是日,郡人异猫狗浴之河中,致有汩没淤泥,踉跄就毙者,其取义竟不可晓也"。

《清嘉录》讲的是苏州民俗,云"六月六日牵猫犬浴于河,可避

虱蛀"。同时还有"晒书",云"人家曝书籍图画于庭,云蠹鱼不生"。又云:"诸丛林各以藏经曝烈日中,僧人集村妪为翻经会。谓翻经十次,他生可转男身。"识者指出,"翻经节"的内涵,明代才得以确立。

《帝京岁时纪胜》讲的是北京民俗,云六月六日,"内府銮驾库、皇史宬等处,晒晾銮舆仪仗及历朝御制诗文书集经史。士庶之家,衣冠带履亦出曝之。妇女多于是日沐发,谓沐之不腻不垢。至于骡马猫犬牲畜之属,亦沐于河"。又《万历野获编》云:"六月六日本非令节,但内府皇史宬晒曝列圣实录、列圣御制文集诸大函,则每岁故事也。至于时俗,妇女多于是日沐发,谓沐之则不不垢。至于猫犬之属亦俾浴于河,京师象只皆用其日洗于郭外之水滨,一年惟此一度。"

洗大象,不少笔记中都有道及。《燕京岁时记》云:"象房有象时,每岁六月六日牵往宣武门外河内浴之。观者如堵,后因象疯伤人,遂不豢养。光绪十年以前尚及见之。"张茂节等《大兴岁时志稿》云,届时,"銮仪卫官以旗鼓迎象出宣武门,浴响闸。象次第入河,如苍山之颓也。额耳昂回,舒鼻吸嘘水面,矫若蛟龙。象奴挽索据脊,时时出没,观者如堵"。《郎潜纪闻初笔》更将"宣武门看洗象,西湖赏荷"列为"京师四时之景物"。

关于洗猫狗,明朝《雅谑》里还收了则笑话,说有人三月三来拜访杨南峰,"杨以浴辞",没见,"客不解,谓其傲也,思以报之"。六月六杨南峰往拜时,机会来了,那人"亦辞以浴"。杨南峰笑了,戏题其壁:"君昔访我我洗浴,我今访君君洗浴。君访我时三月三,我访君时六月六。"三月三是浴佛日,而六月六是浴猫狗日,你邯郸学步,不是亏吃大了?

六月六大抵在北宋时期最为风光。《宋史·真宗纪》载,大中祥符四年（1011）春，"诏以六月六日天书再降日为天贶节"，摇身一变为钦定节日，官员"赐休假一日"。天贶，上天的恩赐。天书，天神写的书或文字。再降，自然是有两次。第一次，大中祥符元年（1008）春正月，"有黄帛曳左承天门南鸱尾上，守门卒涂荣告，有司以闻。上召群臣拜迎于朝元殿启封，号称天书"。第二次，即大中祥符二年（1009）六月六日，"天书再降于泰山醴泉北"。

所谓天书之降自然是一出戏码，编导是真宗和王钦若。《宋史纪事本末》"天书封祀"条云，景德元年（1004）辽军南下，宰相寇准坚持真宗御驾亲征，结果以签订"澶渊之盟"了结，双方虽约为兄弟之国，但宋要向辽输送岁币。因为苟安，真宗很是得意了一阵。不料有天王钦若对真宗说："城下之盟，《春秋》耻之。澶渊之举，以万乘之尊而为城下盟，何耻如之！"如何补救呢？他出主意"惟封禅可以镇服四海，夸示外国"。可是自古封禅，"当得天瑞希世绝伦之事，乃可尔"，然"天瑞安可必得？"不能必得，就来个运作，"陛下谓河图、洛书果有耶？圣人以神道设教耳"。于是真宗便对群臣说起自己去年十一月的一次奇遇，"夜将半，朕方就寝，忽室中光耀，见神人星冠绛衣，告曰：'来月宜于正殿建黄箓道场一月，当降天书《大中祥符》三篇。'朕竦然起对，已复无见"。就这样，天书如期而至。"景德"这个年号，显然也是因为天书的到来而成为历史。

不能排除，宋真宗与王钦若是刻意选取六月六这一天上演这出戏码，或者因为六月六乃道教神仙崔府君的生日，《东京梦华录》说市民"多有献送，无盛如此"，或者就是要叨这个本身已经存在并具有丰富文化意象的节日的光也说不定。按《岁时广记》的集纳，宋朝六月六有很多事情需要做或不能做。不能做的，如"在京禁屠宰九日"，从欧阳彪之请，后来又"诏诸路并禁"，就是说九天内举国不可杀生。要做的,则有"谒圣祖""收瓜蒂""造神麴""酿谷醋"等等。

六月六如今已成为人类学概念上的"文化残存",比较可惜。如"晒""洗"之类,还是趣味盎然吧。

2020 年 7 月 26 日

三伏

时下正是三伏天,也就是一年中最热的时节。35 年前我初来广州的时候,电风扇亦无,饱受其苦,条件与感受大抵与古人差不了多少。潘岳说"挥汗辞中宇,登城临清池";包佶说"几度衣裳浣,谁家枕簟清";梅尧臣说"日色若炎火,正当三伏时";王言史说"谁怜在炎客,一夕壮容消"。白子仪的句子可能最夸张:"炎天三伏经初伏,火烈石焚疑此时。"

所谓三伏,即初伏、中伏和后伏。《初学记》引《阴阳书》云:"从夏至后第三庚日起为初伏,第四庚为中伏,立秋后初庚为后伏。"庚者,庚日也,天干、地支合并记载时间的方式。今年初伏在 7 月 16 日,用此记日法就是庚申日;中伏 7 月 26 日,庚午日;末伏则 8 月 15 日,庚寅日。《史记·秦本纪》载,秦德公二年(前 676),"初伏,以狗御蛊"。张守节认为:"六月三伏之节起秦德公为之,故云初伏。伏者,隐伏避盛暑也。"颜师古此前已道出这个观点,在注释《汉书·郊祀志》秦德公"作伏祠"时指出:"伏者,谓阴气将起,迫于残阳而未得升,故为藏伏,因名伏日也。立秋之后,以金代火,金畏于火,故至庚日必伏。庚,金也。"什么叫"以狗御蛊"呢?张守节又说了:"蛊者,热毒恶气为伤害人,故磔狗以御之。"那么,又为什么是狗?"狗,阳畜也。以狗张磔于郭四门,禳却热毒气也。"

在前人看来，三伏天的燥热之气是地下所散发出来的毒邪之气，因而杀狗淋血、把狗皮悬挂于城门可以驱邪避毒。《后汉书·和帝纪》亦载，永元六年（94）"六月己酉，初令伏闭尽日"。李贤注引《汉官旧仪》云："伏日万鬼行，故尽日闭，不干他事。"闭户，为的是祛灾。《荆楚岁时记》南朝时"六月伏日，并作汤饼，名为辟恶饼"，又引《魏氏春秋》云"何晏以伏日食汤饼，取巾拭汗，面色皎然，乃知非傅粉"，可知伏日吃避恶饼，从三国的时候就开始了。《太平御览》引鱼豢《典略》云，三国时三伏还要大吃大喝，"大驾督许（昌），使光禄大夫刘松北镇袁绍军"，结果刘松"与绍子弟日共宴饮，常以三伏之际，昼夜酣饮，极醉，至于无知，云以避一时之暑"。

从官方层面看，汉代仍是"吃伏"。《汉书·东方朔传》载："伏日，诏赐从官肉。"分肉的来晚了，东方朔乃自己"拔剑割肉"，一边动手一边说同僚："伏日当蚤归，请受赐。"拿上便回家了。分肉的告了状，汉武帝让东方朔把事情说清楚，"朔免冠谢"。武帝说起来吧，自责就是。东方朔开口便道："受赐不待诏，何无礼也！拔剑割肉，壹何壮也！割之不多，又何廉也！归遗细君（老婆），又何仁也！"武帝笑了："使先生自责，乃反自誉！"宋朝某个三伏天，梅尧臣记起此事，还赋诗一首："伏日每苦热，古来亡事侵。尝闻东方朔，割肉趋庭阴。百职当早罢，将畏赫日临。我无归遗人，怀念空沾襟。"

"吃伏"之外，真正解决问题是依靠冰来降温。《邺中记》云："石季龙于冰井台藏冰，三伏之月，以冰赐大臣。"石虎是十六国时的后赵皇帝。《开元天宝遗事》中有杨国忠家族以"冰山避暑"，又每至伏日以"冰兽赠王公"，还"令工人镂为凤兽之形，或饰以金环彩带,置之雕盘中,送与王公大臣",梅尧臣的"日色若炎火"诗,亦因《中伏日永叔遗冰》,"盘冰赐近臣,络绎中使驰。莹澈肖水玉,凛气侵入肌。近日多故友,分贶能者谁……天子厚于公,不使炽毒欺。公亦厚于我,将恐煎熬随"。欧阳修享受这种待遇而未忘老友,令梅尧臣十分感动。清朝时还有赐冰。《燕京岁时记》云:"京师自暑伏日起至立秋日止,各衙门例有赐冰。届时由工部颁给冰票,自行领取,多寡不同,各有等差。"在民间,则各有各的适应三伏的方式了。《清嘉录》云苏州三伏天,"好施者,于门首普送药饵,广结茶缘。街坊叫卖凉粉、鲜果、瓜、藕、芥辣索粉,皆爽口之物。什物则有蕉扇、苎巾、麻布、蒲鞋、草席、竹席、竹夫人、藤枕之类,沿门担供不绝",澡堂子则"暂停爨火"。

最有趣的三伏诗,莫过于三国时程晓的《伏日》。诗有不同版本,兹录《太平御览》卷三一所载:"平生三伏时,道路无行车。闭门避暑卧,出入不相过。今世褦襶子,触热到人家。主人闻客来,颦蹙奈此何。摇扇臂中疼,流汗正滂沱。传戒诸高明,热行宜见呵。"能,即襶,褦襶,衣服粗重宽大,既不合身又不合时,因而比喻无能,不晓事。那么,这首诗的意思就非常清楚了:大热天的,不该到人家串门,串的话,很招人烦。四库本又多说了几句,更直白。盖在"摇扇臂中疼"前有"谓当起行去,安坐正跘跨。所说无一急,嗒嗒一何多";在"传戒诸高明"前有"莫谓此小事,亦是人一瑕"。嘴上说走又不走,还要坐下,又没啥急事,啰嗦个什么呢?

据说,1981年8月24日,卸任美国总统后的卡特访问北京,一下飞机便结结巴巴地说了"今世褦襶子,触热到人家"那两句。8月时节,北京正热,卡特颇有自嘲的意味。而能搬出那两句,也说明其幕僚的汉语造诣很不得了。

2020年7月31日

瀑布

8月4日又到镇宁黄果树瀑布游览。上一回来是1990年,情形仍然记得清楚:公共汽车还在路上行驶时,已经望到了左手边的瀑布。此前看到的,都是普21《祖国风光》3分邮票上的那种仰视画面,那一回却是俯视,能看到上游河流如何突然"跌下"而形成瀑布。辞书云瀑布的地质学概念,正是指河流或溪水经过河床纵断面的显陡坡或悬崖处时,成垂直或近乎垂直地倾泻而下的水流景象。瀑布者,水流情形如挂白布也。

对山区或有山的地方而言,瀑布是很常见的景观。《渑水燕谈录》云,欧阳修谪守滁州,"有琅琊幽谷,山川奇丽,鸣泉飞瀑,声若环佩,公临听忘归"。谢肇淛云其家乡福建,"四山皆瀑也,而黄岩峰瀑布,数百里外皆望见如疋练焉"。屈大均云其家乡广东,"罗浮瀑布凡九百八十有奇,流为长溪者七十有二,潴为潭七,为神湖一,为渊池者六,天下名山未有瀑布多于此者"。梁章钜《浪迹续谈》讲的则是雁荡山,说看到石门洞瀑布已叹为奇绝,但人家告诉他,要是看了大龙湫,会发现石门洞这个根本不算什么。于是,他不仅"锐意欲往",而且"极思以长歌纪之"。后来觉得,袁枚的一首已经"尽态极妍,足以醒人心目",自己就歇笔了。袁诗中段摹写云:"分明合并忽分散,业已堕下还迁延。有时软舞工作态,如让如慢如盘旋。有时日光来照耀,非青非红五色宣。到此都难作比拟,让他独占宇宙奇观偏。更怪人立百步外,忽然满面喷寒泉。及至逼近侧,转复发燥神悠然。"其结尾比拟云:"天台之瀑何狂颠,此山之瀑何婵嫣。石门之瀑何喧阗,此山之瀑何静妍。化工事事无复笔,一瀑布耳形万千。要知地位孤高依傍小,水亦变化如飞仙。"梁氏赞曰:"非此如椽之笔,不能传出大龙湫之全神也。"

"少泊石门观瀑布,明知是水却疑非。乱抛雪玉从天下,散作云烟到地飞。"(宋戴复古句)古人应该很喜欢瀑布。苍松一撑,藤萝倒覆,旁悬飞瀑一道,每为古画中常见的他们所向往的生活意境。《玉壶清话》云,南唐李璟"始出阁,即就庐山瀑布前构书斋,为他日闲适之计"。后来要继位,没办法,"遂舍为'开先精舍'"。《齐东野语》云,潘庭坚、王实之他们雅集,"置酒瀑泉亭",行令曰:"有能以瀑泉灌顶,而吟不绝口者,众拜之。"潘庭坚"被酒豪甚"的缘故,二话不说,"竟脱巾髽髻,裸立流泉之冲,且高唱《濯缨》之章"。

古人留下的关于瀑布的诗句更俯拾皆是,不乏警句。如李忱之"溪涧岂能留得住,终归大海作波涛";白居易之"何必奔冲下山去,更添波浪向人间"。瀑布诗最有名的,当推李白"飞流直下三千尺"吧,赞美的是庐山瀑布。郎瑛《七修续稿》云,他写过一首咏瀑布,"青天有日雪常落,白昼无云雨自飞"云云,有人看了嘲笑他:"此又一徐凝也。"郎瑛索性续为一绝:"界破青山原好句,裁成体用任人讥。"这里涉及唐诗史案之一宗,盖苏轼以为徐凝《庐山瀑布》诗——虚空落泉千仞直,雷奔入江不暂息。今古长如白练飞,一条界破青山色——"至为尘陋",乃戏作"飞流溅沫知多少,不与徐凝洗恶诗"。苏氏此言既出,不认同者众,如郎瑛,又如清胡寿芝云："此诗只平直,何便至恶?"

镇宁瀑布之得名黄果树,未知始于何时,然瀑布之奇,早就是上了史书的。《读史方舆纪要·贵州二》载:"白水河自高崖下注,长数十丈,飞沫如雨,凡二三里,瀑布之大者无逾于此。"徐霞客当年游历亦曾至此,描述得更详尽,说的是黄果树瀑布无疑。时为崇祯十一年(1638)四月二十三日,其到白水铺"又西二里,遥闻水声轰轰,从陇隙北望,忽有水自东北山腋泻崖而下,捣入重渊,但见其上横白阔数丈,翻空涌雪,而不见其下截,盖为对崖所隔也"。担夫告诉他,这是白水河,"前有悬坠处,比此更深"。终于,"透陇隙南顾,则路左一溪悬捣,万练飞空,溪上石如莲叶下覆,中剜三门,水由叶上漫顶而下,如鲛绡万幅,横罩门外,直下者不可以丈数计,捣珠崩玉,飞沫反涌,如烟雾腾空,势甚雄厉"。徐霞客说他以前见过的瀑布,"高峻数倍者有之,而从无此阔而大者;但从其上侧身下瞰,不免神悚"。黄果树瀑布"阔而大"到什么程度?今天的景区内有块牌子,乃2005年8月经贵州省国土厅特邀专家对大瀑布"采用尖端仪器进行全球卫星定位"得到的实测数据:高77.8米,宽101.0米。

《唐语林》云,裴度为相,"布衣交友,受恩子弟,报恩奖引不暂忘"。有天某大臣说话了,我和其他几个人裴公都熟知,"白衣时,约他日显达,彼此引重",但裴公当大官了,先前的事都忘了。裴度笑曰:"实负初心。"乃问人曰:"曾见灵芝、珊瑚否?"曰:"此皆希世之宝。"又曰:"曾游山水否?"曰:"名山数游,唯庐山瀑布状如天汉,天下无之。"裴度说:"灵芝、珊瑚,为瑞为宝可矣,用于广厦,须杞、梓、樟、楠;瀑布可以图画,而无济于人,若以溉良田,激碾硙,其功莫若长河之水。"

裴度当然是借题发挥,否则对原本出于自然景观的瀑布未免苛求了些,亦有一叶障目之嫌,瀑布流到下游,未尝不可以灌溉、不可以推动磨盘。

2020 年 8 月 10 日

舌尖上的浪费

俗话说："民以食为天。""人是铁，饭是钢。一顿不吃饿得慌。"但是怎么个吃法，吃到什么程度，也就是如何抑制不合理消费需求，是当前摆在举国上下的一个迫切需要解决的问题。"舌尖上的浪费"，早到了触目惊心的程度。

怎么个吃法？前人是有教诲的。《老子》云："五色令人目盲，五音令人耳聋，五味令人口爽。"所以，"圣人为腹不为目，故去彼取此"。对"为腹不为目"，魏晋时的王弼释曰："为腹者，以物养己；为目者，以物役己。"也就是说，"为腹"简单清静，"为目"则巧伪多欲，后果是"目盲、耳聋、口爽"。这里的口爽不是吃得开心，而是口病；爽，引申为伤。所以陈鼓应先生这样翻译老子的话：缤纷的色彩使人眼花缭乱，纷杂的音调使人听觉不敏，饮食餍饫会使人舌不知味。因此，圣人但求安饱而不逐声色之娱，能摒弃物欲的诱惑而保持安足的生活。

老子所指出的物欲文明生活的弊害，可能是目击了上层社会的生活形态吧。在他看来，只求动物性的满足与发泄，会产生自我疏离，而心灵日愈空虚。这种观点已有舌尖上不要浪费的寓意，只是比较隐晦。"锄禾日当午，汗滴禾下土。谁知盘中餐，粒粒皆辛苦。""一粥一饭，当思来之不易；半丝半缕，恒念物力维艰。"诸如此类,后人的提炼更直接得多、精辟得多,阐述的都是素朴道理:应该珍惜每一粒粮食、尊重农民的劳动。《晋书》载,陶侃"尝出游,见人持一把未熟稻",就问那人拿它干吗,那人说不干什么,路上看见了,"聊取之耳"。陶侃大怒:"汝既不田,而戏贼人稻!"说罢"执而鞭之"。

历史上,舌尖上的浪费并不罕见。权贵就不用说了,晋朝有几个不是早被钉上了耻辱柱吗?《晋书·何曾传》载,何曾"性奢豪,务在华侈。帷帐车服,穷极绮丽,厨膳滋味,过于王者",每次参加皇宫的宴会,至于"不食太官所设"。有回皇帝专门看了个究竟,发现何曾"蒸饼上不坼作十字(意谓不裂开作十字形)不食"。他最臭名昭著的,就是"食日万钱,犹曰无下箸处"。他儿子何劭,"骄奢简贵,亦有父风"。举舌尖上来说,何劭"食必尽四方珍异,一日之供以钱二万为限。时论以为太官御膳,无以加之"。而读罢《晋书·任恺传》可以发现,"何劭以公子奢侈,每食必尽四方珍馔,恺乃逾之",跟任恺相比,何劭又不算什么了。并且,无独有偶,任恺也是"一食万钱,犹云无可下箸处"。

清朝乾隆时进士、广东海康人陈昌齐说过:"人必须节俭,然后可以立品。"节俭,自然不是专指某个方面,自然包括舌尖上。陈昌齐说"人"而不是说"官",可见他眼中之"品",不是官品而是人品。节俭与否的确可以上升到人品的高度,尤其是在对待公款消费的态度上。陈其元《庸闲斋笔记》说自己"历官亦三十年矣,每见俭朴者,子弟类能自立;奢汰者,子孙无不贫穷。所谓'以身教者从,以言教者讼'也"。

单就"舌尖上"而言,清朝著名美食大师袁枚《随园食单·戒单》中的两则议论,既生动有趣,又颇多教益,读来亦有解颐之效。一是要"戒耳餐",二是要"戒目食"。什么是耳餐?袁枚这么说的:"耳餐者,务名之谓也。贪贵物之名,夸敬客之意。"如果片面追求所吃东西的名声,那就是给耳朵"吃"的。什么又是目食呢?"贪多之谓也,今人慕'食前方丈'之名,多盘叠碗"。食前方丈,即吃饭时面前一丈见方的地方摆满了食物,形容吃的阔气或极其奢华。不过这样一来,吃东西又变成给眼睛看的了。

所以说袁枚讲得生动有趣,在于由此进行的发挥。如耳餐,他说"豆腐得味,远胜燕窝。海菜不佳,不如蔬笋"。他把鸡、猪、鱼、鸭,比作"豪杰之士",因为它们"各有本味,自成一家。海参、燕窝,庸陋之人也,全无性情,寄人篱下"。有次某太守宴客,"大碗如缸,白煮燕窝四两,丝毫无味",大家都赞叹不已,独袁枚笑曰:"我辈来吃燕窝,非来贩燕窝也。"他觉得"若徒夸体面,不如碗中竟放明珠百粒,则价值万金矣。"再如目食,他打比方说:"名手写字,多则必有败笔;名人作诗,烦则必有累句。"对名厨而言,虽然极尽心力,"一日之中,所作好菜不过四五味耳,尚难拿准,况拉杂横陈乎?"就算有人帮厨,"亦各有意见,全无纪律,愈多愈坏"。他说他曾到一商家赴宴,"上菜三撤席(换席三次),点心十六道,共算食品将至四十余种。主人自觉欣欣得意,而我散席还家,仍煮粥充饥。可想见其席之丰而不洁矣"。酒席虽然丰盛,但品位不高。南朝孔琳之云:"今人好用多品,适口之外,皆为悦目之资。"袁枚则认为"肴馔横陈,熏蒸腥秽,目亦无可悦也"。

尽管我国粮食生产连年丰收,对粮食安全还是始终要有危机意识,今年全球新冠肺炎疫情所带来的影响更是给我们敲响了警钟。舌尖上浪费的成因,正有袁枚所讥"耳餐""目食"的因素,尤其后者,从观念上、心理上戒除之,舌尖上的浪费庶几才能得到有效遏制。

2020 年 8 月 18 日

"大师"(续)

像不少原本表意正面的词语"变质"了一样,如今称若干非著名人物为"大师",即便没有骂人的意味,也有调侃的嫌疑。与那些"变质"的词语稍有区别的是,前人对"大师"已有一定的认识。

陈康祺《郎潜纪闻初笔》"北学南学关学"条云:"国初,孙徵君讲学苏门,号为北学。余姚黄梨洲先生宗羲,教授其乡,数往来明越间,开塾讲肄,为南学。关中之士,则群奉西安李二曲先生容顒,为人伦模楷,世称关学。"不过,"二百余年来,讲堂茂草,弦诵阒如",于是乎,"词章俭陋之夫,挟科举速化之术,俨然坐皋比,称大师矣"。皋比,铺设有虎皮的座位。古代将帅军帐、儒师讲堂、文人书斋中每用皋比来装饰,后因称任教为"坐拥皋比"。那么,陈康祺对他所说到的"大师"的这种态度,显然就是蔑视的。

大师,本是对学者、专家的尊称。《史记·儒林列传》载,伏生原来是秦朝博士,汉文帝时"欲求能治《尚书》者,天下无有",最后找到了伏生,不过这时伏生已经九十多岁,老得走不动路了,"乃诏太常使掌故朝(晁)错往受之"。伏生为何有此本领?因为秦始皇焚书时,他把《尚书》等藏在了自家屋壁。"其后兵大起,流亡,汉定",伏生回来再找,虽然丢了不少,还是"独得二十九篇,即以教于齐、鲁之间。学者由是颇能言《尚书》,诸山东大师无不涉

《尚书》以教矣"。就是说,如果没有伏生,别人连《尚书》是什么内容都不知道了。反过来似可认为,其时不涉《尚书》的学者,大概便称不上大师。

大师也是古代三公之一,还可以是乐官之长。三公的示例,如《诗·小雅·节南山》有"赫赫师尹,民具尔瞻""尹氏大师,维周之氐"句。《毛传》释"师尹"云:"师,大师,周之三公也。尹,尹氏,为大师。"氐,同柢,树木的根,引申为基础。赫赫师尹,喻尹氏的地位高贵显赫。当然,该诗不少不是赞美尹氏而是斥责其"不平谓何"的,此是另话。乐官之长的示例,如《汉书·食货志》载:"孟春之日,群居者将散,行人振木铎徇于路,以采诗,献之大师,比其音律,以闻于天子。"颜师古注曰:"大师,掌音律之官,教六诗以六律为之音者。"行人,乃"主号令之官";采诗呢,"采取怨刺之诗也",歌功颂德的一概免了,倒颇有趣,更值得今天借鉴。

佛教徒称佛也是大师,所谓"能善教诫声闻弟子一切应作不应作事,故名大师",引申为对僧人的尊称。《晋书·鸠摩罗什传》载,后秦皇帝姚兴对西域高僧鸠摩罗什奉之若神,给他扣的高帽子,就是"大师聪明超悟,天下莫二"。然而后来,"大师"也是变味儿了。庄绰《鸡肋编》云:"京师僧讳和尚,称曰大师。"开玩笑说,这里已露出"大师"滥用的端倪。

《宣室志》云,唐德宗时有一僧客于广陵,自号"大师",广陵人也因以"大师"呼之。其人"质甚陋,好饮酒食肉;日衣弊裘,虽盛暑不脱,由是蚤虱聚其上",脏得一塌糊涂。不仅如此,该大师且"性狂悖,好屠犬彘,日与广陵少年斗殴,或醉卧道傍,广陵人俱以此恶之"。广陵有个以力气大而闻名的年轻人,某天大师跟他打起来了,"观者千数",年轻人居然没打赢,"竟遁去"。这下子大师更出名了,广陵人谓之有神力,"大师亦自负其力"。但他把力气用错了地方,"往往剽夺市中金钱衣物,市人皆惮其勇,莫敢拒"。有个老僧教育他:"僧当死心奉教戒,奈何食酒食,杀犬彘,剽夺市人钱物,又与少年斗殴,岂僧人之道耶?一旦吏执以闻官,汝不羞人耶?"老僧的苦口婆心,招来了大师的一顿怒骂,"蝇蚋徒嗜膻腥耳,安能知龙鹤之心哉"云云。后来大家发现,这大师还真是个佛呢。未知《宣室志》是正话反说,还是在调侃揶揄。

《夷坚志》里有个没露面的"大师"。云宋高宗绍兴二十一年(1151),"襄阳夏大雨,十日不止,汉江且溢,吏民以为忧"。襄阳知县阎君成竹在胸,与同僚"至江上,探怀中符投之,酹酒三祭而归。是夜雨止,明日水平如故",也因此"一郡敬而神之"。有人问这是怎么回事呢?老阎倒不掩饰:"但如我法,人人可为之,无他巧也。其法以方三寸纸,朱书一圈,而外绕九重,末如一字,书'水月大师'四字于其上。凡水旱、疾疫、刀兵、鬼神、山林、木石之怪,无所不治。遇凶宅妖穴,书而揭之,皆有奇效。"扯不扯淡,无需多说了。

"磨砖竟不成,磨铜何不可。寄语马大师,努力庵前坐。"《池北偶谈》收录了高珩的一首绝句。前一句,显系出自《祖堂集》"磨砖作镜"的公案:道一禅师在坐禅,怀让大师"将砖去面前石上磨",说要磨成镜子。道一困惑,怀让云:"磨砖尚不成镜,坐禅岂得成佛也?"然后是"汝为学坐禅,为学坐佛?若学坐禅,禅非坐卧;若学坐佛,佛非定相"云云。我是一点儿没弄明白在说什么,道一则如醍醐灌顶,因拜怀让为师,成为名震一方的马祖大师。高珩自然知道"磨砖作镜"意在展示禅门示法智慧,但还是与怀让抬了一杠:磨砖干吗,磨铜嘛,马祖大师照坐你的,看成佛与否?必须看到,高珩有高珩的道理。

2020 年 8 月 23 日

书名

新近读到李小龙《必也正名——中国古代小说书名研究》。作者认为:"中国文化特别重视命名,无论是人的名字,还是书的名字,都希望既文约义丰,又典雅端正。"确是。《论语·子路》云,子路问孔子:"卫君待子而为政,子将奚先?"孔子曰:"必也正名乎!"首先是正名分,因为"名不正,则言不顺;言不顺,则事不成;事不成,则……",这番话,记得"批林批孔"时每每挂在嘴边。

孔子说的是"名分",李著首先予以沿用,为文言小说、白话小说概念正名,进而将"名"巧妙置换为"书名",研究起中国古代文言小说集、文言小说单篇命名,演义体与传、记体命名格局的建立等专题,十分深奥。这里避重就轻,玩味一下自家时常阅读的若干古籍书名。

如中华书局版"历代史料笔记丛刊"。其中当然不乏直白的书名,以姓氏或以书斋名之了事。前者有封演《封氏闻见录》,邵伯温、邵雍父子《邵氏闻见录》《邵氏闻见后录》,后者有洪迈《容斋随笔》、陆游《老学庵笔记》。稍微隐晦的,有陶宗仪《南村辍耕录》,乃其居松江之时,"作劳之暇,每以笔墨自随。时时辍耕休于树阴,抱膝而啸,鼓腹而歌,遇事肯綮,摘叶书之",如是得若干条而结集。南村,宗仪号,非其所居村落。再绕两道弯的,有王士禛

《池北偶谈》,其居固"西为小圃,有池焉,老屋数椽在其北",有"书数千卷庋置其中",然书名并非完全写实,亦"取乐天'池北书库'之名",相当于用典了。

还有许多书名正属于"文约义丰"。拈宋著二例。

其一,赵令畤《侯鲭录》。该书记述、评论本朝诗、词、文及轶事,接近条目之半,其见解现在也还经常被引用。侯鲭,就有不浅的历史文化内涵。笼统而言,"意亦以书之味比鲭也",鲭,鱼和肉的杂烩。深入看去,《汉书·楼护传》载,成帝时"王氏方盛,宾客满门,五侯兄弟争名,其客各有所厚,不得左右,唯护尽入其门,咸得其欢心"。又《元后传》载:"河平二年(前27),上悉封舅谭为平阿侯、商成都侯、立红阳侯、根曲阳侯、逢高平侯。"元帝皇后王氏,王莽的姑姑,所以成帝将五个舅舅同日封侯,世乃有"五侯"之谓。《西京杂记》云,"五侯不相能,宾客不得来往",只有医术高明又善辞令的京兆吏楼护游刃有余,至于五家"竞致奇膳,护乃合以为鲭,世称五侯鲭"。《太平广记》援引《语林》说得更详细:"每旦,五侯家各遗饷之。君卿(护字)口厌滋味,乃试合五侯所饷之鲭而食,甚美。"楼护所以有"合以为鲭"之举,是因为吃腻了,换个花样。结果,把五侯各家馈赠的菜肴用一锅杂烩出来,竟然创造出了新的美味品种。则赵令畤以"侯鲭"名书的用意,如孔凡礼先生所言:"说明自我要求高,对自己的撰述有充足的信心。"

其二,周密《齐东野语》。该书也是著名笔记之一,所载宋季史料可与记载同时史实的其他著作互相参证,如张浚三战本末、光宗绍熙内禅、岳飞逸事等。《四库全书总目提要》说它"足以补史传之缺"。陆游于沈园所赋《钗头凤》词,始见于陈鹄《耆旧续闻》:"余弱冠客会稽,游许氏园,见壁间有陆放翁所题词,云:'红酥手,黄藤酒,满城春色宫墙柳……'"又,"放翁先室内琴瑟甚和,然不当母夫人意,因出之。夫妇之情,实不忍离"。但陆、唐之间的姑表关系,则是在《齐东野语》中得以明确:"陆务观初娶唐氏,闳之女也,于其母夫人为姑侄。伉俪相得,而弗获于其姑。"那么,何谓"齐东野语"?要追溯至《孟子·万章上》。弟子咸丘蒙问上古故事,求证孔子的评价"诚然乎哉"。孟子予以否定:"此非君子之言,齐东野人之语也。"齐东,齐国东部。齐东野语,后因喻道听途说、荒唐无稽之语。而以之为书名,与赵令畤的自信相反,周密显有自嘲的意味。这一点,庄绰的《鸡肋编》庶几近之。

又如明朝冯梦龙的《古今谭概》。冯梦龙在小说、戏曲、文艺理论上都作出了杰出贡献,其所编选的"三言",即《喻世明言》《警世通言》和《醒世恒言》最为公众所熟知,代表了明代拟话本的成就。"三言"之外,他还有一个"三部曲"系列的小说类书:《智囊》《古今谭概》和《情史》。其中,《古今谭概》从历代正史及野史中搜罗了诸多不仅可笑而且可愤乃至可悲的人世怪态、病态,略加点评,用以针砭时弊。但这部书除"本名"《谭概》外,至少还有三个书名,《古今笑》《古笑史》《古今笑史》。为什么呢?李渔在《古今笑史·序》中道出了猫腻:"其初名为《谭概》,后人谓其网罗之事,尽属诙谐,求为正色而谈者,百不得一,名为《谭概》,而实则笑府,亦何浑朴其貌而艳冶其中乎?遂以《古今笑》易名,从时好也。"而"同一书也,始名《谭概》,而问者寥寥,易名《古今笑》,而雅俗并嗜,购之唯恨不早,是人情畏谈而喜笑也明矣。"同样"明矣"的是,今天的"书名党"早有踪影可寻。

在自家书架上,既有中华书局的《古今谭概》,也有《古今笑》。时至今日,他们不该"必也正名乎"?

2020年8月29日

女扮男装(续)

刘亦菲主演的迪士尼真人版电影《花木兰》,将于9月11日在我国首映,眼下正大造声势。所谓真人版,是相对于1998年迪士尼的动画版而言。那里面他们给添了条"木须龙",此番不知又会"改编"成什么样子。

国人对木兰故事,大抵都耳熟能详。《木兰辞》与《孔雀东南飞》这两首叙事长诗合称"乐府双璧",雅俗共赏。木兰故事的主题是代父从军,盖因"阿爷无大儿,木兰无长兄",那么"从此替爷征"的前提,必须是女扮男装。作为一种现象,女扮男装实际上很早就已经出现。前文所举《国语·晋语》之妹喜"女子行,丈夫心,佩剑带冠",《晏子春秋》之"灵公好妇人而丈夫饰者,国人尽服之",都表明这个时间点至少能上溯至春秋时期。

历代正野史中,都有不少女扮男装的描述。正史如《旧唐书·舆服志》载,高祖、太宗之时,"宫人骑马者,依齐、隋旧制",也就是"全身障蔽,不欲途路窥之"。不仅皇宫这样,"王公之家,亦同此制"。渐渐地就放开了,到玄宗开元初,"从驾宫人骑马者,皆著胡帽,靓妆露面,无复障蔽";未几,"又露髻驰骋,或有著丈夫衣服靴衫,而尊卑内外,斯一贯矣"。

《金史·列女传》中有个阿鲁真,"宗室承充之女,胡里改猛安夹谷胡山之妻"。阿鲁真虽"夫亡寡居",仍"有众千余"。宣宗兴定元年(1217),上京元帅完颜承充为叛军蒲鲜万奴所执,"阿鲁真治废垒,修器械,积刍粮以自守"。万奴招之,不从;攻之,"阿鲁真衣男子服,与其子蒲带督众力战,杀数百人,生擒十余人,万奴兵乃解去"。随后,阿鲁真还主动出击,"遣将击万奴兵,获其将一人",因之"诏封郡公夫人"。又《金史·后妃传》载,在骄奢淫逸的海陵王完颜亮宫中,"凡诸妃位皆以侍女服男子衣冠,号'假厮儿'"。搞得有个侍女叫胜哥的,昭妃阿里虎"与之同卧起,如夫妻",厨婢三娘看不过眼,向海陵王告了状。厮儿,王季思先生校注王实甫《西厢记》云:"元人称男孩曰厮儿。"

野史如《双槐岁钞》有"木兰复见"条。云南京女子黄善聪,"年十二失母,有姊已嫁人矣。父贩线香为业,往来庐、凤间,怜其幼且无母,又不可寄食于姊,乃令为男子饰,携之旅游者数年"。父死,善聪易名张胜,"有李英者,亦贩线香,自故乡来,不知其女也。因结为火伴,与同寝食者逾年,恒称疾不脱衣袜,溲溺必以夜"。弘治年间,已经20岁的黄善聪与李英回到南京,姐姐却不相认:"我本无弟,惟小妹随父在外尔,胡为来?"善聪道出真相后,姐姐照样不认,这回是因为:"男女同处,何以自明?汝辱我家矣。"善聪不胜其愤,以死自誓:"妹此身却要分明,苟有污玷,死未晚也。"于是,"姊呼稳婆视之,果处子,始返初服",即木兰之"着我旧时裳"了。"越三日,英来候,善聪出见,英大惊愕",此又恰似木兰之"出门看火伴,火伴皆惊忙"了。进而李英求婚,善聪执意不从:"此身若竟归英,人其谓我何?"顾虑的是社会舆论,因而"所亲与邻里交劝,则涕泣诉之"。直到"事闻三厂,勒为夫妇,且助其奁具",二人才终成眷属。《双槐岁钞》的这一条为《明史》所采信,收入了《列女传》。

又如《五杂组》云,明朝四川韩氏女,"遭明玉珍之乱,易男子服饰,从征云南,七年人无知者,后遇其叔,始携以归"。比起军中伙伴们"同行十二年,不知木兰是女郎",七年,算是小弟级别吧。

主流观点认为,木兰故事和诗大约产生于北朝后期,但就木兰而言,虽其姓氏、乡里,若干地方言之凿凿,毕竟属于民间传说,未必实有其人,不必深究。然如木兰般女扮男装阵前作战,却也有不少真实案例。《北史·杨大眼传》载,北魏宣武帝元恪时,"蛮酋樊秀安等反,诏大眼为别将,隶都督李崇讨平之,大眼功尤多"。杨大眼的妻子潘氏,就"善骑射"。她来军中探班,攻战游猎之际,一副戎装,与大眼"齐镳并驱",还营则"同坐幕下,对诸寮佐,言笑自得"。大眼也对诸人介绍说:"此潘将军也。"这应该是和同僚开玩笑了。

国人对女扮男装,大体上还是津津乐道的,民间文学中不乏此类题材。见诸文学的如陈端生《再生缘》之孟丽君,孟丽君本已许配云南总督皇甫敬之子少华,国丈刘捷之子刘奎璧欲娶丽君不成,遂百般构陷孟、皇甫两家。孟丽君女扮男装潜逃,后更名捐监应考,连中三元,官拜兵部尚书;又荐皇甫少华抵御外寇,大获全胜,少华封王,孟丽君也位及三台。见诸戏曲的如越剧《梁山伯与祝英台》之祝英台、黄梅戏《女驸马》之冯素珍。此中女扮男装都有诚不得已的因素,折射了妇女地位的低下。

"万里赴戎机,关山度若飞。朔气传金柝,寒光照铁衣。"《木兰辞》中,我最欣赏的是这20字,寓"将军百战死,壮士十年归"于其中,锵然有声。《木兰辞》的意蕴不可替代,所谓演绎只能是添加佐料的图解,无论迪士尼或是别的谁要去"动土",在下都认为多此一举,也没有为之助兴的意愿。

2020年9月5日

男扮女装

与女扮男装相对应的,是男扮女装。这在我们的典籍中,也俯拾皆是。如果说,传统观念对女扮男装在许多时候尚能认可,而对男扮女装基本上就是鄙夷的态度了。

《荀子·非相篇》云:"术正而心顺之,则形相虽恶而心术善,无害为君子也;形相虽善而心术恶,无害为小人也。"就是说,人的长相、外表并不重要,重要的是心术正还是不正。而装扮则不然,"今世俗之乱君,乡曲之儇子(轻薄刁巧的男子),莫不美丽姚冶,奇衣妇饰,血气态度拟于女子",男扮女装的这类人,"中君羞以为臣,中父羞以为子,中兄羞以为弟,中人羞以为友"。此之"中",就是"不必上智,皆知恶也"。拈若干实例一窥之。

《汉书·董贤传》载,哀帝宠臣董贤"性柔和便辟,善为媚以自固。每赐洗沐,不肯出,常留中视医药"。因为经常不回家,哀帝索性"诏令贤妻得通引籍殿中,止贤庐,若吏妻子居官寺舍"。还把董贤的妹妹封为昭仪,"位次皇后",三个一起待在身边,"并侍左右"。《拾遗记》补充说,董贤就是"以雾绡单衣,飘若蝉翼",哀帝"入宴息之房,命筵卿易轻衣小袖"。后一句,钱锺书先生释曰:"亦谓妇服尔。"不难想见,飘若蝉翼的衣服,男性不到哪里去。

《晋书·宣帝纪》载,魏明帝青龙二年(234),诸葛亮领兵十余万出斜谷攻魏,"时朝廷以亮侨军远寇,利在急战,每命帝(司马懿)持重,以候其变"。数次挑战未果,诸葛亮便给司马懿送来"巾帼妇人之饰"。司马懿果然被激怒,"表请决战",只是"天子不许"。再来,辛毗要"杖节立军门",才能把司马懿制止住。这种羞辱,北齐开国皇帝高洋有进一步的发挥。《北齐书·元韶传》载,高洋抓到前朝贵胄元韶,"剃韶须髯,加以粉黛,衣妇人服以自随",到处说这是他的宫女。《唐摭言》另有一例。唐僖宗乾符四年(877),"关宴甲于常年",关宴即进士关试后所举行的宴会。有个叫温定的举子,屡试不第,"尤愤时之浮薄,设奇以侮之"。怎么个奇法呢?把自己打扮成女人,"至其日,蒙衣肩舆,金翠之饰,复出于众,侍婢皆称是,徘徊于柳阴之下"。一群靓女岸上溜达,很快吸引了水面游玩的新科进士们,"因遣促舟而进,莫不注视于此,或肆调谑不已"。大家正高兴呢,温定忽然把裙子提了起来,"膝胫伟而毵",露出长满黑毛的小腿,"众忽睹之,皆掩袂,亟命回舟避之"。这是温定的自嘲、泄愤了。

  《金史·后妃传》中关于海陵王贵妃定哥的记载,读来惊心动魄。定哥"有容色",生性风流倜傥的海陵王与之"旧尝有私"。定哥虽已有丈夫——崇义节度使乌带,海陵王还是要把她霸占到手。他传话给定哥:"自古天子亦有两后者,能杀汝夫以从我乎?"这是让人先惊之处。定哥曰:"少时丑恶,事已可耻。今儿女已成立,岂可为此。"海陵王便再传话:"汝不忍杀汝夫,我将族灭汝家。"这是让人再惊之处。定哥大恐,只有让人缢杀了老公,海陵王旋"纳定哥宫中为娘子",又"封为贵妃,大爱幸,许以为后"。然随着海陵王"嬖宠愈多,定哥希得见",甚至"一日独居楼上,海陵与他妃同辇从楼下过,定哥望见,号呼求去,诅骂海陵,海陵阳为不闻而去",定哥这时想起了自己当年也有相好——家奴阎乞儿。怎么把乞儿弄进宫中呢,先得过看门人的那一关。定哥有了主意,"令侍儿以大箧盛衰衣其中,遣人载之入宫"。看门人例牌检查时,"见箧中皆衰衣",先后悔了,定哥更使人诘责之曰:"我,天子妃。亲体之衣,尔故玩视,何也?我且奏之。"你看我这些东西,什么意思?解释不了告你状去。看门人吓坏了:"死罪。请后不敢。"于是定哥"乃使人以箧盛乞儿载入宫中,阍者果不敢复索"。阎乞儿在宫里待了十余日,"使衣妇人衣,杂诸宫婢,抵暮遣出"。大金宫中淫乱至此,这是让人三惊之处。

谢肇淛《五杂组》中收录的一件事,更骇人听闻。说明朝成化年间,"太原府石州人桑翀自少缠足,习女工,作寡妇装,游行平阳、真定、顺德、济南等四十五州县"。男扮女装是手段,一旦看到谁家有靓女,"即以教女工为名,密处诱戏,与之奸淫,有不从者即以迷药喷其身,念咒语使不得动,如是数夕,辄移他处,故久而不败,闻男子声辄奔避"。十余年间,"奸室女以数百",屡试不爽。后来到晋州,遇到了更变态的,"有赵文举者酷好寡妇,闻而悦之,诈以妻为其妹延入共宿,中夜启门就之,大呼不从",当然也没法从。赵文举霸王硬上弓,"扼其吭,褫其衣",这才发现桑翀是男的。没得说,"擒之送官,吐实",还交待了十余名同党。"狱具,磔于市",裂杀,死得很惨。

三国曹魏尚书何晏,"好服妇人之服"。对其最终诛灭三族之祸,傅玄认为与"妺喜冠男子之冠,桀亡天下"一样,穿了不该穿的东西。齐王曹芳正始八年(247),何晏上奏曰:"为人君者,所与游必择正人,所观览必察正象,放郑声而弗听,远佞人而弗近,然后邪心不生而正道可弘也。"道理明明不错,傅嘏、范宁等却都说他是"利口覆邦国之人",有没有鄙视其喜欢男扮女装的因素呢?

2020 年 9 月 12 日

军训

大学新生的军训又开始了。新冠肺炎疫情的缘故,今年开学推迟,军训照常。这是学生接受国防教育的基本形式,很有必要。

军训,军事训练的简称。有研究指出,《周礼·保氏》中的"养国子以道,乃教之六艺",是我们文献中关于军训的最早记载。六艺,即要求学生掌握的六种基本才能:礼、乐、射、御、书、数。其中的射、御,即射箭、驾车,属于军事技能。射箭无需多言,春秋那会儿打仗,马拉的战车是一个兵种。《诗·郑风·大叔于田》有"叔善射忌,又良御忌",程俊英诸先生认为,青年猎人勇武好胜的鲜明性格,通过射箭、驾车等动作的描写得以衬托。训练射、御这两方面的技能,便与军训无异了。

不要小看这两项技能,东汉经学家郑众说,射、御都有相应的技术标准,相当之高,各有五项:射箭,要做到白矢、参连、剡注、襄尺和井仪;驾车,要做到鸣和鸾、逐水曲、过君表、舞交衢与逐禽左。唐朝贾公彦阐释得比较具体。比如射箭,襄尺强调的是礼仪,"臣与君射,不与君并立,襄(让)君一尺而退",除此之外,每一项强调的都是技术。白矢,是要"矢在侯而贯侯过其镞白",侯,射布。这是说箭要射穿透箭靶,靶子后面能见到箭镞,讲的是射的力度。参连,"前放一矢,后三矢连续而去也",所谓连珠箭,讲的是射的速度。剡注,"谓羽头高镞低而去,剡剡然",讲的是矢行之疾,力度与速度兼而有之。井仪,"四矢贯侯如井之仪容也",射出去的四箭能够呈井字形分布,讲的是射的准度。驾车那五种技术,贾公彦也有相应的疏曰,如逐水曲,"谓御车逐水势之屈曲而不坠水也",在弯曲的河岸边疾驰但是能不掉进水里。

"三千徒众立,七十二贤人。"众所周知说的是孔子的学生。顷见一个关于职称的段子:不批准追认孔子正高级教师的申请。列出的十点理由之一,是其弟子优生率仅为2.4%,正由72除3000计算出来。这段子自然是为了聊博一笑,但在当年,七十二贤人又是如何认定的呢?《史记·孔子世家》说了:"身通六艺者。"实际上孔子也曾"射于矍相之圃",至于"观者如堵墙"。《国语·晋语九》载,晋卿智宣子"将以瑶为后",智果不同意,他说"瑶之贤于人者五,其不逮者一也",五者之一,也是"射御足力则贤",特别提到瑶之射、御都没得说,可惜欠缺的那项很要命:仁。瑶其不仁,那么,"若果立瑶也,智宗必灭"。后来的三家分晋,印证了智果所言,此是另话。

《礼记·射义》云:"古者天子以射选诸侯、卿、大夫、士。射者,男子之事也。"而"天子之大射谓之射侯,射侯者,射为诸侯也。射中则得为诸侯,射不中则不得为诸侯"。善射的重要性凸显无疑。善御的结局没这么美妙,却也并非只能做个寻常车夫。《汉书·卫青霍去病传》附有荀彘的简介,说他"以御见,侍中,用校尉数从大将军"。颜师古注前面五个字曰:"以善御得见,因为侍中也。御谓御车也。"就是说,荀彘因为有善御的本领,能当上侍中,"得入禁中",侍从皇帝左右。《三字经》云:"礼乐射,御书数。古六艺,今不具。"意味着宋人编纂这部童蒙教材之时,六艺便已经不被提倡,或者没有人能同时具备了。世易时移,想来至少不具了"御"吧。驱动战车属于春秋战国时的流行战法,宋朝时早就退出了历史舞台,以水泊梁山为例,兵种已然演变成了马步水三军。

史上最严格的军训教官,或推孙武,严格到了不服从则开杀戒的地步。我最早接触这故事是"评法批儒"之时,读初二,孙武作为法家代表人物而备受推崇。后来看到,《史记·孙武列传》开篇说的就是这个故事:孙武"以兵法见于吴王阖庐",阖庐说这些我都看过了,"可以小试勒兵乎?"能。训练妇女呢?能。于是阖庐"出宫中美女,得百八十人",孙武把她们"分为二队,以王之宠姬二人各为队长,皆令持戟",然后讲解训练动作。美女们听得明白,但实操起来当成游戏,一味"大笑""复大笑",不按指令行事。"约束不明,申令不熟,将之罪也;既已明而不如法者,吏士之罪也。"言罢,孙武"乃欲斩左右队长"。在台上观看的阖闾"见且斩爱姬,大骇",求情到了"寡人非此二姬,食不甘味,愿勿斩也"的程度,孙武也不为所动:"臣既已受命为将,将在军,君命有所不受。"然后真的"斩队长二人以徇"。必须看到,此举也立刻收到了杀鸡儆猴之效。再训起来,"妇人左右前后跪起皆中规矩绳墨,无敢出声"。

《孟子·公孙丑上》云:"仁者如射:射者正己而后发,发而不中,不怨胜己者,反求诸己而已矣。"在孟子眼里,有仁德的人形同射手,射手要先端正自己的姿势然后放箭,如果没有射中,不是怪比自己射得好的人,而是反过来查找自己身上的原因。由寻常之射,孟子悟出了修养之道。当代军训不知起自何时,1978 年我读技工学校的时候就经历了第一次军训,像孙武当年那样,队列、步伐为主,"前,则视心;左,视左手;右,视右手;后,即视背"。射,则演变了射击,此外还有投弹。读大学的时候,投弹这项消失了,大约像御一样,没有了存在价值吧。

2020 年 9 月 16 日

虹

双休这两天的清晨,都连续看到彩虹。有趣的是,昨天看到的是左半边,今天看到的是右半边。发到朋友圈后,友朋调侃,或曰"忽左忽右",或曰"贵村彩虹轮流上班"。但未几看到,也有人拍到了全圆的彩虹,甚至还有人拍到了双彩虹,但见碧空如洗,不知是哪里。余所居住之大塘村,天上笼罩不少阴云。

虹,是大气中一种光学现象,往往发生在雨后。天空中的小水珠,经日光照射发生折射和反射作用而形成的圆弧形彩带,呈现出红、橙、黄、绿、蓝、靛、紫七种颜色,给雨后的天空增添了一抹亮色。半虹,前人自然也常见到。屈大均《广东新语》云:"雷之州,每见天边有晕若半虹,长数十丈,初圜而黑,渐乃广阔如破帆。其名风篷,亦曰飓母。"当地人都知道,出现半虹,是台风(时称飓风)要来的先兆。屈大均作过九首《雷阳曲》,其一曰:"天脚遥遥起半虹,涛声倐吼锦囊东。天教铁飓吹郎转,愿得朝朝见破篷。"破篷,半虹;铁飓,特大台风。诗意非常清楚:女子希望看到半虹,好让台风把出海的情郎吹转回来,两人厮守在一起。屈大均又说:"广州四时虹见,半虹则以将飓而后见。"对非海边地带,半虹是台风的果而不是兆。

双彩虹,在前人眼里则意谓雌雄一起出现。《诗》疏引文曰:"虹双出,色鲜盛者为雄,雄曰虹;闇者为雌,雌曰霓。"顾炎武认可这种见解,以为谚之所谓"东虹晴,西虹雨",正属于"虹霓杂乱之交,无论雨晴,而皆非天地之正气"。非双出时,前人认为虹也有雌雄之分。《搜神后记》云,陈济作州吏,老婆秦氏独自在家,于是"常有一丈夫,长丈余,仪容端正,著绛碧袍,采色炫耀,来从之"。几年后,秦氏还怀了孕,这个就是雄虹了。风雨瞑晦之时,"邻人见虹下其庭,化为丈夫"。不过纪晓岚说,其"能狎昵妇女者,当是别一妖气,其形似虹。或别一妖物,化形为虹耳"。至于三国魏明帝所欲逼幸之虹,便是雌虹了。《稽神异苑》引文云:"首阳山有晚虹,下饮溪水,化为女子。明帝召入宫。"女子自称仙女,"暂降人间",明帝还是要硬来,结果人家"忽有声如雷,复化为虹而去"。比较起来,前人更乐于将彩虹比作美人,每名之虹女。

"真龙岂许寻常见,故作云间饮涧虹。"(宋李质句)前人不能科学解释虹的形成,认为它是在吸水,沈括便说他亲眼见过。其《梦溪笔谈》云:"世传虹能入溪涧饮水,信然。熙宁中余使契丹,至其极北黑水境永安山下卓帐,是时新雨霁,见虹下帐前涧中。余与同职扣涧观之,虹两头皆垂涧中。"屈大均也说,台风要来的前几天,"炎云郁结,雷声殷殷,有虹欲断欲连,下饮海水,海翻声吼怒,浪浪沸腾,矶石搏触"。而综合起来看,除了吸海水、河水,虹对其他似乎也来者不拒。《五杂组》里,虹就吸了别的东西。如"上官桀时,虹下宫中饮井,井为竭"。如"韦皋在蜀宴将佐,有虹垂首于筵,吸其饮食"。如"晋陵薛愿虹饮其釜",薛愿干脆让它喝个够,虹还"吐金以报"。如"刘义庆在广陵,方食粥,虹饮其粥"。如"张子良在润州,虹饮其瓮浆"。虽然史书此类记载颇多,谢肇淛仍然表示不信:"夫虹乃阴阳之气,倏忽生灭,虽有形而无质,乃能饮食,亦可怪矣。"而"昔秦符生谓:'太白入井,自为渴尔。'以此观之,其言亦未足深笑也"。

在雨后彩虹之外,前人将日月周围的晕也称为虹。因此典籍中有颇多"黑虹""白虹"。如《阅世编》中,黑虹要么"贯日"或者"贯月",要么"见于昏之中天"。白虹也是,"贯""见"之外,还"亘天,自西及东,云不能掩"。白虹贯日,谓白色晕圈遮蔽了太阳。本来这像彩虹一样是另一种大气光学现象,但前人的"三观"因为理解不了,便认定天象之所以有这种变化,是人间的不平凡行动所致。

《史记·鲁仲连邹阳列传》载,邹阳狱中上书曰:"荆轲慕燕丹之义,白虹贯日,太子畏之。"应劭这么解释的:"燕太子丹质于秦,始皇遇之无礼,丹亡去,故厚养荆轲,令西刺秦王。精诚感天,白虹为之贯日也。"如淳也说:"白虹,兵象。日为君。"司马贞引《烈士传》另有见解:"荆轲发后,太子自相气,见虹贯日不彻,曰:'吾事不成矣。'后闻轲死,事不立,曰'吾知其然也。'"虽然见解不同,但都认为事关荆轲刺秦王,只是成与不成的区别。又,《战国策·魏策四》云:"聂政之刺韩傀也,白虹贯日。"又,《春明退朝录》云:"予家有范鲁公《杂录》,记世宗亲征忠正,驻跸城下,尝中夜有白虹自溅水起,亘数丈,下贯城中,数刻方没,自是吴人闭壁逾年,殍殕者甚众。……又曰,江南李璟发兵攻建州王延政,有白虹贯城,未几城陷。"又,《渑水燕谈录》云,宋仁宗皇祐二年(1050),陈琪知邕州,"冬至日,琪旦坐厅事,僚吏方集,有白虹贯庭,自天属地",第二年,"侬智高陷二广"。无论哪种解释,在天人感应这一点上殊途同归。

"断虹霁雨,净秋空,山染修眉新绿。"(黄庭坚句)"天际彩虹千丈,阑干外、泻寒玉。"(华岳句)对雨后彩虹,普通人都要驻足凝望一回,遑论凡事都能引起美妙遐想的诗人了。

2020 年 9 月 20 日

芋头·蹲鸱

午间吃了几个小芋头。说实话我不爱吃这类东西,有从前对根块类食物不得不吃而吃怕了的因素在内。在我们那里,主食以玉米为主,至于红薯、南瓜都说不清是主食还是副食。现在,这些所谓粗粮重出江湖,讲究养生的人推崇备至,然无论品质得到如何提升我都提不起兴趣。芋头在我们那里倒是很少吃到,算是被殃及的池鱼了。

芋头是多年生草本作物,长在地下的块茎可以食用,以其"呈球形或卵形",古人又叫它蹲鸱。鸱,鸟类,比如鸱鸮是猫头鹰。把芋头称为蹲鸱,该是古人的顽皮。《史记·货殖列传》在"略道当世千里之中,贤人所以富者"时,举例云"蜀卓氏之先,赵人也,用铁冶富",秦灭赵,迁徙富豪,其他人家都怕给弄到外地去,"少有馀财,争与吏,求近处",卓氏祖先则认为"此地狭薄。吾闻汶山之下沃野,下有蹲鸱,至死不饥。民工于市,易贾",乐得远迁,于是"致之临邛……即铁山鼓铸,运筹策,富至僮千人。田池射猎之乐,拟于人君"。卓文君想来正其后代。张守节释曰:"蹲鸱,芋也,言邛州临邛县其地肥又沃,平野有大芋等。"

《夜航船》里有则笑话:张九龄给萧炅送芋头,写的就是"蹲鸱"。萧炅收到后回复:"惠芋拜嘉,惟蹲鸱未至。然寒家多怪,亦不愿见此恶鸟也。"把蹲鸱真的当成猫头鹰了。"九龄以视座客,无不大笑"。《旧唐书·严挺之传》载,萧炅"早从官,无学术",被严挺之称为"伏猎侍郎",因为萧炅不认识"腊"字,读成了"猎"。严挺之把这事告诉了张九龄,九龄乃将萧炅由户部侍郎"出为岐州刺史"。然而萧炅是李林甫的人,所以严挺之等于把李林甫给得罪了。后来,"九龄尝欲引挺之同居相位",让他登一下李林甫的门,亲近亲近,而严挺之薄李之为人,"三年,非公事竟不私造其门"。那么好吧,天宝元年,玄宗谓李林甫曰:"严挺之何在?此人亦堪进用。"李林甫说:"挺之年高,近患风,且须授闲官就医。"张九龄送芋头故事出自野史,该是佐证萧炅"无学术"之一例。

陆游诗曰:"莫笑蹲鸱少风味,赖渠撑住过凶年。"别小看了芋头,它富含淀粉,灾荒时可以充当粮食。《癸辛杂识》引《谈苑》云:"江东居民岁课艺,初年种芋三十亩,计省米三十斛。"《广阳杂记》云:"百谷之外,有可以当谷者,芋也,薯蓣也。"《广东新语》中,屈大均赞美家乡,"地气多燠,既省絮衣之半,跣足波涛不履袜,或男女同屦。男子冬夏止一裤一襦,妇人量三岁益一布裙,如是则女恒余布"。又,"地惟粳稻,土厚获多。人日计米一升,加以鱼、蚌、乌菱、蕉、橘、薯、芋,减炊米十可二三,如是则男有余粟,故古称饶富居甲焉"。又说"广芋之美者,首黄芋,次白芋,次红牙芋……与红薯并登如稻,故有大米之称。"《郎潜纪闻初笔》云,左宗棠请饬史馆为桂超万立传疏曰:"道光十七年,臣宗棠会试北上,道出栾城,偶游城市,见知县桂所张示谕,劝民耕种,并示以种植木棉、薯芋之宜,以及备荒之策,甚为详备。"但芋头作为粮食,只能是饥荒时候,与粮食毕竟有本质区别。《史记·项羽本纪》载,秦兵当前,项羽之所以杀了上将军宋义,就在于宋义"不恤士卒而徇其私,非社稷之臣"。举例来说,"士卒食芋菽,军无见粮,

(宋义)乃饮酒高会"。

哪里的芋头好吃,像"谁不说俺家乡好"一样,各说各话。《冷庐杂识》说"芋在处皆有,而蜀地尤美"。《札璞》谓"滇芋熟早味美"。前些年风行一时的电视剧《宰相刘罗锅》,令广西荔浦芋头名声大噪。在美食家那里,可惜没有交代青睐对象。李渔《闲情偶寄》只是说:"煮芋不可无物伴之,盖芋之本身无味,借他物以成其味者也。"袁枚《随园食单》有不少芋头的做法,也是就事论事,没有对哪里的更高看一眼。如"芋粉团"云:"磨芋粉晒干,和米粉用之。朝天宫道士制芋粉团,野鸡馅,极佳。"又"芋羹"条云:"芋性柔腻,入荤入素俱可。或切碎作鸭羹,或煨肉,或同豆腐加酱水煨。徐兆璜明府家,选小芋子,入嫩鸡煨汤,炒极!"又"芋煨白菜"条云:"芋煨极烂,入白菜心,烹之,加酱水调和,家常菜之最佳者。惟白菜须新摘肥嫩者,色青则老,摘久则枯。"

《郎潜纪闻三笔》云:"台湾海外上郡也,例禁私渡,而民犯死偷渡者日益众。"从所引乾隆十七年原任台湾县知县鲁鼎梅纂修《台湾县志》中,可窥偷渡者的惨状。一种是"贿船户,冒水手姓名挂验。妇女则以小船出口,上大船,抵台后复用船接载,率以夜行"。还有一种是"勾通习水积匪,用漏船收载多人,入舱封闭,遇风则尽入鱼腹。比及岸遇有沙,驱之上,名曰种芋。或潮涨漂溺,名曰饵鱼。穷民迫于饥寒,相率入陷阱,言之痛心"。人陷沙中,形同种芋,惨状何其触目惊心!

《宋高僧传》载,唐朝李泌避崔李之害而隐居南岳,慕名夜半往见释明瓒。时明瓒"正发牛粪火,出芋啖之",给了李泌一半,"李跪捧尽食而谢"。明瓒说:"慎勿多言,领取十年宰相。"煨芋,就此成为"方外之遇"的典故。这该是芋头史上最高光的时刻了。

2020年9月26日

无佛称尊

宝岛出品的涉及传统文化的邮票,在经济条件许可时,我喜欢收集大版票,就是一个印刷整张,邮票还没有按照齿孔撕成单枚时的样子。因为版票的边纸,往往也有精美的图案或文字设计。如《三国演义(第二辑)》一套四版,边纸左侧是主人公的京剧形象。票面图案《单骑救主》,边纸图案便是赵云;票面图案《弹琴退敌》,边纸便是诸葛亮。因为边纸图案溢出了邮票票面之外,所以单独购买套票,即便是从边上撕下来的,也只能见到局部。

苏轼《寒食帖》邮票大版票,边纸则是黄庭坚的手书题跋,自右侧开始,贯穿底部,再延展到左侧,成凹型分布。写的是:"东坡此诗似李太白,犹恐太白有未到处。此书兼颜鲁公、杨少师、李西台笔意,试使东坡复为之,未必及此。它日东坡或见此书,应笑我于无佛处称尊也。"这套大版相当于汇集四套邮票,每套一行四枚,就是将《寒食帖》"截"成四段,总共四行。《寒食帖》有"天下第三行书"的美誉。"无佛处称尊",固然出于黄庭坚的自嘲,然颇堪玩味。称尊,自居第一,自以为最好。无佛处称尊,比喻在没有能手的地方称霸逞强,也可以是俗话"山中无老虎,猴子称大王"的文雅表达。

以此语境来观察,若干前人的运用有不妥之处。如谢肇淛

《五杂组》云:"泰山之称雄于江北,亦无佛处称尊耳。"但他接着又说:"齐鲁之地旷野千里,冈陵丘阜诧以为奇,而岱宗巍然,障大海而控中原,其气象雄伟莫之与京,固宜为群岳之宗也。"分明是赞赏泰山的口吻。又如梁章钜《归田琐记》云,他朋友家藏有"唐李昭道海天旭日图",若"就现存之迹,剔去卷后各伪跋,重加潢治,以无负此唐人妙迹,庶可于无佛处称尊云尔"。须知唐高宗时的宗室画家李昭道史上相当知名,有"小李将军"之谓,他父亲李思训是"大李将军",概曾受封为右武卫将军。李昭道的画留存到清朝,一句无佛称尊是否轻佻了些?

嘲讽,该是无佛称尊的本意。《玄怪录》"元无有"条云,唐代宗时,元无有"尝以仲春末独行维扬郊野",日色将晚,风雨大至,"时兵荒后,人户逃窜",他就躲进路旁的一座空房子。"须臾霁止,斜月自出",元无有听到堂中有"衣冠皆异"的四个人正在高谈阔论:"今夕如秋,风月如此,吾党岂不为文,以展平生之事?"然后玩起联句,"相与谈谐,吟咏甚畅"。元无有听了,并不认为有什么水平,无非"嘉宾良会清夜时,辉煌灯烛我能持""爨薪贮水常煎熬,充他口腹我为劳"之类,口水诗。但那四个"递相褒赏",觉得"虽阮嗣宗《咏怀》亦不能加耳",阮籍那八十二首也没法跟他们比。天亮后"无有就寻之,堂中惟有故杵、烛台、水桶、破铛,乃知四人即此物所为也"。《东阳夜怪录》更进一步,将病驼、瘠驴、老鸡、没毛狗各化为人,在进士成自虚面前自矜篇什,酸不溜秋,倒也十分有趣。当然像前面的"元(原)无有"一样,这故事出于王洙杜撰,人名已露端倪。那个叫"敬去文"的不就是"苟(狗)",叫"卢倚马"的不就是"驴"吗?钱锺书先生认为这是在"嘲讽文士",所谓"无佛称尊,群儿自贵,不知有旁观窃听,绝倒于地者"。

这种故事还有好多。《二十年目睹之怪现状》第三三回,洋行买办唐玉生觉得"做大名家也极容易",他举自己为例现身说法:"象我小弟,倘使不知自爱,不过是终身一个买办罢了。自从结交了几位名士,画了那《啸庐吟诗图》,请人题咏,那题咏的诗词,都送到报馆里登在报上,此刻那一个不知道区区的小名,从此出来交结个朋友也便宜些。"因为"知自爱",唐玉生把自己包装成"大名家",真是绝妙的反讽。恬不知耻的,自然还有他那些显见是花钱买来的"朋友",他不是接着说了嘛:"此刻我那《吟诗图》,题的人居然有了二百多人,诗、词、歌、赋,甚么体都有了,写的字也是真、草、隶、篆,式式全备,只少了一套曲子。我还想请人拍一套曲子在上头,就可以完全无憾了。"说罢,他"又把题诗的人名字,屈着手指头数出来,说了许多甚么生,甚么主人,甚么居士,甚么词人,甚么词客,滔滔汩汩,数个不了"。又,孟超先生评《水浒传》,认为梁山泊好汉中的知识分子,"也就于无佛处称尊而数着萧让、金大坚两人了,而他俩,一个专于摹拟别人书法,一个专于仿雕别人印信,不过是些下三烂的货色"。不知怎么,由此忽地想到今日频频亮相于各种论坛、电视上的嘉宾,其中该有多少无佛称尊的货色?

  钱先生有首奉答表丈孙颂陀的诗,"涂抹风花安足数,漫劳无佛处称尊"云云。漫劳,即徒劳、白忙。自谦己诗还未入作者之列,与黄庭坚的语意异曲同工。就书法水准而言,苏东坡和黄庭坚同列"宋四家",但两人当年曾相互开玩笑。苏说黄字"如树梢挂蛇",黄说苏字"似石压蛤蟆"。而在正式场合,黄庭坚对老师还是相当推崇的:"东坡先生常自比于颜鲁公,以余考之,绝长补短,两公皆一代伟人也。"《寒食帖》大版票将二人书法铺陈在一起,不啻珠联璧合,至于是否如二人所相互揶揄的那样,想必观者能有自己的认识吧。

2020 年 10 月 14 日

刁民

10月16日,正在直播的海南新闻广播《政风行风热线》节目中,有听众反映自己的农村土地承包经营权证迟迟未能领到。主持人乃连线涉事的万宁市万城镇政府,接电话的一名干部却称:"现在的刁民太多了,就是你们这些新闻媒体支撑着他们。"

刁民,奸诈邪恶之民,那是旧时官吏对不听管束的百姓的蔑称。刁者,无赖也,狡诈也。今天的基层干部对辖区百姓使用这样的字眼,听来分外刺耳。

"刁民"一词未知始自何时,有种说法是乾隆皇帝将之普及开来。乾隆皇帝下江南,有个地方看不顺眼,就说那里"穷山恶水,泼妇刁民"。被说的那个地方现在也还不服气,运用各种材料对该说证否。然就时间点而言,该词出自乾隆似乎有些道理,因为在清代以前典籍中,很少见到"刁民"二字。当然,很少不等于没有。如明朝范濂《云间据目抄》云,海瑞治苏州时,一日"按临南察院,放告,词讼堆积如山……度不可阅,取火焚之"。这下百姓不干了,"皆囚服破帽,率以五六十为群,沿街攘臂,叫喊号呼"。在该书中,这些抗议的百姓就统统被称为"刁民"。

又如《池北偶谈》收录了明朝秦纮的年谱,是嘉靖十七年(1538)秦纮80岁以户部尚书家居时的自述。其中说到,巡抚项忠举荐他治秦州,道经西安,项忠给他出主意:"秦民难治,皆以刁民作梗,尔到彼,有此等即打死申来。"不过秦纮不这么看,他说:"刁民,人皆恶之,所恶不同:上司于刁民,则恶其害人;州县官于刁民,则恶其害己。但患御之无道耳。苟御之有道,刁民将化为良民。若专事诛锄,反使贪官得计耳。"果然,秦纮"到秦一年,三年拖欠粮草皆完,健讼与盗贼敛迹"。项忠闻之喜曰:"秦州得人矣。"该事可靠与否另当别论,然两种百姓观毕现无疑。

"刁"字的出现可能较晚,东汉许慎《说文解字》尚不见其踪影。《史记·货殖列传》载,燕国"地踔远,人民希,数被寇,大与赵、代俗相类,而民雕捍少虑,有鱼盐枣栗之饶"。雕悍,司马贞索隐云:"言如雕性之捷悍也。"雕,天上飞的那种大鸟,视觉敏锐,性凶猛,一个俯冲而下,被它瞄准的动物基本上就逃不脱了。后世的"刁悍",可能就是从"雕悍"中来。这个演变,清朝桂未谷认为是写起来图省事的缘故。桂未谷"尝作《札朴》二十卷,考订精确,发前人所未有",说到"雕悍"是因为有人问他:"今之善讼者,谓之刁风,南北通行,何义也?"桂未谷就引了《史记》中的那一段,说是"吏胥苟趋省笔以代雕耳,犹福州书吏书藩臺为潘台是也"。不仅"雕"简成"刁"是这样,而且"臺"简成"台"也是这样。苟如是,那些偷懒的胥吏,无意中也算简化汉字的先驱了。

在清人笔记中,"刁民"已比比皆是。真正的刁民固然存在,但对那些违背了自己意志的人,无论人家是否在理,不少官员也都一概名之"刁民"。

《巢林笔谈》云,陆陇其为嘉定令,"抚字先于催科",被人利用了。"有一刁民负欠,诳公且鬻女。公闻言流涕,戒勿鬻,取俸代完"。陆陇其不知道那家伙骗他,但百姓知道。结果"民出,众怒其诈,竟殴之几毙",差点儿把他给打死。这是真刁民。

还有一些就很难说了。如《榆巢杂识》云，乾隆八年（1743），"上、下两江被灾后，民俗刁顽。诏大学士等于翰林、科道内，拣选品行端谨、通晓民事者四员授为宣谕化导使"。上、下两江，即江南省（今江苏、安徽和上海）和江西省，是清朝的财赋重地。这里的"民俗刁顽"，有没有救灾不力导致民怨沸腾的因素？

又如《啸亭杂录》云，孙嘉淦督直隶，"以近畿土地皆为八旗勋旧所圈，民无恒产，皆仰赖租种旗地以为生，而旗人自恃势要，增租直，屡更佃户，使民无以聊生，因建旗地不许增租夺佃"。而"有刁民故为抗欠者，许讦之官，官代为征收，解旗分领，至今旗、民赖以相安无事"。这里的"刁民"也值得玩味，很多出发点良好的政策，不是都有落实起来并不到位甚至变质的因素吗？

比较起来，《啸亭续录》所云"官途刁风"，既新鲜又有破的一面。"山左吏治自吉伦以贪贿成习，同兴朱锡爵后以宽纵失职，故官途刁风日炽，专以欺凌上司为能，一倡百和，莫之能遏"。刁到了什么程度？知县蒋因培"筮仕齐、鲁，日为平康之游，裸身唱曲，偎妓饮酒，夏日尝插花拥髻，放舟大明湖中，遇上司亦不引逊，惟伛躯唱诺而已"。蒋因培也曾被"劾罢遣戍"，然"吴中士大夫尚有惜其才者，为之延誉，未期年复其职"。不妨设想，"官途刁风"与"刁民"之间，是否存在逻辑关联？

10月22日，万宁市万城镇委、镇政府就"刁民事件"进行了通报，责成当事干部向节目组及主持人道歉。这种道歉，也只能说是舆论面前的被迫低头。元朝张养浩《为政忠告》中的诸多见解，仍然值得今天的各级干部一读。比如他说："国之所以昌，四夷之所以靖，朝廷之所以隆，宗庙社稷所以血食悠久者，微民不能尔。"真正具有这种认识，"刁民"一词才不会顺嘴溜出。

2020年10月23日

孔方兄

10月8日,深圳市互联网信息办公室发布消息称,市人民政府近期联合中国人民银行开展了数字人民币红包试点。数字人民币的横空出世,将高效地满足公众在数字经济条件下对法定货币的需求。

货币,乃固定充当一般等价物的商品,俗称就是钱,"恭敬"一些是"孔方兄"。秦始皇统一中国,也统一了货币:圆形方孔。寓意"天圆地方"。在此之前,货币形态五花八门,光是战国另外那六雄,通行货币就有布币、刀币、环钱、蚁鼻钱等。布币中又分空首布、平首布,空首布中又分弧足、尖足,平首布中又分方足、尖足、圆足、锐角、长体。刀币也是同样,眼花缭乱。

由始皇"秦半两"奠定的基础,加上汉武帝"五铢钱"明确的标准,到西晋鲁褒时,圆形方孔钱早已完全定型,所以其《钱神论》云:"钱之为体,有乾坤之象,内则其方,外则其圆。"进而鲁褒对钱又大大赞美了一番,说它是"为世神宝",绝对的好东西,要"亲爱如兄,字曰'孔方'"。那么,就别钱、钱的了,得"称字",尊重嘛。孔方兄多了不得啊,"失之则贫弱,得之则富强",且能够"无翼而飞,无足而走"。度其语意,当然是在调侃。《晋书·鲁褒传》载:"(惠帝)元康之后,纲纪大坏,褒伤时之贪鄙,乃隐姓名,而著《钱神论》以刺之。"从"疾时者共传其文"来看,鲁褒的观点在当时便赢得了极大认同。

这篇《钱神论》对后世的影响颇深,首先是"孔方兄"这一概念的发明和普及。圆形方孔钱一直延续到"末代皇帝"时的"宣统通宝",正因千百年来,"孔方兄"时时在目,那些"疾时者"便极尽谐谑之能事。《管锥编》罗列了若干。如董斯张《吹景集》中,或问,鲁褒"以钱为神可也,谓之兄何居?"答曰,金戈戈嘛。那是将"錢"字拆开,再借用谐音。又,袁宏道诗云:"闲来偶读《钱神论》,始识人情今益古。古时孔方比阿兄,今日阿兄胜阿父!"又,《清人杂剧》二集叶承宗"敷衍《钱神论》"而作《孔方兄》,通场为金茎独白,有云:"爱只爱,六书文,会识字,'戋'从着'金';恨只恨,《百家姓》,'钱'让了'赵'……矢口为文笑鲁褒,你可也太莽戆!怎把个至尊行,僭妄认同胞?称他个'孔方老师'罢?不好!不好!怕他嫌坛坫疏;称他个'孔方家祖'罢?也不好!也不好!怕嫌俺谱牒遥;倒不如称一个'家父亲'才算好!"诸如此类,被钱锺书先生推为"笔舌俊利"之作。

当然,也有跟鲁褒的谐谑较真的。如顾元庆《簷曝偶谈》云,鲁褒之说"殊可令人羞"。在他看来:"若事钱如事兄,其于父子兄弟、君臣朋友,几何不相戕贼矣。稽其为用,直人役耳。不问艰险污秽、清浊是非,转化奸回,善如人意,盖奴仆之超绝者也。"因而他说,若把钱"名曰'孔奴',于理为当"。

其次,是对芸芸众生对"孔方兄"态度的生动描绘。《钱神论》云,因为"钱多者处前,钱少者居后。处前者为君长,在后者为臣仆",全由"孔方兄"决定着一切,所以"京邑衣冠,疲劳讲肆,厌闻清谈,对之睡寐,见我家兄,莫不惊视"。并且,"洛中朱衣,当途之士,爱我家兄,皆我已已。执我之手,抱我终始,不计优劣,不论年纪,宾客辐辏,门常如市"。由西晋上溯历史也是这样,"昔吕公欣悦于空版,汉祖克之于嬴二,文君解布裳而被锦绣,相如乘高盖而解犊鼻,官尊名显,皆钱所致"。前两句说的是未达时的刘邦,后两句则是"凤求凰"的插曲。

第三,是对"孔方兄"本领的精辟概括。《钱神论》引用一则谚语,叫作"钱无耳,可使鬼"。著名的"有钱能使鬼推磨",大抵就是由此而来。鬼尚且能够推动,遑论人?历来的官员栽跟斗,往往也正是栽在"孔方兄"上。《幽闲鼓吹》有一生动实例。"相国张延赏将判度支,知有一大狱,颇有冤滥,每甚扼腕。"等他到任了,"即召狱吏严诫之",并明确了解决问题的时间表,"旬日须了"。第二天,他案头上放了张帖子,写着"钱三万贯,乞不问此狱"。老张大怒,"更促之"。次日帖子又摆那儿了,这回是"钱五万贯"。老张更气了,"命两日须毕"。不料次日的帖子涨到了"钱十万贯"。老张怂了:"钱至十万,可通神矣。无不可回之事,吾惧及祸,不得不止。"十万贯,终于推动了老张。钱锺书先生说,明目张胆之外,"讬上寿之名,择暮夜之候,或问以苞苴箪笥,或遗之縹轴縹囊,以至于赠田宅,进姬侍,万变不离其宗,皆'送钱之方式'也。故曰'送礼',曰'孝敬',亦见利亦有礼,犹盗亦有道。"风趣的同时,也承继了"疾其时"的传统。

"孔方兄"是铸造出来的,宋朝便已问世的纸币是印刷出来的,数字货币则看得见却摸不着。货币形态的演变,与社会进步密不可分。但是,无论形态如何演变,货币的职能性质都不会改变。褚人获《坚瓠己集》云:"或问伍蓉庵云:'钱神亦有不灵时否?'蓉庵曰:'钱神是淫昏之鬼,遇贪邪则灵,遇廉正则死。死则不灵。'"

2020 年 10 月 27 日

蚂蚁

"蚂蚁金服"上市前夕,一则"央行、银保监会、证监会、国家外汇管理局四部委联合对蚂蚁集团实际控制人马云、董事长井贤栋、总裁胡晓明进行监管约谈"的新闻,引发了社会各界的广泛关注。四部委同时约谈一家金融机构负责人,据说前所未有。何出此举?经济界专家旋即各抒己见。于我这个非业界亦是"局外人"来说,想到了真正的蚂蚁。

蚂蚁这种六腿小昆虫,没人会感到陌生,抬头不见低头见。即便抬头,如果看的是树干之类,往往也能见到它们穿梭往来的身影。《本草纲目》云:"蚁处处有之,有大、小、黑、白、黄、赤数种。穴居卵生。其居有等,有行有队。能知雨候,春出冬蛰。"蚂蚁的种类及秉性,大抵都被李时珍简明道出了。蚂蚁数量之多,至于国外有人估算它们的整体重量和地球上所有人口的重量差不多。蚁集、蚁众、蚁聚等等,也被用于数量繁多的贬义词。如《朝野佥载》云:"(唐高宗)乾封以前选人,每年不越数千;(武则天)垂拱以后,每岁常至五万。"人是多了,"堪入流者十分不过一二"。怎么回事呢?"选司考练,总是假手冒名,势家嘱请。手不把笔,即送东司,眼不识文,被举南馆。正员不足,权补试、摄、检校之官。贿货纵横,赃污狼藉"。因此,"选人冗冗,甚于羊群,吏部喧喧,多于蚁聚。若铨实用,百无一人"。

今天有句戏言广东人什么都吃的谚语:"有翅膀的,只有飞机不吃;四条腿的,只有板凳不吃。"虽然夸张,但史上却也有踪影可寻。《老学庵笔记》引《北户录》云:"广人于山间掘取大蚁卵为酱,名蚁子酱。"这个蚁酱就相当另类,陆游认为此即《礼》之所谓"蚳醢",夏商周三代以前便"固以为食矣"。《广阳杂记》亦云,"《礼》有醯酱、卵酱、芥酱、豆酱,用之各有所宜",孔子讲究到"不得其酱不食"。酱的种类形形色色,汉朝甚至有鱼肠酱、芍药酱,刘献廷说:"今闽中有蛎酱、鲎酱、蛤蜊酱、虾酱、鱼酱、珠螺酱,岭南有蚁酱。"就是说,到了清初,广东特色的蚁酱仍然存在,当然我们也看到这是承继传统的结果。

18世纪法国自然哲学家雷奥米尔研究指出,与其他昆虫如蟑螂相比,我们对蚂蚁没有那种厌恶感,表明它们具有人类一样的地位,它们的生活和人类相似。唐朝李公佐《南柯太守传》,从遐想方面"先见"了这一点。这部传奇作品讲的是,游侠之士淳于棼一天在古槐树下醉倒,梦见自己到了大槐安国,被招为驸马,当上了"国之大郡"南柯的太守。20年间,还与金枝公主生下五男二女,"荣耀显赫,一时之盛,代莫比之"。因与檀萝国交战败北,公主病死,再加上"流言怨悖",淳于棼被国王罢退回家。梦醒乃知,这两个国原来是两个蚁穴,然挖开大槐安国那穴,国都、南柯郡,却一一对板。淳于棼"感念嗟叹",而文末李肇的四句话,表明了李公佐的写作意图:"贵极禄位,权倾国都,达人视此,蚁聚何殊!"官职确实是高高无比,京城里谁也及不上他的权势,可是在通达的人看来,还不是跟蚂蚁没什么两样!

秩序井然之外,蚂蚁的勤劳也是出了名的。而说到蚂蚁,又不能不提蚁穴溃堤之类。此说大约滥觞于《韩非子》,"千丈之堤,以蝼蚁之穴溃;百尺之室,以突隙之烟焚"云云,既是陈说事实,也是借喻。后人有更进一步的发挥。如《阅微草堂笔记》中道士叹息赵公:"苟无其隙,虽小人不能伺;苟无所好,虽小人不能投。千金之堤,溃于蚁漏,有罅故也。公先误涉旁门,欲讲容成之术;既而耽玩艳冶,失其初心。嗜欲日深,故妖物乘之而集。衅因自起,于彼何尤?"

蚂蚁中为害最烈的当推白蚁。《齐东野语》载有姚镕《喻白蚁文》,因有"害稼之蝗知卓茂,害人之鳄识昌黎"的句子,显见是受韩愈的启发。文章先跟白蚁讲道理,"嗟尔之巧则巧矣,盛则盛矣,然卵生羽化,方孳育而未息,钻橡穴柱,不尽嚼而不已。遂使修廊为之空洞,广厦为之颓圮"。可是你不知道,盖个房子有多难啊,"余备历险阻,拙事生涯,造物者计尺寸而与之地,较锱铢而赋之财。苟作数椽,不择美材,既杉椤之无有,惟梓松之是裁,正尔辈之所慕,逐馨香而俱来,苟能饱尔之口腹,岂不岌岌乎殆哉"。再向白蚁发出警告:"今与尔画地界,自东至西十丈有奇,自南至北其数倍蓰,请迁族类以他适,毋入范围而肆窥。苟谆谆而莫听,是对马牛而诵经,其去畜类也几希。以酒酹地,尔其知之。"这篇《喻白蚁文》,未知是像韩愈般一本正经,还是在指桑骂槐。

英国夏洛特·斯莱在《蚂蚁》一书中写道,要描述蚂蚁,很难避免使用夸诞的形容词;蚂蚁迷更认定蚂蚁是拥有大量"之最"的昆虫:最聪明、最有组织、最勤劳、数量最多、繁殖力最强、最有优势等。位于杭州的蚂蚁集团我曾经应邀到访过一次,时值2016年,知道那是一家号称旨在为世界带来普惠金融服务和数字生活新服务的创新型科技企业,可惜没有当场咨询一下"蚂蚁"之所以得名。

2020年11月5日

摔跤·角抵

11月13日，2020年全国U20国际式摔跤锦标赛在安徽淮北落下帷幕。来自全国的1200名男女选手同场竞技。摔跤，是两人相互角力的一种运动，以摔倒对手为获胜。从前的角抵（觝）庶几近之。

这一"从前"，若从神话角度，要前到黄帝与蚩尤大战之时。传说蚩尤部落的人，"人身牛蹄，四目六手，耳鬓如剑戟，头有角"，头上戴着角器，对方进攻时，便以之来抵撞。识者指出，这种特殊的作战方式，实际上是模仿牛的搏斗，蚩尤部落以牛为图腾。

从正史的角度，角抵大约始于春秋战国。《史记·李斯列传》载："是时二世在甘泉，方作觳抵优俳之观。李斯不得见，因上书言赵高之短。"裴骃曰："觳抵即角抵也。"应劭曰："战国之时，稍增讲武之礼，以为戏乐，用相夸示，而秦更名曰角抵。角者，角材也。抵者，相抵触也。"文颖曰："秦名此乐为角抵，两两相当，角力，角伎艺射御，故曰角抵也。"《汉书·刑法志》中也有相关记载，应劭大约看过，说的话跟班固写的差不多，只是班固落笔时口气更加不满："秦更名角抵，先王之礼没于淫乐中矣。"并且还说："至元帝时，以贡禹议，始罢角抵，而未正治兵振旅之事也。"未罢之时，角抵在朝野受喜爱的程度难以想象。如《武帝纪》载，元封三年(前108),"春,作角抵戏,三百里内皆(来)观"。三百里,或有夸饰成分,但也足以说明道路不近。六年(前105),"夏,京师民观角抵于上林平乐馆"。如此等等。

即便贡禹建议被采纳而有"罢角抵",充其量也只能奏效于一时,正野史中见得多的,还是角抵如何大行其道。《后汉书·东夷传》载,顺帝永和元年(136),扶馀王"来朝京师,帝作黄门鼓吹、角抵戏以遣之"。角抵戏,成了招待外国来使的一个保留节目,有没有震慑的成分就不知道了。盖《太平御览》卷七五五引王隐《晋书》云:"襄城太守责功曹刘子笃曰:'卿郡人不如颍川人相扑。'笃曰:'相扑下技,不足以别两国优劣。'"但角抵在华夏大地具有广泛的群众基础是不争的事实。南朝《述异记》云:"今冀州有乐名'蚩尤戏',其民两两三三,头戴牛角相觝。汉造角觝戏,盖其遗制也。"北朝《洛阳伽蓝记》云:"(禅虚)寺前有阅武场,岁终农隙,甲士习战,千乘万骑,常在于此。"羽林军中有个叫马僧相的善角抵戏,"掷戟与百尺树齐等";虎贲军中有个叫张车渠的,"掷刀出楼一丈"。结果,皇帝"亦观戏在楼,恒令二人对为角戏"。

唐朝时也是这样。《旧唐书·穆宗纪》载,贞元十五年(799)正月,宪宗崩;二月,穆宗"御丹凤楼,大赦天下。宣制毕,陈俳优百戏于丹凤门内,上纵观之"。又"幸左神策军观角抵及杂戏,日昃而罢"。六月,"凡三日一幸左右军及御宸晖、九仙等门,观角抵、杂戏"。《敬宗纪》载,宝历二年(826)六月,"上御三殿,观两军、教坊、内园分朋驴鞠、角抵。戏酣,有碎首折臂者,至一更二更方罢。"《新唐书·马存亮传》记载了一宗谋反事件。"敬宗初,染署工张韶与卜者苏玄明善",玄明说他算了一卦:靠我帮忙,张韶你能当皇帝,"吾闻上昼夜猎,出入无度,可图也"。因为张韶"每输染材入宫,卫士不呵也",便钻了免检的空子,"阴结诸工百馀人,匿兵车中若输材者,入右银台门,约昏夜为变"。结果二人果然一时得逞。"时帝击球清思殿,惊,将幸右神策",有人说:"贼入宫,不知众寡,道远可虞,不如入左军,近且速。"敬宗首先想到去右神策军那里避难,是因为偏向,他"常宠右军中尉梁守谦,每游幸",甚至连"两军角戏"也"多欲右胜"。然危难时刻,左神策军中尉马存亮出迎,"捧帝足泣,负而入",又"以五百骑往迎二太后,比至,而贼已斩关入清思殿,升御坐,盗乘舆馀膳,揖玄明偶食",在那里庆功了。最后,正是马存亮领军一举平叛。

《唐语林》里也有个故事:李绅督大梁时,"闻镇海军进健卒四人,一曰富仓龙,二曰沈万石,三曰冯五千,四曰钱子涛,悉能拔橛角觚之戏"。翌日,他于毬场内犒劳四人,吃喝之外,"又令试觝戏",比摔跤。结果"仓龙等亦不利,独五千胜之。十万之众,为之披靡"。所谓"亦不利",就是吃也没有比赢,所以李绅"独留五千,仓龙等退还本道"。

到宋朝,角抵的发展登峰造极,且有了"相扑"的别称。《梦粱录》云:"角抵者,相扑之异名也。"《水浒传》中就有众多相扑好手。从施恩手中夺去快活林的蒋门神,"使得好枪棒,拽拳飞脚,相扑为最";武松醉打之,用的也是相扑招数:玉环步、鸳鸯脚。焦挺手起一拳,把李逵"打个塔墩",接着"肋罗里只一脚,又踢了一交",这手本领正得自"祖传三代相扑为生"。任原号称"相扑世间无对手,争交天下我为魁",但被"自幼跟着卢员外学得这身相扑"的燕青,一招"鹁鸽旋"便掀下擂台。

"广场妙戏斗程材,才得天颜一笑开。角抵罢时还摆宴,卷班出殿戴花回。"(杨万里句)摔跤即角抵或相扑的那些高光时刻,怕要出乎今天许多人的意外了。

2020 年 11 月 15 日

武则天她妈

这几天,广西灵山县关于成立"武则天她妈在钦州"历史文化研究工作组的一则通知,引起了舆论轩然大波。倘若没有"灵山县人民政府办公室"的台头,会让人疑心是在恶搞。虽然"她妈"后面并没有"的"字,但冷不丁的,也让人产生不好的联想。武则天她妈已经故去多年,其本人不可能现在出现在钦州,他们要研究的该是武则天她妈的籍贯在钦州,或者是要证明武则天她妈是钦州人吧。

课题名目的逻辑混乱且不去理他。武则天我们都是熟悉的,唐高宗皇后、武周皇帝,我国历史上唯一被正史承认的女皇帝嘛。武则天690年到705年正式在位,实则690年以前,已经在行使皇帝职能,与高宗并称"二圣"。武则天"十四岁时,太宗闻其美容止,召入宫,立为才人"。长得漂亮是肯定的,所以骆宾王在讨武檄文中才会骂她"狐媚偏能惑主"。后来,高宗立之为皇后;再后来,高宗"多苦风疾,百司表奏,皆委天后详决",她便顺势"革唐命,改国号为周"。至于武周所用年号,称得上纷繁复杂,十个指头全部用上也不够数,这也是帝王纪年中比较另类的现象。正史对武则天虽不免以"牝鸡司晨"之类的用语表示不屑,但也承认她能够"尊时宪而抑幸臣,听忠言而诛酷吏"。陈寅恪先生更指出:

"自武则天专政破格用人后,外廷之显贵多为以文学特见拔擢之人。而玄宗御宇,开元为极盛之世,其名臣大抵为武后所奖用者。"因此,"进士之科虽设于隋代,而其特见尊重,以为全国人民出仕之唯一正途,实始于唐高宗之代,即武曌专政之时。及至玄宗,其局势遂成凝定,迄于后代,因而不改"。不过,黄永年先生不同意这种见解,相反,他认为新旧唐书《酷吏传》里的人物,超过半数也都是由武则天培养任用的,著名的如来俊臣、周兴等,所谓"知人善任"要打个大大的折扣。此不赘述。然而武则天的所作所为,毕竟有能够使之名垂青史的一面,武则天她妈又做了些什么,值得灵山准备下大力气去开掘呢?

武则天她妈的祖籍是不是在钦州,还是留给工作组去最后拍板。武则天她爸——武士彠的祖籍在山西文水,是明白无误的。可是,武则天在哪里出生,又是个历史之谜。郭沫若先生提出武则天生于利州即今天的四川广元,又是黄永年先生表示不能同意。在列举了相关史料作为佐证之后,黄先生推断郭先生"硬要把武则天的出生地往四川广元拉……应是一种过于强烈的乡土观念"。这是瞄准郭先生的四川籍贯说事了。不过,广元若是打算东施效颦,不妨成立个"武则天在广元"工作组。说回武则天她爸。成书于宋代的《太平寰宇记》载:"太原王墓,在县西北十五里。即唐武则天父武士彠也,双阙与碑石存。"在新旧唐书中,武士彠都有传记,归入"外戚"。而在《新唐书·武士彠传》中,正可以觅到武则天她妈的踪迹。

"始,士彠娶相里氏,生子元庆、元爽。又娶杨氏,生三女。"寥寥几句,可知武则天她妈姓杨,要么是续弦要么是二房。"元女妻贺兰氏,早寡。季女妻郭氏,不显",武士彠三个女儿中,老大嫁给贺兰越石,很早就守了寡,老三嫁给郭孝慎,郭只是个小官,武则天是老二。"士彟卒后,诸子事杨不尽礼,衔之",对后妈很不友好,武则天她妈乃恨在心里。武则天封后时,她那同父异母的两个哥哥、侄子亦即大哥的儿子都已有了一官半职,"元庆已官宗正少卿,元爽少府少监,兄子惟良卫尉少卿",但对武则天她妈来说,因为女儿的一步登天,报复的机会也来了。她这么付诸行动的,"讽后上疏出元庆等于外,以示退让",表面上让武家摆出一副高姿态,于是那一房厄运到来。"元庆斥龙州,元爽濠州,惟良始州。元庆死,元爽流振州"。最后,惟良更落得自身被诛且被有司改姓"蝮氏"亦即逐出武氏籍的地步,元爽则"坐死,家属投岭外"。这就是武则天她妈怂恿女儿干出的事,起因不过是日常生活中的磕磕碰碰。

灵山成立工作组之举,打的旗号是"钦州",实际上他们真正的小九九是"武则天她妈在灵山"。欠缺历史文化资源的,该是钦州市下辖的他们灵山县,在钦州自身,历史文化有很多可开掘的成分。宋朝《方舆胜览》在古迹方面就提到了钦州有汉朝和唐朝的铜柱。《后汉书·马援传》载,光武帝建武十六年(40),"交阯女子徵侧及女弟徵贰反",伏波将军马援平定之后,"立铜柱以为汉南边疆界的标志"。"男儿要当死于边野,以马革裹尸还葬耳",今天也能听到的这一豪迈声音,就是马援请缨出征北方匈奴、乌桓时发出的。唐朝马总为安南都护,"东獠为建二铜柱于伏波之处,以明总为伏波之嗣"。此外,在钦州任过职的名宦、名贤,《方舆胜览》列举了李邕、余靖、杨友,以及张说、吕祖泰。除了武状元杨友、自誓"以言报国"的吕祖泰相对陌生,那三位,哪个不鼎鼎大名?

按照灵山县的通知,他们成立"武则天她妈在灵山"工作组,是要"挖掘灵山历史文化遗产,丰富灵山历史文化底蕴",就算武则天她妈果真出自他们那里吧,从中能够挖掘传统文化的什么遗产呢?所谓历史文化的底蕴又究竟在哪里呢?愚笨如我等,被极大地限制了想象力。

2020 年 11 月 21 日

花椒

新近读到马陈兵著作《带着花椒去上朝》,介绍的是"古杀十九式",也就是历史上的 19 种杀人方法,"旨在由杀切入历史,剖视传统文化"。其中第一种是"椒杀",即花椒杀人,许多读者可能要吓一大跳。

花椒,我们都知道是一种调味的香料,具体滋味想必人人都有领略。川菜以麻辣为特色,辣是因为辣椒,麻就是因为花椒了。花椒也可作药用,前人还用其种子和泥涂壁,成所谓椒房。班固《西都赋》说了,"后宫则有掖庭椒房,后妃之室",那可不是一般人家办得到的。北魏"旧太子后庭未有位号,文成(拓跋濬)即位,景穆宫人有子者,并号为椒房",成了后妃的代称。所以太武帝拓跋焘的 11 个儿子中,贺皇后生景穆帝拓跋晃之外,"越椒房生晋王伏罗,舒椒房生东平王翰,弗椒房生临淮王谭,伏椒房生广阳王建"。北魏其他皇帝,即便是被追封的拓跋晃,也有不少姓这姓那的椒房。

花椒居然能致人死地?马先生认为:"至少从东汉到南朝近六百年,在下毒、自杀、赐死中,椒影不绝,椒气辣天,椒一直扮演着重要毒材和主攻手的角色。"自家浏览所见,倒不至于那么严重。虽然花椒作为毒物东汉时已经出现,然运用之,似以北朝更为普遍。

东汉的实例,仅见于《后汉书·陈球传》。灵帝熹平元年(172),窦太后崩,葬礼如何操办,引发了舆情。太后的父亲窦武曾与陈蕃谋诛宦官,却"反为中常侍曹节矫诏杀武、蕃,迁太后焉",所以,"宦者积怨窦氏,遂以衣车载后尸,置城南市舍数日",且"欲用贵人礼殡",给个侧室的待遇。16岁的小皇帝不忍:"太后亲立朕躬,统承大业。《诗》云:'无德不报,无言不酬。'岂宜以贵人终乎?"但在落实的时候,宦官们又找别扭,动议不让太后与桓帝合葬,小皇帝只好"诏公卿大会朝堂,令中常侍赵忠监议"。时太尉李咸养病在家,"乃扶舆而起,捣椒自随",对妻子说:"若皇太后不得配食桓帝,吾不生还矣。"可惜,李咸虽然决心不小,在现场却比较认怂,"不敢先发",陈球说话后,他才附和,令"会者皆为之愧"。这里的"捣椒自随"与"吾不生还",显然存在逻辑关联,有李咸打算以死谏诤的意味。

《南史·齐高帝诸子上》也有一例。大司马王敬则"于会稽反",打的是高帝萧道成孙子萧子恪的旗号,"而子恪奔走,未知所在"。始安王萧遥光乃给明帝萧鸾出主意,把高帝、武帝的子孙全部干掉。萧鸾"于是并敕竟陵王昭胄等六十余人入永福省",然后"令太医煮椒二斛,并命办数十具棺材,谓舍人沈徽孚曰:'椒熟则一时赐死。'期三更当杀之"。好在一是沈徽孚坚持"事须更审",二是"尔夕三更,子恪徒跣奔至",说清了情况,屠杀才没有发生。萧鸾抚床曰:"遥光几误人事。"这里的"煮椒二斛"与"命办数十具棺材",逻辑关联更加明显了。

比较来看,"椒杀"更多地见于北朝。《魏书·孝文五王传》载,太和十七年(493),孝文帝将拓跋恂立为皇太子,但迁都洛阳后,易姓的元恂"深忌河洛暑热,意每追乐北方",趁孝文帝远征南齐,"欲召牧马轻骑奔代",结果被废为庶人。后来李彪密表,"恂复与左右谋逆",孝文乃"使中书侍郎邢峦与咸阳王禧,奉诏赍椒酒诣河阳,赐恂死"。如果说,这种用椒浸制的酒中可能掺了毒药,那么《北史》中的数则,就明白无误了。

《后妃传上》载,孝文帝临死前,交待彭城王勰处死"以罪失宠"的冯皇后。于是帝崩之后,"北海王详奉宣遗旨,长秋卿白整等入授后药"。冯皇后"走呼,不肯引决",她不相信那是孝文遗言,"是此诸王辈杀我耳"。白整他们不管那么多,"执持强之,乃含椒而尽"。

《高遵传》载,高遵"性不廉清",在哪里当官都是伸手就要,"郡邑苦之"。又管不好老婆那边的亲戚,任他们胡作非为。孝文帝曾当面厉声曰:"若无迁都赦,必无高遵矣! 又卿非唯贪婪,又虐于刑法。"但是高遵我行我素,"仍不悛革",终为孝文帝赐死。当其时也,"遵恨其妻,不与诀,别处沐浴,引椒而死"。

《高延宗传》载,北周武帝宇文邕灭北齐,擒获后主高纬。宇文邕某日"与齐君臣饮酒,令后主起舞",北齐宗室子弟高延宗"悲不自持,屡欲仰药自裁,侍婢苦执谏而止"。未几宇文邕以谋反为名赐之死,"延宗攘袂,泣而不言。以椒塞口而死"。

《田式传》载,北周田式"政尚严猛",入隋后依然,"专以立威为务……其所爱奴,尝诣式白事,有虫上其衣衿,挥袖拂去之,式以为慢己,立棒杀之。或僚吏奸赃,部内劫盗者,无问轻重,悉禁地阱中,寝处粪秽,令受苦毒。自非身死,终不得出"。鉴于"其刻暴如此",文帝将之除名,田式"惭恚不食……从家中索椒,欲自杀"。

《茹皓传》载,北魏茹皓为高肇陷害,云其"将有异谋"。宣武帝元恪乃召中尉崔亮,令奏茹皓等人"擅势纳贿及私乱诸事"。今天抓人,明天要杀,"皓妻被发出堂,哭而迎皓。皓径入哭别,食椒而死"。

然而,饶是史料中有这么多"椒杀"的实例,但花椒这种今天依然的香料如何就能变身为毒物,仍是件匪夷所思之事。马著中虽有"花椒闭气考"道及,余以为不能服人,个中究竟,还大有深挖之处。

2020 年 11 月 29 日

羊（续）

新冠肺炎疫情暴发初期,邻国蒙古表示要向我国捐赠3万只羊,献给湖北人民、武汉人民。湖北省委、省政府随后作出决定:本省救治定点医院一线医务工作者之外,全国各地援鄂医疗队,以及防控中因公殉职人员的家属共同分享这份温暖和感动。12月4日,954箱赠羊羊肉抵达广东佛山。

羊,是我们再熟悉不过的动物。从前,无论是帝王、诸侯祭祀社稷时的太牢,还是卿大夫祭祀宗庙时的少牢,所用牲畜都离不开羊,前者是牛、羊、豕三牲齐备。《诗·小雅·无羊》有"谁谓尔无羊？三百维群。谁谓尔无牛？九十其犉"句,讲的就是统治者的牛羊之多,同时也可见需求之大。

祭祀之外,羊还有别种功能。如《左传·宣公十二年》载,楚庄王伐郑,"郑伯肉袒牵羊以逆",表示投降。李贻德《辑述》云:"肉袒牵羊示臣服者,古礼有之。"且举《史记·宋微子世家》为例:"周武王伐纣克殷,微子乃持其祭器造于军门,肉袒面缚,左牵羊,右把茅,膝行而前以告。"至于羊在投降仪式中起到什么作用,要就教方家了。

又如由羊来牵引的羊车,并不是一般运输工具。《晋书·后妃传上》载,晋武帝司马炎"多内宠,平吴之后复纳孙皓宫人数千,自此掖庭殆将万人,而并宠者甚众"。看花了眼,司马炎便"常乘羊车,恣其所之,至便宴寝"。宫女们为了得幸,"乃取竹叶插户,以盐汁洒地,而引帝车"。《南史·后妃传上》亦有此类记载,说孝武帝潘淑妃"本以貌进,始未见赏",因为"帝好乘羊车经诸房",她便"每庄饰褰帷以候,并密令左右以咸水洒地。帝每至户,羊辄舐地不去"。孝武帝不知她做了手脚,还感动了:"羊乃为汝徘徊,况于人乎。"后来,羊车降临乃表示宫人得宠,不见羊车则表示宫怨。金王若虚《宫女围棋图》诗有"尽日羊车不见过,春来雨露向谁多",说的就是这层意思。

在蒙古国草原上,养羊直到现在大抵主要还是放牧。该国2005年拍摄的电影《小黄狗的窝》,正以纪实手法展示了一家五口"逐水草而居"的传统生活方式。在其他地方,放羊或者放牛,往往是小孩子的事,所谓牧儿、牧童。《汉书·刘向传》载,刘向谏言成帝薄葬,举了秦始皇陵的例子,说项羽把地上的宫室营宇一把火给烧了,地下墓室也给那些寻宝的挖得七七八八,"其后牧儿亡羊,羊入其凿,牧者持火照求羊,失火烧其臧椁"。刘向说,秦始皇那么豪奢的陵墓,"数年之间,外被项籍之灾,内离牧竖之祸,岂不哀哉!"牧竖之焚,因成意外灾难之喻。

这个牧儿没有留下姓名,故事是否刘向杜撰也未可知,今人认为秦始皇陵没有被盗,只是发掘时机尚未成熟。成年牧羊人中,史上最有名的或推汉朝苏武与唐传奇中的小龙女,盖"苏武牧羊"与"柳毅传书",从前家喻户晓。小龙女出自李朝威《柳毅传》,说应举下第的柳毅郁郁归乡,"念乡人有客于泾阳者,遂往告别"。这一绕道,见到一个十分亮丽的妇人,"牧羊于道畔",搭话乃知,那是落魄于此的"洞庭龙君小女",于是为之传递家信,最后与之成婚并升仙。苏武则是真实人物,《汉书》本传载,其陷居延

19年,"杖汉节牧羊,卧起操持,节旄尽落",全然"威武不能屈"的民族英雄形象。

不过,"牧羊儿"有时也是见识浅陋的代名词。《新五代史·唐太祖家人传》载,朱温代唐后,袭封晋王的李存勖以拥唐为名,与后梁作战。一时间,"晋兵屡败,太祖(存勖建立后唐)忧窘,不知所为"。大将李存信等"劝太祖亡入北边,收兵以图再举,太祖然之"。可是,李存勖"入以语夫人",夫人不屑,骂曰:"存信,代北牧羊儿耳,安足与计成败邪!"这般这般分析一通,"太祖大悟而止"。李存信当然没有放过羊,李存勖夫人轻蔑之而已。

蒙古赠羊到达后,中山大学附属第一医院的援鄂医疗队员捐出若干与全院员工分享。12月7日,院方更请来凭借"新兴南粤全羊宴"获得第十三届中国厨师节的大厨卢镜泉,现场烹饪三道羊肉菜肴,上下莫不喜气洋洋。羊肉历来属于美味佳肴。战国时便有羊羹,《战国策·中山策》载:"中山君飨都士大夫,司马子期在焉。羊羹不遍,司马子期怒而走于楚,说楚王伐中山,中山君亡。"看,这口好东西没吃到,后果多严重。《南史·毛脩之传》亦载:"脩之尝为羊羹荐魏尚书,尚书以为绝味,献之太武,大悦。以为太官令,被宠,遂为尚书、光禄大夫,封南郡公。"再看,羊羹得做好,能加官进爵。而吃羊肉的实例,更俯拾皆是。《新唐书·安禄山传》提到"张守珪节度幽州,禄山盗羊而获",张守珪差点儿把他给杀了。安禄山偷羊,想来正是垂涎羊肉。《池北偶谈》收录一则宋时谚:"苏文熟,吃羊肉。"说殿帅姚某"每得坡公手帖,辄换得羊肉数斤",某天又来,东坡声明"今日断屠",没有提笔。又,宋相杜衍"为相清俭,非会客不食羊肉"。

清朝美食家袁枚对羊肉同样青睐有加,其《随园食单》中有"羊头""羊蹄""羊羹""羊肚羹""红煨羊肉""炒羊肉丝""烧羊肉"等种种做法，也提到了卢大厨得奖的全羊宴，说那是"屠龙之技，家厨难学。一盘一碗，虽全是羊肉，而味各不同才好"。即便抛开美食的因素，蒙古国的真诚和热情，也足令我们感动。

2020 年 12 月 8 日

飞毛腿

一年一度的广州马拉松赛事昨日鸣枪开跑。报道说,共有两万名跑者参加了全程马拉松,因而这一赛事,成为新冠肺炎疫情暴发以来世界上最大规模的全马赛事。

马拉松起源于公元前490年的希波战争,人所共知。雅典在马拉松海边击败波斯,取得了反侵略战争的胜利。雅典统帅米勒狄为了让故乡人民尽快知道喜讯,派遣有"飞毛腿"之称的士兵菲迪皮茨回去报信。马拉松赛事正是为了纪念这一事件,42.193公里的赛跑距离,是菲迪皮茨当年送信所跑的里程。

在我们的传说中,也是早就有"飞毛腿"。如《山海经》里的夸父、《封神演义》里的土行孙和张奎、《水浒传》里的神行太保戴宗等。《山海经·海外北经》云:"夸父与日逐走,入日。渴欲得饮,饮于河渭,河渭不足,北饮大泽。未至,道渴而死。"在《大荒北经》又云:"夸父不量力,欲追日景,逮之于禺谷。将饮河而不足也。将走大泽,未至,死于此"。两段合起来大致是说,夸父没有掂量一下自己,却立志要追赶太阳光,当他到达太阳将要落入的禺谷之际,觉得口干舌燥,然而把黄河和渭河的水都喝干了,口渴也没有止住,又想去喝北方大湖的水,还没走到,就渴死了。说夸父跑步史上最快,怕不为过。

土行孙于《封神演义》第五十二回出场。申公豹"往五岳三山,寻访仙客伐西岐,为闻太师报雠",某日"游至夹龙山飞龙洞,跨虎飞来,忽见山崖上一小童儿跳耍",那小童"身不过四尺,面如土色"。申公豹与之搭话,小童说他叫土行孙,本领是"能地行千里"。就是说钻到地下,一天能走千把里路。申公豹让他露一手看看,"土行孙把身子一扭,即时不见"。没有原理,本领天然,像夸父一样,神人嘛。张奎在第八十六回出场,乃渑池县总兵官。他也会地行之术,且"一日可行一千五百里",属于1.5版本的"飞毛腿"。所以正面交手时,张奎打不过土行孙,却"先到夹龙山,到个崖畔",埋伏起来,随后赶到的土行孙措手不及,被张奎"砍了个连肩带背",还"割了首级"。

夸父、土行孙以及张奎,无疑都是神级人物,大约受此类的故事启发,《水浒传》里将戴宗塑造成了半神半人级。说他是神,他干的是人事:宋江被发配而来,因为没及时孝敬他五两银子,他当众指着宋江骂道:"你这黑矮杀才,倚仗谁的势要,不送常例钱来与我?"说他是人,他又"有一等惊人的道术,但出路时,赍书飞报紧急军情事,把两个甲马拴在两只腿上,作起'神行法'来,一日能行五百里;把四个甲马拴在腿上,便一日能行八百里"。当然戴宗不是地遁,而是地面上跑。戴宗这一手从哪里学来的,甲马又是什么东西,都不得其详,沿用的还是前人奇想的套路:我就是行。戴宗能"健足欲追千里马",且"程途八百里,朝去暮还来",更是典型的"飞毛腿"了。

现实生活中的人,自然也不乏菲迪皮茨那种"飞毛腿",北魏的杨大眼、隋朝的麦铁杖均可归为此类。《魏书·杨大眼传》载,杨大眼"少有胆气,跳走如飞"。他应征南伐之官,当众露了一手,"出长绳三丈许系髻而走,绳直如矢,马驰不及",那要跑多快才能带动三丈长的绳子与地面平行啊,难怪"见者莫不惊叹"。《隋书·麦铁杖传》载,麦铁杖"日行五百里,走及奔马"。在陈朝时,他原本"每以渔猎为事,不治产业",后来更"结聚为群盗",被俘后"没为官户,配执御伞",但是每罢朝后,他"行百余里,夜至南徐州,踰城而入,行光火劫盗",还干自己的老本行,又"旦还及时,仍又执伞"。干了十几回后,给人家认出来了,"州以状奏",朝士却都不相信,因为"见铁杖每旦恒在"。告得多了,尚书蔡徵想出一个检验的法子,"于仗下时,购以百金,求人送诏书与南徐州刺史"。麦铁杖不知是计,"出应募,赍敕而往,明旦及奏事",果然不打自招,不过陈叔宝"惜其勇捷,诫而释之"。

《南村辍耕录》有"贵由赤"条,云"贵由赤者,快行是也。每岁一试之,名曰放走。以脚力便捷者膺上赏。故监临之官,齐其名数而约之以绳,使无后先参差之争,然后去绳放行……先至者赐银壹饼,余则赐缎匹有差"。这就跟今天的长跑比赛差不多了,这种比赛要求"越三时,走一百八十里",比两个全马的路程还要多出一截,完全是选拔"飞毛腿"的节奏。

《水东日记》云,从前的部队为了"探听贼中动静消息,及专备急干使令之人",也需要"飞毛腿"。这类人,不同时期、不同地方称谓不尽相同,"宋时西边所谓急脚、急步者,今湖湘谓之健步,西北二边称夜不收,惟广中则称缉事军"。单纯以跑步为健身方式的,苏东坡是个典型,他在写给朋友程正辅的信中说:"晨兴疾趋必十里许,气损则缓之,气匀则振之,头足皆热,宣通畅适,久久行之,当自知其妙矣。"

马拉松是一项考验耐力的长跑运动,在1896年的首届夏季奥林匹克运动会中便已列为正式竞赛项目之一。疫情之前,我国各地的马拉松赛事多如牛毛,至于有一种声音强烈呼吁"该减肥了"。旁观诸多参赛者,确是像集邮一样集参赛次数,穿上带有相关标志的衣服,伸个拇指拍照定格了事。凡事娱乐化,是我们的特色之一。

2020 年 12 月 14 日

聋

昨日途径中山二路一带,见到关于"助听器"的店铺颇多。这自然是左近为中山大学附属第一医院之故。助听器是听力障碍者使用的辅具,用来补足听力损伤所造成的缺陷。如果患者双耳均不能听到任何声音,俗话来说就是耳聋。用三国时韦昭的说法:"耳不别五声之和曰聋,生而聋曰聩。"

那是韦昭注解《国语·晋语四》"聋聩不可使听"时说的,所谓聩,便是先天性耳聋。后天耳聋,今人指出有环境、外伤、药物和化学制剂等因素,古人则认为过于专注也可能导致这种后果。如《阅世编》讲到吴中吹笛子的名家,"前有某,今为孙霓桥",这老孙就是"以吹笛病耳聋,又号孙聋"。又如《扬州画舫录》讲到蒋征蔚,"自天文地理、句股算术、诗文词曲,无所不通"。可惜的是,"年方弱冠,沈心疑格,双耳遂聋",太用功了,年纪轻轻地就听不见了。是否如此,姑妄听之。

可以肯定的是,聋,又没有相应的助听设备,对古人的困扰相当之大。《汉书·黄霸传》载,许县县丞老且"病聋",职司监察的督邮"白欲逐之",要把他打发回家。黄霸出来说话了,那个人"虽老,尚能拜起送迎,正颇重听,何伤?且善助之,毋失贤者意"。黄霸的用意更在其后:"数易长吏,送故迎新之费及奸吏缘绝簿书盗财物,公私费耗甚多,皆当出于民,所易新吏又未必贤,或不如其故,徒相益为乱。凡治道,去其泰甚者耳。"折腾一番,滋生弊端不说,来的是个啥人还不知道呢。

《墨客挥犀》中的尚书杨某没有许丞这般幸运,"以耳聋致政"。乡里有户高姓人家,"赀颇厚",高家两个儿子,"小字大马、小马,业明经,屡上谒"。老杨虽不大瞧得起,以里闬之故,还是"常待以温颜"。社日那天,小马带来一壶酒,告诉老杨:"此社酒,善治聋,愿得侍杯杓之余沥。"本来好心好意,却把老杨惹毛了。他"瞑目良久,呼小仆取笺",写了首绝句:"十数年来聋耳聩,可将社酒便能医。一心更愿清盲了,免见高家小马儿。"老杨可能认为是小马在取笑他吧,实则此乃民间偏方,《五杂组》也有"俗传社日饮酒治耳聋者"的说法。然老杨如此动怒,根子或在对耳聋致政耿耿于怀。

《聊斋志异·司训》中"教官某甚聋"的故事,则属于蒲松龄的借题发挥了。说那个聋教官跟一只狐狸很好,虽然聋,但"狐耳语之亦能闻"。所以他"每见上官,亦与狐俱",让狐狸传话,耳聋也就始终没有露馅。过了五六年,"狐别而去",对聋教官有番寄语:"君如傀儡,非挑弄之,则五官俱废。与其以聋取罪,不如早自高也。"就是说,你跟个木偶没什么两样,要是不提线,五官都不会动一下,与其将来可能因为耳聋获罪,不如自求清高,辞官回家算了。可惜,"某恋禄,不能从其言",然而既失去依赖,难免"应对屡乖",弄个驴唇不对马嘴。有一回他"执事文场",就是在科试考场监考一类,唱名之后,学使与大家闲坐。这时,"教官各扪籍靴中,呈进关说",纷纷从靴子里摸出请求关照的考生信息条子。这显见是当时的一个常态,所以学使见聋教官没动静,笑问你没有人要托吗?聋教官有点儿懵,旁边的人忙用胳膊肘捅他,把手伸到靴子里示意。不料聋教官正"为亲戚寄卖房中伪器(即闺房之中行夫妇之事的淫器),辄藏靴中,随在求售",以为学使也有这个需求,赶忙鞠躬起对曰:"有八钱者最佳,下官不敢呈进。"结果可以想象,"一座匿笑"之余,"学使叱出之,遂免官"。

听力障碍的用词,耳聋、重听之外,还有耳闭、耳重等等。如《西游记》第三十四回,银角大王有个宝贝葫芦,如果他叫谁,谁答应了,就能把谁装在里面,再贴上一张帖子,"他就一时三刻,化为脓了"。孙悟空事先知道厉害,用"者行孙"的名字来骗他。到妖怪真叫了,孙悟空还是心里犯嘀咕。银角大王道:"你怎么不应我?"孙悟空使用拖延法:"我有些耳闭,不曾听见。你高叫。"孙悟空又嘀咕了一下:"我真名字叫做孙行者,起的鬼名字叫做者行孙。真名字可以装得,鬼名字好道装不得。"就忍不住应了一声,结果还是"飕的被他吸进葫芦去"。原来,那宝贝"那管甚么名字真假,但绰个应的气儿,就装了去也"。

《南史·蔡撙传》中的蔡撙,也是装作耳闭。梁武帝"尝设大臣饼,撙在坐。帝频呼姓名,撙竟不答,食饼如故"。武帝觉其负气,乃改唤蔡尚书,蔡撙这回放下筷子答应了。武帝曰:"卿向何聋,今何聪?"蔡撙认为以自己的身份地位,"陛下不应以名垂唤"。武帝"面有惭色",说明蔡撙说得有道理,并非摆谱。

春秋时,晏子谏言齐景公:"朝居严则下无言,下无言则上无闻矣。下无言则吾谓之喑,上无闻则吾谓之聋。"大臣都不敢说话,君主靠什么了解下情呢?聋喑,在晏子看来对国家之治是十分有害的。他进而指出:"夫治天下者,非用一士之言也,固有受而不用,恶有拒而不受者哉。"你可以当他没说,却总不能连说都不让。

生活中,耳聋严重影响人的生活质量。然而,唐朝代宗说:

"不痴不聋,不作家翁。"清朝李渔说:"略带三分拙,兼存一线痴;微聋与暂哑,均是寿身资。"这是难得糊涂,瞄准聋的社会学属性一面了。

2020 年 12 月 21 日

争水

与南方报业传媒集团毗邻的扬箕村,前几年脱胎换骨成为了都市的一部分,原本的村庄荡然无存。但是在林立的商业住宅楼之外,也重新规划、集中"复建"了村民原有的精神寄托场所,如若干姓氏的宗祠。前日信步于此,发现还有个玉虚宫。

玉虚宫,道教所称玉皇大帝的居处。按《封神演义》的说法,"旗舰"玉虚宫则是元始天尊之居所,所谓三大无上仙宫之一,位于昆仑山之巅、麒麟崖之上。扬箕玉虚宫挂有"广州市登记文物保护单位"铭牌,说明文字云:玉虚宫又名玄帝庙、北帝庙,"正殿供奉玄天北帝神像一尊"。玄帝即北帝,北方之神,道场又在湖北武当山。那么,扬箕玉虚宫算是行玉皇之名、祭玄帝之实了。

进到里面,觉得最有价值的遗留该是嵌在墙壁中那三通年代久远的石碑,一通是康熙六十年(1721)的"重建玄帝古庙碑记",另两通是乾隆年间的,分别为乾隆七年(1742)和十年(1745)。康熙的那通,价值在于年代最久,宫内闲坐的老伯一旁搭话:"两百多年了。"我换算了一下告诉他:"到明年就整整400年了。"乾隆那两通,价值在于文字,碑额分别曰"各宪断定三圳轮灌陂水日期碑记"和"奉宪均断三乡碑记",记载的是当时番禺县政府对这一带三个村的村民引沙河水灌田所起纷争的裁判。这三个村是:冼村、大圳村（今天河村）和簸箕村（今扬箕村）。在当下，扬箕村已经完成城中村改造，天河村、冼村正在进行中。

这样的碑文在从前应该是一个普遍存在。水，从来都是一种宝贵的经济资源，争夺灌溉水源的所有权和使用权是旧时社会矛盾的主要形式之一。王培华《清代河西走廊的水利纷争与水资源分配制度》所引乾隆《古浪县志》，讲到河西走廊地区"讼案之大者，莫过于水利，一起争讼，连年不解，或截坝填河，或聚众独打，如武威之乌牛、高头坝，其往事可鉴也"。类似的论文有许多，三晋、湘西、成都平原等，几乎无处不在。以广东而言，《蓝公案》里的"幽魂对质"，说的就是三姓争水引发的人命案件。

《蓝公案》作者蓝鼎元，雍正五年（1727）曾任潮州府普宁知县，后兼署潮阳县，本书是其在任两年间的审案整理，虽为故事，却皆以真实案例为蓝本，因而既为公案小说，又可视为清代前期潮州一带社会生活的写照。"幽魂对质"讲的是，潮阳县"延长、埔上、塘子等乡共筑陂障水，轮流以灌溉其田"，而那年八九月间天旱，"江、罗两家恃强众，紊规约，不顾朔日为杨家水期，恣意桔槔，奄所有而踞之"。就是说，该杨家用水的日子，江、罗两家也照样任意用吊杆提水。杨家那边自然不会答应，杨仙友拎着刀来到现场，"弟兄杨文焕、杨世香随之"。那边的罗明珠立刻跑回去报信，江、罗两家来了四五十人，"荷戈制梃，环而攻之"。杨家这边一见，"亦招呼三十余人与之格斗"。结果杨家寡不敌众，杨仙友被打死，杨世香"受重伤不能自脱，被擒入寨内"。出了人命，官府不能不过问，而确定凶手是个难题，江、罗那边咬定"格斗人多，刀梃交下，实不知为谁"，杨家这边也没看清谁下的手。这种情况下，蓝鼎元来了一招装神弄鬼，等到一个"阴晦、凄风惨淡"的日子，他说"我已牒城隍尊神，约于今夜二更，提出杨仙友鬼魂，与汝质

争水

对"。届时,"先呼杨仙友鬼魂上堂听审,凭空略问数语",蓝鼎元发现,"众人或昂首而观,或以目窃睨,惟罗明珠、江子千、江立清三人低首不视,若为弗闻也"。明确目标,再经过一番对质,对方有人交代了:"杀人者,江子千、罗明珠;主令者,江立清。"

"轮流以灌溉其田",说明谁在何时用水先前是经过明确的。地方政府解决用水纷争的相关断案文件,一般都刊诸碑石。扬箕乾隆石碑所记载的"三村争水案",正是这样一个实物。七年这通,案情即争水纠纷的过程也有一定介绍。碑文完全是原始状态,光线欠佳,但也能看个大概。方位上,天河村居沙河上游,冼村居中游,扬箕村居下游。"上年八月,冼村缺水,即将中陂堵截,水不下流",扬箕村人不干了,"姚亚孟于初七日前往锄挖,被冼佐朝等捉获禀县",而冼村的冼奕胜"在外傭工回家,经过簸箕村前,被姚光开等扭殴"。这是典型的一报还一报了。其后,"冼村居民闻知姚姓又欲往挖陂基",来了个严阵以待,"冼佐朝等各持木棍防护陂口"。双方均"鸣锣鼓众",械斗的态势。断案结果,"三陂各轮二日,每月初一初二属李仕文等,上陂截灌;初三初四属冼佐朝等,中陂截灌;初五初六属姚美三等,下陂截灌。周而复始,每日水期仍照原议,均以黎明为始"。

从乾隆十年这通碑文看,上一次的判决只是一时间息事宁人,这一回,番禺县政府判的是"县民李国文等与冼奇德等互争大沙河水",起因、结果大致相当,落脚也是"遵照勒石,永远遵守"。无论接下来如何吧,这两通石碑无疑是政府行使调节共同用水的社会职能的一个缩影。1985年我刚到广州时,扬箕还是典型的岭南农村,不过三十几年的工夫就有了翻天覆地的变化,这是扬箕碑让人另外感慨之处。

2020 年 12 月 28 日

夜观天象

元旦期间在中山大学珠海校区参观了"天琴计划激光测距台站"。由中国科学院罗俊院士提出的"天琴计划",旨在通过引力波探测进行天文学、宇宙学及基础物理前沿研究。为此,2035年前后,在约10万公里高的地球轨道上,将部署完毕三颗全同卫星,构成边长约为17万公里的等边三角形编队。"天琴一号"卫星已于2019年12月20日发射升空。测距台站位于凤凰山顶,口径1.2米的反射式望远镜最为耀眼,借助之,已成功测出国内最准的地月距离,且精度达到国际先进水平。

天文望远镜都是在夜间工作的,而夜观天象——早期当然是用肉眼直接仰望星空,在我们早有悠久的历史。不要说后来的太史令、司天监、钦天监等专门的机构和人员,顾炎武《日知录》云:"三代以上,人人皆知天文。'七月流火',农夫之辞也。'三星在天',妇人之语也。'月离于毕',戍卒之作也。'龙尾伏晨',儿童之谣也。后世文人学士,有问之而茫然不知者矣。"诸如荧惑守心、入紫微、犯华盖一类,阅读古籍时也每入眼帘。

古人为什么要夜观天象?农业生产要求有准确的农事季节是一个重要方面,与此同时,如《史记·天官书》所云:"天则有列宿,地则有州城。"古人是把天上的星宿和地上的州域联系起来看的,认为天象的变化预示着人间祸福、人事吉凶。《汉书·天文志》说得更明白:"凡天文在图籍昭昭可知者,经星常宿中外官凡百一十八名,积数七百八十三星,皆有州国官宫物类之象……政失于此,则变见于彼,犹景之象形,乡之应声。是以明君睹之而寤,饬身正事,思其咎谢,则祸除而福至,自然之符也。"这方面的材料也是极多。

《左传·文公十四年》载:"秋七月,有星孛入于北斗。"孛,即彗星。杨伯峻先生认为:"孛虽彗,而(《春秋》之)《经》《传》皆用作动词……则此孛字之意,犹言彗星光芒蓬蓬孛孛而过,作为彗星出现之术语矣。"鲁文公十四年即公元前613年,则《左传》这一笔,成为世界上对哈雷彗星的最早记录。这或是夜观天象的古人对科学的最大贡献了。

不过,彗星见,前人每视为咎征。所以《左传·昭公二十六年》中齐国看见彗星,"齐侯使禳之",就是欲禳祭以消灾。晏子说那没用,自欺欺人罢了,"天之有彗也,以除秽也"。君王没有污秽的德行,禳祭什么?如果德行污秽,禳祭又能减轻什么?"君无违德,方国将至,何患于彗?"君王没有那些违德的事,四方的国家将会来到,怕有彗星不成?

《晏子春秋》除收录了这则之外,还至少提供了两则,均见于《重而异者》。一曰景公即齐侯置酒于泰山之上,哭了,晏子问怎么回事,他说"彗星出,其所向之国君当之",国家要有灾祸,为这个伤心。晏子说,君王的行为邪僻,对国家便没有德义,"穿陂池则欲其深以广也,为台榭则欲其高且大也",征赋税像抢劫一样,杀百姓就像对仇敌一样,彗星出来有什么奇怪的?二曰景公梦见彗星,第二天告诉晏子,说"欲召占梦者使占之"。晏子这回更不客气,说这是"君居处无节,衣服无度,不听正谏,兴事无已,赋敛无厌",百姓不堪重负而民怨沸腾啊。《左传》那里,还能"公说(悦),乃止",后来恐怕脸上挂不住了。

　　后世也是这样,如明朝。《明会要》载,嘉靖十一年(1532)八月彗星现,南京御史冯恩上疏,以"张孚敬为根本之彗,汪鋐为心腹之彗,方献夫为门庭之彗",提出"三彗不除,庶政终不可理"。结果嘉靖得疏大怒,"逮下狱,论死"。万历二十一年(1593)七月彗星现,王锡爵密奏:"古帝王禳彗之法,或更张新政,或更用新人,一切以除秽布新为义。若彗入紫薇垣,王者之宫,则咎在君身。"怎么办呢?"方今禳彗之第一义,无过早行册立之状"。借机谏言早点儿解决立储这一"国本"。

　　在小说家眼里,夜观天象的功能更加伟力无边了。《三国演义》中俯拾皆是。第七回,蒯良谓刘表曰:"某夜观天象,见一将星欲坠。以分野度之,当应在孙坚。"未几孙坚果然便误入埋伏,死于乱石、乱箭之下。诸葛亮玩儿得就更娴熟,刘备三顾茅庐时他是这么分析形势的:"亮夜观天象,刘表不久人世;刘璋非立业之主,久后必归将军。"赤壁之战后,他又在荆州夜观,笑曰:"周瑜死矣。"刘备问接下来怎么办,他说:"代瑜领兵者,必鲁肃也。亮观天象,将星聚于东方。亮当以吊丧为由。往江东走一遭,就寻贤士佐助主公。"关羽走麦城,他也是从天象看出来的,"见将星落于荆楚之地,已知云长必然被祸"。刘备死后,受"先帝托孤"的他一定要出师伐魏,"恢复中原",谯周反对,祭出的正是诸葛亮这招:"臣夜观天象,北方旺气正盛,星曜倍明,未可图也。"并且他责问诸葛亮:"丞相深明天文,何故强为?"诸葛亮有他的说辞:"天道变易不常,岂可拘执?"

　　古人对天象之观,方式方法与今天早不可同日而语,二者的根本功能也判若云泥。齐景公当年说了:"吾闻之,人行善者天赏之,行不善者天殃之。"借夜观天象来说话,某种程度上看未尝不是臣下进谏的一个智慧,从这个角度来看,积极意义不言而喻。当然,遇到嘉靖那种混不吝的要另当别论。

2021 年 1 月 4 日

掌掴,批颊

河南省济源市市委书记在机关食堂掌掴市政府秘书长的消息在持续发酵中。事情还是去年11月11日——"光棍节"时发生的,因为被掴者身心俱损,走不出阴影,1月15日,其妻愤而"公开实名举报",认为根据刚刚印发的《中国共产党党员权利保障条例》第32条,自己"有义务向违法违纪现象说不"。

掌掴,说白了就是打耳光。其他如掴搭、掴揭、批颊、掌嘴等,都是这个意思。旧时有这么多说法,许是官场的常见景观吧,只是如济源一般因"吃饭资格"而动手的还没有见到。《啸亭杂录》云,嘉庆初,"有宫殿监督领侍张进忠者,人严厉,驭下整肃,好批小内监之颊",所以大家都叫他"嘴巴张"。济源这名书记想必不是出于此种癖好,"吃饭资格"肯定也只是导火索而已。

史上有颇多掌掴,原因五花八门,当然有因为上司霸道的。《老学庵笔记》云:"吕元直作相,治堂吏绝严,一日有忤意者,遂批其颊。"不料这回打的人"官品已高",人家不干了,"惭于同列"之余,跟上司讲道理:"故事,堂吏有罪,当送大理寺准法行遣,今乃如苍头受辱。某不足言,望相公存朝廷事体。"一番讲道理的话反而把老吕更惹毛了,"大怒",吓得"吏相顾称善而退"。又《古今谭概》云,滕王李元婴为隆州刺史,无法无天,"参军裴聿谏止之,王怒,令左右捆揭"。裴聿利用晋京听候考核的机会向高宗告状。高宗问打了你几个耳光?裴聿说"前后八揭"。高宗即令给他"迁八阶",成六品官。裴聿并无大喜过望,反而叹息自己命苦。为什么呢?"若言九揭,当入五品矣!"自责没有添油加醋,借此再升一级。然大家从此都叫他"八揭将军",讥讽溢于言表。

掌掴也有因为要治霸道的。《新唐书·苏良嗣传》载,宰相苏良嗣"遇薛怀义于朝,怀义偃蹇,良嗣怒,叱左右批其颊,曳去"。偃蹇,正有傲慢之意。薛怀义是武则天的首任男宠,有睥睨他人的资本,未料苏良嗣不吃这一套。薛怀义不知,连武则天对苏良嗣也高看一眼,所以她叮嘱他:"弟出入北门,彼南衙宰相行来,毋犯之。"又《郎潜纪闻三笔》云,钱沣为御史查处山东巡抚国泰,当时刘墉与和珅奉亦乾隆之命"往山东讯鞫,并谕御史同讯"。但是国泰没瞧得起钱沣,骂他"汝何物,敢劾我耶!"刘墉看不过眼:"御史奉诏治汝,汝敢詈天使耶?"言罢"命隶人披其颊",几个耳光才把国泰给打老实。

掌掴还有展示气节的。平定"安史之乱",唐朝官方承认"北房有勋劳于王室"。北房,指回纥。《新唐书·李正己传》载:"时回纥恃功横,诸军莫敢抗。"李正己要杀杀对方威风,乃"与大酋角逐,众士皆墙立观"。也不知道二人角逐什么,反正双方约定,谁输了打谁耳光。结果李正己"既逐而先",批其颊,打得那人"矢液流离",然后"众军哄然笑,酋大惭,自是沮惮不敢暴"。打耳光能打得屎尿俱出,显然夸张得过了头。又《履园丛话》云,洪承畴劝降对他从小有恩的沈廷扬,廷扬故意说:"吾眼已瞎,汝为谁?""小侄承畴也,伯父岂忘之耶?"沈廷扬又故意大呼曰:"洪公受国厚恩,殉节久矣,尔何人,斯欲陷我于不义乎!"揪住洪承畴的衣襟,"大批其颊"。

也有借掌掴来邀功取宠的。《蕉廊脞录》云,邵齐然"以文学起家,温然儒吏",但是巡抚王亶望横竖看不上他,"百计窘辱之"。王燧为了博得王亶望的赏识,有次"瞥见邵公衣冠出,手批其颊"。王燧没有想到的是,"未几,巡抚被逮",其自身"亦见法",自然不是因为打人耳光,而是这种人什么卑鄙下作之事都干得出来。

《红楼梦》第四十回,贾母带刘姥姥在大观园里逛到潇湘馆,"一进门,只见两边翠竹夹路,土地下苍苔布满,中间羊肠一条石子漫的路",刘姥姥让贾母众人走石子路,她自己走旁边。琥珀提醒她"仔细苍苔滑了",刘姥姥道:"不相干的,我们走熟了的,姑娘们只管走罢,可惜你们的那绣鞋,别沾脏了。"不料话音未落,"咕咚一跤跌倒",乃自嘲曰:"才说嘴就打了嘴。"刘姥姥是打比方,现实中自批其颊的也不少,有的还相当可贵。

如《扬州画舫录》云,徐广如刚开始登台说书时没有听众,他就"自掴其颊"。有老人问为什么,广如"自言其技之劣",活着真没多大意思。老人说你来一段我听听,听完了,又说跟着他,三年时间,"当使尔技盖于天下也"。老人要他做的,就是攻读汉魏文章。果然,徐广如日后说《东汉》,成为"郡中称绝技者"。又如《庸闲斋笔记》云,陈其元说他爷爷小时候读《论语》,对孔子的"及其老也,戒之在得"不能认同,以为"人老则一切皆淡,何须戒得?"60多岁在徐州为官时,"有狱事以万金馈者",老陈固然严词拒绝了,然"向者每睡,就枕即酣卧,是夜忽辗转不寐"。一开始他没明白怎么回事,"已乃自批其颊",骂曰:"陈某,何不长进若此!"这下才熟睡如初,也"始服圣人之言"。

济源的官场掌掴因由何在?闹开了,就不会不了了之。真相如何,拭目以待吧。

2021 年 1 月 19 日

从政六箴

前几天去江门市走了一趟,在开平参观了余氏后人为纪念先祖余靖修建的"风采堂"即"名贤余忠襄公祠",余靖谥曰襄。风采堂始建于清光绪三十二年(1906),得名则可上溯至北宋。仁宗庆历年间,欧阳修、余靖、王素俱除谏官,蔡襄以诗祝贺:"御笔新除三谏官,喧然朝野尽相欢。当年流落丹心在,自古忠贤得路难。必有谋猷裨帝右,直须风采动朝端。世间万事皆尘土,留取功名久远看。"诗中的"风采"尚属三人"专利",到仁宗以"风采第一,广南定乱,经略无双"赞誉余靖,"风采"便为余靖所专美了,与其前代同乡张九龄之"风度",相映成趣。

风采堂于 2019 年 10 月被列为全国重点文物保护单位,那是其中西合璧的建筑风格得到的认可。"三雕两塑"(石雕、木雕、砖雕,陶塑、灰塑)一应俱全,一座祠堂也是一座建筑艺术博物馆。在人文内涵方面,作为北宋名臣,余靖留下了颇多事迹,以"从政六箴"最为知名。箴者,箴言,用以规戒他人或自己为目的的一种文体。"从政六箴"即清、公、勤、明、和、慎。那是余靖从政生涯的经验之谈,同时结合了历史教训。风采堂自然要供奉余靖塑像,而塑像背后的墙壁上,正镌刻了"从政六箴"。

在"从政六箴"中,清,也就是清廉、清白,被余靖排在首位。

他认为"政为民纲,清本士节。立于寡过,先乎自洁。根不坚固,枝必颠折"。这就与今天所说的"基础不牢,地动山摇"异曲同工了。在他看来,官员倘若不清,则"幽有鬼神,明有斧钺……罪盈于贯,阳诛阴罚",若要人不知除非己莫为,"何如砥砺,清名不灭?"其他几箴也可望而知义。如公,"勿畏于势,受人之制;挠法用情,为害不细。勿黩于贿,移人之罪;鬻狱奉身,其祸可待"云云。如勤,"赵盾夙兴,盗退寝门,官无留事,史称名臣",而"二王(戎、衍)清谈,晋失其尊,养名遁事,羲和罪人"云云。

被他排在最后的慎,同样值得玩味。为什么要慎?"太行之险,摧辀折辕;龙门之浚,舟沉楫翻。危乎官路,逾兹阻艰",这该是从白居易诗中化来,白诗有"太行之路能摧车,若比人心是坦途。巫峡之水能覆舟,若比人心是安流"嘛。因为"巧者争进,挤之疾颠。青蝇止棘,谗其无间。薏苡似珠,谤亦有端",总有那么一些人要搬弄是非,那就不要给人留下口实。但是,余靖的"慎",却也不是谨小慎微,保住自己的官帽子,更不是不作为。

余靖以敢于直言著称。《涑水记闻》云,蔡襄诗成之后,欧阳修等"三人以其诗荐于上,(蔡襄)寻亦除谏官",这就有了"庆历四谏官"。余靖都谏过些什么呢?《宋史·余靖传》小结说,"尝论夏竦奸邪,不可为枢密使;王举正不才,不宜在政府;狄青武人,使之独守渭州,恐败边事;张尧佐以修媛故,除提点府界公事,非政事之美,且郭后之祸,起于杨、尚,不可不监"云云。除了这些"例牌"的进谏之外,至少还有两事能颇见其风骨,前一件在司职谏官之前,尚属非职务行为。

先看前一件。"范仲淹贬饶州,谏官御史莫敢言",所谓"缄口避祸"。其时情形如欧阳修痛责谏官高若讷所言,朝廷"戒百官不得越职言事,是可言者惟谏臣尔。若足下又遂不言,是天下无得言者也"。然而余靖站了出来:"仲淹以刺讥大臣重加谴谪,倘其言未合圣虑,在陛下听与不听耳,安可以为罪乎?……陛下自亲政以来,屡逐言事者,恐钳天下口,不可。"虽然"疏入,落职监筠州酒税",被贬了,但是余靖显然给仁宗留下了深刻印象,仁宗后来"锐意欲更天下敝事",便想到将余靖增为谏官。

再看后一件。《渑水燕谈录》说得比较简略:庆历中,开宝寺塔灾,国家遣人凿塔基,得旧瘗舍利,迎入内庭,送本寺令士庶瞻仰。传言在内庭时,颇有光怪,将复建塔。余靖这时又说话了:"彼一塔不能自卫,何福逮于民?凡腐草皆有光,水精及珠之圆者夜亦有光,乌足异也。"他举例说梁武帝造长干塔,"舍利长有光",然"台城之败,何能致福!"仁宗虽然"从之",过程却并非轻而易举。《续资治通鉴长编》卷一百五十记述颇详。

余靖是从天人感应论起的,"开宝寺塔为天火所燒。五行之占,本是灾变,朝廷宜戒惧以答天意"云云,进而指出"自西陲用兵以来,国帑虚竭,民间十室九空"的现实,认为"天下之民,皆厌赋役之烦,不聊其生,至有父子夫妇携手赴井而死者,其穷至矣。陛下若恤民之病,取后宫无用之物、内帑自馀之币,出助边费,勿收中民一年田租,明降诏书而告中外,此则陛下结天下之心,感召和气,虽造百塔,无以及之。若作无用浮侈之事,民益怨矣"。推断其情其景,余靖一定越说越激愤,加上他"素不修饰",至于仁宗退朝后气呼呼地说:"被一汗臭汉薰杀,喷唾在吾面上。"

时人石介评价余靖:"言论碌砢,忠诚特达。禄微身贱,其志不怯。尝诋大官,亟遭贬黜。万里归来,刚气不折。"综观余靖一生,很好地践行了"从政六箴"。这六字箴言有其历史局限性是必然的,但其中一些无疑也超越时空,值得后世咀嚼。

2021 年 1 月 21 日

草包

前几天,在毕节市兰苑花园小区居住的贵阳任女士,因在小区业主群质疑业委会不召开业主大会便擅自让新物业公司通过试用期,表达了对社区支书刘某的不满,称其为"草包支书"。结果刘某报警,任女士尽管已回到贵阳,但被毕节市执法人员又铐回毕节,并被行拘三日。报道既出,引发舆论关注。其中一点是,激愤之中说社区支书是"草包",是否就到了当地警方所说"公然侮辱他人"的地步,从而要被跨市行拘?

草包,实指的话是稻草等编成的袋子,借指的话是比喻无能的人,当然不是一个好听的称呼。《牡丹亭》第二十二出《旅寄》,老广柳梦梅进京应考,"不提防岭北风严,感了寒疾",走在路上又摔了一跤,正巧"为求馆冲寒到此"的私塾先生陈最良经过,将他扶起。柳梦梅自诩"是个擎天柱,架海梁",陈最良则在调侃小柳之余,告他"老夫颇谙医理",且"边近有梅花观,权将息度岁而行"。对这一相遇,陈最良"小结"云:"尾生般抱柱正题桥,做倒地文星佳兆。论草包似俺堪调药,暂将息梅花观好。"草包,这里是陈最良的自嘲。而随着剧情的展开不难看出,这自嘲倒未尝不是写实。

《万历野获编》中有则草包,出自他人之口,说的是明朝开国名将徐达七世孙徐鹏举。徐鹏举出生时其父梦见岳飞对他诉说："吾一生艰苦,为权奸所陷,今世且投汝家,享几十年安闲富贵。"他父亲还真就把儿子当成了岳飞转世,"遂以岳之字名之"。不过,徐鹏举"凡享国五十七年,为掌府及南京守备者数任,备极荣宠,较之武穆遭际,不啻什佰过之",然其所以如此,袭爵而已,沾了祖宗的光,自身则方方面面都不堪一提。如其"溺爱嬖妾郑氏,冒封夫人,因欲立其所生子邦宁,而弃长子邦瑞弗立,为言官所聚劾,致夺禄革管事";再如其"为守备时,值振武营兵变,为乱卒呼为草包,狼狈而走,全无名将风概"。振武营兵变,《明史·李遂传》所载颇详,只是未将徐鹏举的"草包"之呼收录,算是正史对他颜面的照顾了。

草包,犹言肚子里装的是草,这当然是肚子里的"社会学"层面的成分。据实的话,吃了什么,肚子里装的就是什么。《万历野获编》另有一则讲到胡宗宪治军,"时有健儿买酤肆醇酒肉鲊饮啖,而不酬其值,且痛殴之",小贩不干了,告了状。"胡立命缚卒至,卒力辨云无之。胡不能决"。这时徐文长出了个主意,"剖腹以验之",看军卒肚子里面究竟有什么,"胡笑以为然"。结果"鲊尚在",还没消化呢,"遂释酤者,而倍偿之",自此"军中股栗,不复敢肆"。拙作前有《腹中物》文,探讨了肚子里生理学层面之外的那些东西,此处再借机续之。

《世说新语·排调》云,"王丞相(导)枕周伯仁(颛)膝",指其腹曰:"卿此中何所有?"周颛回答:"此中空洞无物,然容卿辈数百人。"的确,王敦之乱,"刘隗劝帝尽除诸王",是周颛"言导忠诚,申救甚至"。因为他没有向王导表功,王导还以为他不肯帮忙,"甚衔之",至于后来坐视周颛被害。周颛当时说出那样的话,表明他了然王导的心胸。不过,"新亭对泣"之时,周颛却是悲观派,意气豪迈的又是王导。

《爱日斋丛抄》云，范仲淹帅延安，夏人相戒："今小范老子腹中自有数万甲兵，不比大范老子可欺。"大范，即范雍。其拜振武军节度使、知延州时，"元昊先遣人通款于雍，雍信之，不设备"，结果三川口之战被人家打得大败亏输。《宋史·范仲淹传》载，"延州诸砦多失守，仲淹自请行，迁户部郎中兼知延州"，他是主动请缨的。范仲淹肚子里的战略战术，在实战中也的确收到成效。

所见腹中最多的，当推诗书了。如《巢林笔谈》云，有个夏孝廉"遇一摘菜者，踵至其家"，但见"茅斋蓬藋，几上摊诗数首，无余物也"。夏书呆子"怪其不列书籍"，未料人家"指腹以对"，都在肚子里呢。又如《梵天庐丛录》云，盛夏的一天，左宗棠"解衣卧便榻上，自摩其腹"，自信满满地问旁边一个武夫，知道里面装了什么东西吗？对方回答，燕窝、鱼翅。左宗棠给逗笑了：混账东西，说的是什么话啊！武夫误解了，赶快又说那就是鸭子、火腿了。显见他看到左宗棠中午吃的就是这些。气得左宗棠大笑而起："汝不知此中皆绝大经纶耶！"经纶，原本借指抱负与才干。武夫却还是一脸懵懵然，一声不响退出来后，对同僚纳闷："何等金轮，能吞诸腹中，况又为绝大者耶！"

1月26日晚，毕节市公安局发布警情通报称，撤销对任女士的行政处罚，涉案的派出所所长和民警已停职接受调查。我赞成某位律师的见解，"草包"之事是一个社区成员对支书公务处理水平的评价，只是用词不够文雅，不能说主观存在侵犯人格权的故意。即使被称为"草包"的人觉得受到侮辱，也通过民事诉讼来解决。如今这样，往轻了说是用力过猛，往重了说则是滥用公权力。不过，任女士表达婉转的话可能也就平安无事了。清朝某总兵大起宅第后请名士题匾，名士写了"竹苞堂"三字。因为总兵并不读书,"家中皆纨绔子弟,目不识丁",所以"竹苞堂"意谓其家"个个草包"。你看,话放在那儿了,总兵不是还很高兴吗?

2021年1月28日

辛丑年

年三十了。过了今天,这一轮的农历庚子年就过去了,迎来的将是辛丑年。

提到辛丑年,最令国人痛彻心扉的,莫过于丧权辱国的《辛丑条约》。1901年8月,英、法、俄、美、德、日、意、奥等八国联军攻陷北京,慈禧太后、光绪皇帝经太原逃亡西安。出逃前,已派出李鸿章为代表乞和。9月7日,条约签订,八国之外,西、比、荷三国也来分一杯羹。《辛丑条约》规定的赔款之大、条件之苛刻、主权丧失之严重,都是空前的,标志着中国完全沦为半殖民地半封建社会。条约的签订日,因而成为"九七国耻"日。

历史上过了那么多个辛丑年,自然也发生过其他重要事情。建立国家的就有刘备和杨坚。刘备221年称帝于成都,改元章武,史称蜀汉,简称蜀。那年就是辛丑年。此前一年,曹丕称帝,国号魏,标志东汉的正式灭亡。刘备此举,自道是和曹丕针锋相对,因为"操子丕,载其凶逆,窃居神器。群臣将士以为社稷堕废,备宜脩之",且刘备"惧汉阼将湮于地",所以"谨择元日,与百寮登坛,受皇帝玺绶"。这就表明,首先刘备不承认曹魏政权,其次刘备自认为只有自己才有资格承继汉统。而这一年,坐拥江东诸郡的孙权选择了称臣于魏,魏旋封之为吴王。到孙权称帝,魏蜀吴不仅在事实上而且在名号上形成三国鼎立的局面,要等到八年之后,那是229年的事。

581年,杨坚称帝建立的隋,按《隋书·帝纪第一·高祖上》的说法,属于禅让。杨坚本是北周的隋国公,北周静帝宇文阐非要把位子让给他,说他"睿圣自天,英华独秀,刑法与礼仪同运,文德共武功俱远。爱万物其如己,任兆庶以为忧",自己乐意"祇顺天命,出逊别宫"。实际上如令狐德棻修《周书》所云:"静帝越自幼冲,绍兹衰绪。内相挟孙、刘之诈,戚藩无齐、代之强。隋氏因之,遂迁龟鼎。"换句俗话说,势不容其不交出江山。杨坚客气了一下,"三让,不与",便改元开皇,成了隋文帝。

辛丑年发生的其他重大历史事件,也数不胜数。公元前260年,秦将白起败赵将赵括于长平,坑杀赵军降卒45万人。前200年,汉高祖刘邦追击匈奴而遭遇"平城之围",自此以"和亲"政策作为笼络匈奴、维护边境安宁的主要手段。641年,唐朝文成公主下嫁松赞干布,开创了唐蕃交好的新时代。761年,"安史之乱"中史朝义杀了他爹史思明,自己当上土皇帝。1121年,北宋农民起义领袖方腊兵败被杀。1421年,明成祖以定都北京,宫庙告成,大赦。且命郑和复使西洋,这是郑和七下西洋中的第六次。1661年,清朝康熙皇帝继位,南明永历皇帝在缅甸被擒,标志着明朝的彻底灭亡。1661年,《四库全书总目提要》晋呈,这是中国古典图书目录的集大成之作,同时也是对我国18世纪以前学术进行的一次系统总结。1841年,近代耻辱的一页掀开,虎门炮台、厦门、定海相继失陷于英军。也是在这一年,"主和派"琦善被革职拿办,查抄家产,处以斩监候,而"主战派"林则徐、邓廷桢也被摘掉顶戴花翎,发往伊犁。

历史上的辛丑年中也有一些文化名人去世。如581年有庾信,1061年有宋祁,1641年有徐霞客,1841年有龚自珍。

庾信是南北朝时的著名文学家。《北史》其本传载,徐摛、徐陵,庾肩吾、庾信这两对父子"出入禁闼,恩礼莫与比隆",而他们自身的文学成就亦非常了得,"既文并绮艳,故世号为徐、庾体焉。当时后进,竞相模范,每有一文,都下莫不传诵"。如庾信《哀江南赋》,以骈文形式陈述梁朝的成败兴亡、侯景之乱及江陵之祸的前因后果,集六朝诗、赋、文创作之大成,对唐代文学影响甚巨,杜甫赞赏"庾信文章老更成,凌云健笔意纵横"。徐庾体开创了文学史上的一种艺术风格,当今之所谓"梨花体""浅浅体"则纯粹出于民间的调侃。

宋祁是北宋著名文学家、史学家、词人,当然也是官员。他在史学上的最大成就是编撰被后世列为二十四史之一的《新唐书》。该书志和表分别出自范镇、吕夏卿,本纪及总其成者为欧阳修,其余大部分出自宋祁。关于编撰此书,《宋史》其本传载:"祁兄弟皆以文学显,而祁尤能文,善议论,然清约庄重不及庠(祁兄),论者以祁不至公辅,亦以此云。修《唐书》十余年,自守亳州,出入内外尝以稿自随,为列传百五十卷。"《东轩笔录》更收录了一则趣事,说宋祁"晚年知成都府,带《唐书》于本任刊修。每宴罢,盥漱毕,开寝门,垂帘,燃二椽烛,媵婢夹侍,和墨伸纸,远近观者,皆知尚书修《唐书》矣,望之如神仙焉。"

徐霞客是明代地理学家、旅行家、文学家,一生足迹遍及今天的21个省、市、自治区,"达人之所未达,探人所之未知"。钱谦益评价徐霞客:"能忍饥数日,能遇食即饱,能徒步走数百里,凌绝壁,冒丛箐,扳援上下,悬度绠汲……居平未尝摹挽为古文辞,行游约数百里,就破壁枯树,燃松拾穗,走笔为记。"流传至今的《徐霞客游记》,详细记录了他旅行观察所得,以及地理、水文等现象,也是世界上最早记述岩溶地貌并详细考证其成因的书籍。

　　清代思想家龚自珍,我们都熟知他的"我劝天公重抖擞,不拘一格降人才"。自珍是其原名,《清史稿》里用的是"龚巩祚"。说他"才气横越,其举动不依恒格,时近俶诡",又说他"文字鷔桀,出入诸子百家,自成学派。所至必惊众,名声藉藉,顾仕宦不达",才名竟至于妨碍了仕途。《己亥杂诗》集中龚自珍一生思想的精华,共有七绝335首。己亥,即道光十九年(1839),龚自珍于是年自京师辞官南归杭州,以诗来记录行程,兼述旧事,并有自注,其生平经历、思想、著述、交游,皆可借以考见。前面的名句即杂诗之一。

　　史上辛丑年的大事记,这里只能是撮其要者。即将到来的辛丑年里,同样会发生载入史册之事,毫无疑问。

2021年2月11日

睡懒觉

"初一早,初二早,初三睡到饱。"在传统习俗中,今天,正月初三,是睡懒觉的日子。《清嘉录》云,这一天为小年朝,"不扫地,不乞火,不汲水,与岁朝同"。岁朝,即大年初一。名正言顺地睡懒觉,还不用干活,如此看来,正月初三在从前是个相当惬意的日子。

睡懒觉,很符合人们的惰性心理。《黄帝内经·素问》云:"冬三月,此谓闭藏。水冰地坼,无扰乎阳。早卧晚起,必待日光。"睡懒觉时间的范围更广。冬三月,即农历十、十一、十二月;闭藏,谓密闭潜藏。这三个月,不仅要早睡,还要晚起,得等到太阳出来才起,而冬天太阳出来很晚。不过,《素问》同时说了,另外那九个月可是不能睡懒觉的,都要早起。如"春三月,此谓发陈(谓推陈出新)。天地俱生,万物以荣。夜卧早起,广步于庭。被发缓形,以使志生"。如"夏三月,此为蕃秀(谓草木繁茂)。天地气交,万物华实。夜卧早起,无厌于日"。再如"秋三月,此谓容平(谓草木成熟)。天气以急,地气以明。早卧早起,与鸡俱兴"。《素问》所强调的是,人作为天地之气化生的产物,其生命活动须臾离不开自然,因而养生的关键,是人在天地四时之气的变化中,要调摄好精神情志。

历史上很多名人不讳言自己睡懒觉。魏晋名士嵇康,在听到山涛想荐举他代其原职的消息后,写下了名传千古的散文《与山巨源绝交书》。在文章中,嵇康指出人的秉性各有所好,他自己就是赋性疏懒,不堪礼法约束,不可加以勉强。那么山涛你愿意当官就当你的,别拉着我,我要是进到官场,"有必不堪者七,甚不可者二",其中,"卧喜晚起,而当关呼之不置,一不堪也"。就是说,嵇康很喜欢睡懒觉,如果做了官,如果差役每天早早地都来喊起床,叫个不停,这是头一件不能忍受的事情。当然了,嵇康这是在借题发挥,是否真的喜欢睡懒觉还要另当别论。

　　白居易大约就是确实喜欢的了,从他留下的大量文字中可以窥见。信手便可拈出几例。如宪宗元和六年(811)他写的《春眠》诗,"新浴肢体畅,独寝神魂安。况因夜深坐,遂成日高眠。春被薄亦暖,朝窗深更闲。却忘人间事,似得枕上仙"云云,懒觉睡得惬意,至于"起来妻子笑,生计春落然"。又《闲居》诗,"空腹一盏粥,饥食有余味。南檐半床日,暖卧因成睡。绵袍拥两膝,竹几支双臂。从旦直至昏,身心一无事。心足即为富,身闲乃当贵。富贵在此中,何必居高位"云云,懒觉睡得真是心满意足。又如穆宗长庆四年(824)他写的《晏起》,"鸟鸣庭树上,日照屋檐时。老去慵转极,寒来起尤迟。厚薄被适性,高低枕得宜。神安体稳暖,此味何人知"云云。白居易如此喜欢睡懒觉,有《闲眠》中"暖床斜卧日曛腰,一觉闲眠百病销"的理念,也有《适意》中"人心不过适,适外复何求"的感慨。《晏起》中他就进一步发挥了:"缅想长安客,早朝霜满衣。彼此各自适,不知谁是非。"

　　历史上还有一些睡懒觉让我们看到:后果很严重,甚至能带来杀身之祸。

　　《汉书·高帝纪》载,楚汉相争时,项羽"围成皋",刘邦与夏侯婴一同逃出。时张耳、韩信驻扎在附近,按兵不动。刘邦极为恼怒,于是"北渡河,驰宿修武。自称使者,晨驰入张耳、韩信壁,而夺之军"。《韩信传》载,刘邦来的时候,"张耳、韩信未起",刘邦才能"即其卧,夺其印符,麾召诸将易置之"。这也是刘邦第一次剥夺韩信的军权。又《外戚传》载,吕后得杀赵隐王如意,正是因为如意睡了懒觉。如意乃戚姬所生,因为"太子为人仁弱,高祖以为不类己,常欲废之而立如意"。刘邦死后,惠帝立,吕后为皇太后,谋划杀掉如意。惠帝察觉了,"自迎赵王霸上,入宫,挟与起居饮食",让母亲没有下手的机会。如此保住弟弟几个月的命,还是出岔子了:"帝晨出射,赵王不能蚤起,太后伺其独居,使人持鸩饮之。迟帝还,赵王死。"《西京杂记》的说法是:"后帝早猎,王不能夙兴,吕后命力士于被中缢杀之。"一说喂毒药,一说勒颈,如意的死法虽不同,但睡懒觉这一前提是无疑的,假如那天早起跟着惠帝,吕后就还得再找机会。

三国名将邓艾的结局,与刘如意相似。《三国志·魏书·三少帝纪》载,元帝景元四年(263),蜀主刘禅向邓艾投降,"巴蜀皆平"。而次年正月,邓艾即因钟会等的谗言而见杀。《晋书·卫瓘传》载,捉拿邓艾是卫瓘带着司马昭的命令执行的,邓艾轻易被捉,也正是因为睡懒觉,"平旦开门,瓘乘使者车,径入至成都殿前。艾卧未起,父子俱被执"。平旦,固然时间尚早,然相对于卫瓘夜至成都,对邓艾部下宣布"若来赴官军,爵赏如先;敢有不出,诛及三族",且其部下"比至鸡鸣,悉来赴瓘"来看,邓艾不是睡了个懒觉吗?

睡懒觉是超过正常起床时间的睡眠形式。除了特定的时间节点,特定的岁时民俗,前人对日常时的睡懒觉并不倡导,相反,"黎明即起,洒扫庭除"才更为推崇。《诗·卫风·氓》之"夙兴夜寐,靡有朝矣",有旧时对妇女苛刻要求的意味,而祖逖式的"闻鸡起舞",则是胸怀大志的体现。至于那些"物外翛然无个事,日上三竿犹更眠"的,除了所谓放荡不羁之士,大抵与懒蛋同义。

2021 年 2 月 15 日

牛

庚子年过后,进入辛丑年。子鼠丑牛,十二生肖中,丑对应的是牛。像任何年份一样,属牛的历史名人也数不胜数,汉唐有霍去病、刘备、贾谊、李白、柳宗元,宋朝有苏轼、范仲淹、秦观等。

牛,学名是反刍偶蹄类哺乳动物,头部有角一对,体大力强。这种动物遍及大江南北,无人不识。"夕阳牛背无人卧,带得寒鸦两两归。"这种诗意的生活图景,从前在全国许多地方都不陌生。一般来说,牛背上往往坐着牧童。1963年上海美术电影制片厂摄制的我国第二部也是世界第二部水墨动画片《牧笛》,非常生动地再现了这种情形:牧童放牛时倚在树杈上睡着了,做了个梦,梦到牛跑出去自己玩了,找到后却不肯回来,他便就地取材做了一个竹笛,悠扬的笛声令老牛不请自来。的确,没有谁比牧童更了解牛了。《分甘馀话》云,杜处士收藏一幅戴嵩画的牛,"甚宝惜之"。有个牧童一见便笑了:"牛斗力在角,尾当搐入两股间,今掉尾而斗,谬矣。"他一眼就看出了破绽。至于李密小时候趴在牛背上"一手捉牛靷,一手翻卷"读《汉书》的情形,想起来都煞是可爱。

《北梦琐言》云,五代时进士崔禹昌因为对朱温说了句"不识得有牛",虽然朱温彼时尚未称帝,崔禹昌也还是"几至不测"。朱温发什么火呢?本来是两个人是聊闲天,朱温发达了,崔禹昌来找他,"请陈桑梓礼",叙叙乡情。朱温也不嫌弃,"常预宾次,或陪亵戏"。崔禹昌说他有个庄园,朱温便问里面有没有牛。结果崔禹昌回了句当时俗语:"不识得有牛。"意思其实是没有,但朱温把"不识得有"理解成"不认得",大怒曰:"岂有人不识牛,谓我是村夫即识牛,渠则不识。如此轻薄,何由可奈!"这句话不难理解:哪有人不认得牛,我是村夫才认得,对吧?旁人解释半天,朱温"方渐释怒"。崔禹昌这句话,该算是有话不好好说的样板,大抵相当于今天网虫们对并不关注网络用语的人也硬要这样运用吧。

有意思的是,牛人在今天是很厉害的人,是令他人惊讶、佩服的人,从前却截然相反。《周礼·地官》载:"牛人掌养国之公牛以待国之政令。"此中公犹官也,谓"在官之牛,别于私家畜牧也"。牛人就是掌畜养牛牲,以供国家需要之用,如"凡祭祀,共其享牛、求牛,以授职人而刍之。凡宾客之事,共其牢礼积膳之牛。飨食、宾射,共其膳羞之牛。军事,共其槁牛。丧事,共其奠牛"等。《茶香室续钞》云:"清李光壁《守汴日志》云:'齐承差家牛人王才,醉后向火,延烧草屋叁间,斩以徇。'"又云:"巡抚发硃帖,令黄推官速拨牛兵三百赴援。"俞樾注云:"汴人谓佃户为牛人。牛兵即牛人。"在这里,古今"牛人"就更加南辕北辙了。

立春时的一项民俗是鞭春牛,象征春耕开始,以示丰兆。《汉书·食货志》载,搜粟都尉赵过的力农之举,有"用耦犁,二牛三人,一岁之收常过缦田亩一斛以上,善者倍之"。郑樵《通志》据此认为"牛耕起于赵过",而"古者惟以牛服车,不用于耕"。然后世许多学者表示不能同意,如清朝王应麟云孔子弟子冉伯牛名耕,"若三代不用牛耕则冉子何以名耕字伯牛也?"赵翼也举了许多旁证,如《韩非子·外储篇》有"少室周与力士牛子耕角力而不胜";《史记》有"司马牛亦名耕,字子牛";《家语》"并云司马黎耕字子牛，黎、犁字古通"等。在赵翼看来，"盖古时原有人耕、牛耕二法……南北风俗不同，有用牛耕者，有不知用牛耕者，（赵）过第就其不知牛耕者教之用牛"，东汉王景、任延也是这样，"百姓不知牛耕，景教以牛犁，由是垦辟倍多"，任延为九真守，"亦以牛耕教民"，他们两位"皆是开此一方农事之所未有"。牛耕技术的使用是人类社会进入一定文明时代的标志，厘清这个问题还是很有意义的。

鞭春牛，自然不是鞭打真的牛，而是用泥做的假牛。苏东坡曾经"梦中作祭春牛文"，那是元丰六年（1083）十二月二十七日，"天欲明，梦数吏人持纸一幅"，请他落笔。东坡毫不含糊，刷刷刷："三阳既至，庶草将兴，爰出土牛，以戒农事。衣被丹青之好，本出泥涂；成毁须臾之间，谁为喜愠？"一吏微笑曰："此两句复当有怒者。"另一吏云："不妨，此是唤醒他。"两人都看出门道了，东坡那是一语双关。

耕田之外，牛在军事史上也是被记录了战功的。《史记·田单列传》载，齐国田单在即墨抗击燕军，"收城中得千馀牛，为绛缯衣，画以五彩龙文，束兵刃于其角，而灌脂束苇于尾，烧其端。凿城数十穴，夜纵牛，壮士五千人随其后。牛尾热，怒而奔燕军……五千人因衔枚击之……燕军大骇，败走。"这是牛直接参与作战，《史记·项羽本纪》则是借喻。秦军围赵王钜鹿，项羽主张楚赵两面夹击，消灭秦军。宋义则认为"搏牛之虻不可以破虮虱"，意谓楚军的目标在灭秦而不在救赵。并且他自信："夫被坚执锐，义不如公；坐而运策，公不如义。"结果众所周知，项羽杀了宋义，然后率领楚军将士破釜沉舟，最终赢得了这场决定秦朝灭亡的决定性战役的胜利。

牛郎织女、牛首阿旁、牛头不对马嘴……各种牛元素渗透到了传统文化的方方面面,前提显然在于牛与人的日常生活息息相关。

2021 年 2 月 20 日

正月十五

提及正月十五的民俗,今天人们最熟悉的是吃元宵、观灯及猜灯谜等等。而在前人眼中,这一天的内涵却远远不止这些。只是有的消失了,有的演变了,有的成了局部存在,变成了人类学意义上的"文化残存(culture survival)"。

比如传柑。南宋陈元靓《岁时广记》引《诗话》云:"上元夜登楼,贵戚宫人以黄柑遗近臣,谓之传柑。"那是宋朝很普遍的官俗,朝廷每设传柑宴。苏东坡的诗词中,就有不少道及之处。如《上元侍饮楼上》诗之三,有"归来一点残灯在,犹有传柑遗细君"句,其自注云:"侍饮楼上,则贵戚争以黄柑遗近臣,谓之传柑。"不仅宴会上吃了,还带回家给老婆尝尝。又《上元夜有感》有"骚首凄凉十年事,传柑归遗满朝衣"句,《答晋卿传柑》有"侍史传柑玉座傍,人间草木尽天浆"句。而其《上元词》之"拼沈醉金荷须满,怕明年此际,催归禁籞,侍黄柑宴",这里"怕"什么,要耐人寻味了,不是荣耀吗?东坡之外,南宋张孝祥有"何人曾侍传柑宴,翡翠帘开识圣颜"句,赵以夫有"看明年,进店传柑宴,衮绣貂蝉"句。王同祖《京城元夕》之"鼓吹喧喧月色新,天街灯火夜通晨。玉皇不赐传柑宴,散与千门万户春",想象天上所以没这东西,是将吉祥如意化作春风、春雨播撒到人间的千家万户了,借来洋溢新春的美好。

传柑宴之兴,在于借"柑橘"的寓意:吉。明朝田汝城《西湖游览志馀》云:"正月朔日……插芝麻梗于檐头,谓之'节节高'。签柏枝于柿饼,以大橘承之,谓之'百事大吉'。"到了清朝《京都竹枝词》中,还有"火树银花绕禁城,太平锣鼓九衢行。今年又许开灯戏,贵戚传柑到四更"。如今广州过年时,年桔在花市中的占比是一个大头,家家户户都要买上一盆,或正与此习俗相关。

比如迎紫姑。迎之作甚?《荆楚岁时记》说了:"以卜将来蚕桑,并占众事。"预测一下桑蚕的收成如何,兼及其它。《清嘉录》说他们苏州那里把迎紫姑叫"接坑三姑娘",目的也是"问终岁之休咎",还引刘敬叔《异苑》对紫姑来历作了简要介绍。云其"姓何名媚,字丽娘,莱阳人。寿阳李景之妾",因为"不容于嫡,常役以秽事",正月十五日这天,激愤而死,于是"世人以其日作其形,夜于厕间或猪栏边迎之",还要念念有词,"子胥不在,曹姑归去,小姑可出"云云。与此同时"戏提猪,觉重者则是神来"。所以紫姑也是神话中的厕神,主管茅厕。李商隐《观灯乐行》有"身闲不睹中兴盛,羞逐乡人赛紫姑"句,足见唐时此风已盛。

张世南《游宦纪闻》云,他小时"尝见亲朋间,有请紫姑仙"。届时,"以箸插筲箕,布灰桌上画之。有能作诗词者,初间必先书姓名,皆近世文人,如于湖、石湖、止斋者。亦有能作时赋、时论、记跋之类者,往往敏而工"。请的是"紫姑",来的却是近代已逝的著名文人张孝祥、范成大、陈傅良。此外,《萍洲可谈》中紫姑"与人应答,自称蓬莱大仙";《夷坚志》中"乡士请紫姑仙,得两大字曰'陈元'",而榜眼陈元已于前两年"未食禄而卒"。诸如此类,清人黄仲则认为,紫姑喜欢"冒名顶替"他人,包括"冒名顶替"他人写诗,那么在前人眼中,紫姑该属于比较顽皮的一类了。不过,张世南又说了:"言祸福,却多不验。"

正月十五最有意思的一项民俗,莫过于这一天还可以光明正大地偷东西。东魏孝静帝天平四年(537)"春正月,禁十五日相偷戏",除此之外,所见皆是"放偷"。按《帝京景物略》的说法:"金元时,放偷三日。"《松漠纪闻》云:"金国治盗甚严,每捕获,论罪外皆七倍责偿。唯正月十六日,则纵偷一日以为戏,妻女宝货车马,为人所窃,皆不加刑。"到这一天,"人皆严备,遇偷至则笑遣之。既无所获,虽畚锸微物,亦携去。妇人至显人人家,伺主者出接客,则纵其婢妾盗饮器",甚者"亦有先与室女私约,至期而窃去者,女愿留则听之。自契丹以来皆然,今燕亦如此"。清人毛奇龄也说:"渤海向北,有个风俗,平日禁偷极严,至每年元夕,各许里巷放偷一日,以为戏乐。"

连"妻女宝货车马"都偷,游戏怕是玩过了头,一句"夷俗哉"恐不能蔽之。而正月十五之偷,亦不局限于夷俗,也正是另外这些偷,才符合节日的属性。有的地方是偷青。"天青青,月明明,玉兔引路去偷青。偷了青葱人聪明,摘了生菜招财灵。"新闻所见,如今海口、荆州、广州等地,都还在传唱这种歌谣。偷的目的,是寓意自己能变得更聪明,兼且招财进宝。还有的地方偷灯盏。《岁时广记》引《琐碎录》云:"亳社里巷小人,上元夜偷人灯盏等,欲得人诅咒,云吉利。都城人上元夜一夕亦如此,谓之'放偷'。"为什么呢?因为"偷灯者生男子之兆"。又引《本草》云:"正月十五日灯盏,令人有子。夫妇共于富家局会所盗之,勿令人知,安卧床下,当月有娠。"这样的话,就是立竿见影了。《琐碎录》还说:"(偷)得匙者尤利,故风俗于此日不用匙。"这就不知为什么了,没人解释。

正月十五这些曾经的民俗退出了历史舞台,统而观之,无论消失、演变还是成为文化残存,都并非偶然。世易时移,大浪淘沙是也。

2021 年 2 月 26 日

扑满

在我的少年时代,许多小朋友都有储钱盒,既是玩具,也有实用功能。我那个是塑料的,外观模拟一座房子,红色屋顶、烟囱和门,黄色墙体。那个时候1分、2分和5分的硬币还非常通行,从烟囱正好能把硬币塞进去,积满了,把门打开,再倒出来。后来知道,这种储钱的家什有个文绉绉的名字,叫做扑满,再古一点儿又叫䌌,还有悭囊等别称。

扑满,满则扑破其器而取之。《说文解字》云:"䌌,受钱器也。古以瓦,今以竹。"意谓古代用瓦(即陶)制成,如今(即东汉)用竹制成。清朱骏声《通训定声》云:"瓦者,如今之扑满,苏俗谓之积受罐;竹者,如苏俗市中钱筩,皆为小孔,钱入而不可出。"朱骏声是江苏吴县人,所以一口一个"苏俗"。许多地方的考古发掘都有陶扑满出土,形制不一,原理相同。蓄满时扑碎取钱,是因为它不像塑料玩具,真正的扑满只能从小孔塞进,而不能从小孔倒出。陶的扑碎容易,出土的扑满也的确少有完整的;以竹的,应该是动刀吧。

从前的扑满不是玩具。湖北云梦睡虎地出土的秦简,有"为作务及官府市,受钱必辄入其钱䌌中,令市者见其入,不从令者赀一甲"字样。作务,即从事手工业。这条秦律的意思是,商贩在出售产品时,所收的钱必须投入甀中,还要让买家看见,否则要罚作一副铠甲。这可能是扑满最原初的功能,用于规范市场交易行为,同时也是官府掌握营业收入的重要器物。

"囊非扑满器,门更绝人过。上井连冈冷,风帘迸叶多。村童顽似铁,山菜硬如莎。唯有前山色,窗中无奈何。"前蜀贯休和尚有《桐江闲居》诗十二首,这是第十二首。度其语意,在那里住得不大高兴,不管是否属实,但扑满指储钱器,应该没有疑义。

南宋范成大《催租行》,对扑满的储钱功能更明确无误:"输租得钞官更催,踉跄里正敲门来。手持文书杂嗔喜:'我亦来营醉归耳!'床头悭囊大如拳,扑破正有三百钱。'不堪与君成一醉,聊复偿君草鞋费。'"钱锺书先生指出,三四句"活画出一个做好做歹、借公济私的地保";草鞋钱,原本属于行脚僧,"宋代以后,这三个字也变成公差、地保等勒索的小费的代名词"。那么诗的大意便不难明了:农民交完租回到家,地保竟然又来催租,且无赖地索取酒食,农民只好敲破储钱罐,把仅剩的钱再无奈地满足他。在《后催租行》中,老农"佣耕犹自抱长饥,的知无力输租米",而"自从乡官新上来,黄纸(皇帝的诏书)放尽白纸(县官的公文)催"。这时悭囊已无,老农只好"卖衣得钱都纳却"。然而,"去年衣尽到家口",衣服也都卖光了,今年只好卖出嫁的和订婚的两个女儿了。尤为悲惨的是老农的反话正说:"室中更有第三女,明年不怕催租苦。"范成大这两首诗对现实的批判力度,不亚于前人如杜甫、白居易等。

《聊斋志异》之《辛十四娘》,对扑满的存储功能更有完整的表述。说红衣佳人辛十四娘虽身为狐妖,但"容色娟好",与父亲及十八个姐妹一同寄住禅院之中。她着意行善积德,以助人为乐、修道成仙为志。冯生偶见,不能忘怀,"若得丽人,狐亦自佳"。

终于迎娶，辛十四娘"妆奁亦无长物，惟两长鬣奴扛一扑满，大如瓮，息肩置堂隅"。扑满做什么用呢？原来，她"为人勤俭洒脱，日以纴织为事……又时出金帛作生计，日有赢馀，辄投扑满"。后来，冯生祸从口出，遭人陷害入狱，"拟绞"，辛十四娘营救成功之后，"视尘俗益厌苦"，旋因暴疾溘然长逝。再娶的冯生遇"比岁不登，家益落"，正"夫妻无计，对影长愁"之际，忽然想起那个扑满，"扑而碎之，金钱溢出，由此顿大充裕"。

如果说，前述种种扑满皆为实指，还有一些就是寓意了。陆游诗云："寒暑衣一称，朝晡饭数匙。钱能祸扑满，酒不负鸱夷。"扑满就是借指，指聚敛钱财能够招至祸患。而陆游之前，《西京杂记》中的扑满之寓，振聋发聩。

汉武帝元光五年（前130），公孙弘"为国士所推，上为贤良"。当地有个叫邹长倩的，因为公孙弘家里太穷，"少自资致，乃解衣裳以衣之，释所着冠履以与之"。与此同时，"又赠以刍一束、素丝一襚、扑满一枚。"送衣服送鞋容易理解，送那三样东西有什么讲究？按邹长倩的说法，生刍，喂牲畜的青草，"虽生刍之贱也，不能脱落君子，故赠君生刍一束。诗人所谓'生刍一束，其人如玉'"。这是期待公孙弘品德像玉一样纯洁。素丝云云，希望公孙弘"勿以小善不足修而不为也"。扑满呢，"以土为器，以蓄钱具，其有入窍而无出窍"，正因为"入而不出，积而不散"，那么，"士有聚敛而不能散者"，就形同扑满，就"将有扑满之败，可不诫欤？"从寻常的储钱器，演绎出了为官伦理。

《汉书》中有公孙弘传，按其记载，公孙弘怕是辜负了家乡父老的期待。朝廷奏事，他见风使舵，"有所不可，不肯庭辩"；甚至有一次，他"与公卿约议，至上前，皆背其约以顺上指"。汉武帝表扬他："汉兴以来，股肱在位，身行俭约，轻财重义，未有若公孙弘者也。"避免扑满之败这点倒是似乎不错,然而汲黯先前即公开指斥:"弘位在三公,奉禄甚多,然为布被,此诈也。"装的。

扑满之败,今日为官者不是也该引以为戒吗?

2021 年 3 月 4 日

香椿

今年第一次吃到了香椿,前几天的事,香椿炒鸡蛋。由之也想起了故乡院墙边上的那棵香椿树。那是二十世纪六七十年代,京郊农村的习见景象。每当春天香椿发芽的时候,家家都摘来食用。《帝京岁时纪胜》云:"香椿芽拌面筋,嫩柳叶拌豆腐,乃寒食(节)之佳品。"在我们那里,香椿芽用于拌豆腐,炒鸡蛋也很普遍。

前人很早就发现香椿可食。《农政全书》云:"其叶自发芽及嫩时,皆香甘,生熟盐腌,皆可茹。"拌豆腐是生吃,炒鸡蛋是熟吃,腌制的倒是没有尝过。《食宪鸿秘》还有"油椿""淡椿"吃法,更是只见于文字描述了。前者系将"香椿洗净,用酱油、油、醋入锅煮过,连汁贮瓶用";后者系将"椿头肥嫩者,淡盐过,薰之"。《扬州画舫录》云"城下间有星货铺",那里"卖小八珍,皆不经烟火物。如春夏则燕笋、牙笋、香椿、早韭、雷菌、莴苣,秋冬则毛豆、芹菜、茭瓜、萝菔、冬笋、腌菜"。就是说,南方人也吃香椿。

《庄子·逍遥游》有一段论证:小智如何不能匹大智,寿命短的如何不能匹寿命长的。前者以"朝菌不知晦朔,蟪蛄不知春秋"为论据,而"楚之南有冥灵者,以五百岁为春,五百岁为秋。上古有大椿者,以八千岁为春,八千岁为秋",就涉及香椿了。楚国那个灵龟以五百年为一个春季、五百年为一个秋季,不得了吧?上古那棵大椿树,以八千年为一个春季、八千年为一个秋季呢,成玄英说,那是"以三万二千岁为一年"!《池北偶谈》"大椿堂"条云,"蒲州有大椿堂,为(明朝)杨襄毅(博)、王襄毅(崇古)、张文毅(四维)三公读书之所,其后三公相继登进士第",张四维官至内阁首辅、杨博至吏部尚书、王崇古至兵部尚书,"山西至今传为盛事"。蒲州,即今之山西永济,1997年我曾游览一过,到了普救寺等处。大椿堂之得名,或正在于堂前有棵香椿树吧。

应当说,《庄子》里的这一则今天看来绝非僻典,不知怎么,南唐时的许多学士都不大清楚。《陔馀丛考》考证"今八股起二句曰破题,然破题不始于八股"时举例,其中之一说"陈元裕主文衡,出《大椿八千岁为春秋》,满场破题皆阁笔",停笔的原因正在于不知题目所云。陈元裕遂自作云:"物数有极,椿龄独长。以岁历八千之久,成春秋二序之常。"因为大椿长寿,后来还借为父亲的代称,所谓"椿庭"是也。椿龄,则成为祝寿之辞。如柳永《御街行》,"九仪三事仰天颜,八彩旋生眉宇。椿龄无尽,萝图有庆,常作乾坤主"云云,当然这是给皇帝祝寿了。杨万里马屁拍得更厉害:"帝捧瑶觞玉座前,彩衣三世祝尧年。天皇八十一万岁,休说《庄》椿两八千。"寻常人等也可以使用椿什么,如王士禛《古夫于亭杂录》云其同乡胶西张应桂,"送其孙赴试济南,过余信宿",在王家住了两三天,但见老张"大椿轩神,气不衰"。不衰到什么程度?老张如今已经八十二了,"八十时游吴,纳一小姬,年才十六"。

《陔馀丛考》"斋戒不忌食肉"条,对"荤"与"素"的原初内涵也进行了一番考证。说从前的荤菜不是指肉食,而是指"辛"物,其中就包括香椿。如《礼记·玉藻》云"膳于君有荤桃茢",注曰"荤者,姜及辛菜也"。又《仪礼·士相见礼》云"侍坐膳荤",注曰"荤,辛物,食之止卧"。又《荀子·哀公篇》注亦云:"荤,葱薤也。"徐铉《说文解字系传》就更明确了:"荤,臭菜……通谓芸台

(油菜)、椿、韭、蒜、葱、阿魏(药材)之属,方术家所禁,谓气不洁也。"香椿之所以与"辛"有染,在于它的味道太大,因此有人喜欢,也有人抗拒。

"厨香炊豆角,井臭落椿花。"金刘瞻句。度其语意,明显是不喜欢。清梁章钜干脆给家人开了个"不食物单",他自己交代了起因:"《随园食单》所讲求烹调之法,率皆常味蔬菜,并无山海奇珍,不失雅人清致。余由寒俭起家,更何敢学制食单,徒取老饕之诮,而恰有生平所深戒及所深恶者,列为不食物单,聊示家人,兼饬厨子,以省口舌之烦云。"他的荤的概念,是现代意义上的,而牛肉、狗肉不吃,"系守祖戒,十数传至今,别房子侄,或有出入,而余本支从未破戒也";其它如黄鳝、猪头肉、烧肝花、排骨等,属于"深恶"。在素品里,"深恶"的则有黄瓜、红罗卜、香椿。

美食家李渔对香椿自然不免一番高论。其《闲情偶寄》云:"菜能芬人齿颊者,香椿头是也;菜能秽人齿颊及肠胃者,葱、蒜、韭是也。椿头明知其香,而食者颇少,葱、蒜、韭尽识其臭,而嗜之者众,其故何欤?以椿头之味虽香而淡,不若葱、蒜、韭之气甚而浓。浓则为时所争尚,甘受其秽而不辞;淡则为世所共遗,自荐其香而弗受。"李渔说这是他借"饮食一道",所悟出的"善身处世之难"。他一生都不吃葱、蒜、韭,"亦未尝多食香椿",幽默地自谓身处伯夷与柳下惠之间。但他对葱、蒜、韭也有区别,"蒜则永禁弗食;葱虽弗食,然亦听作调和;韭则禁其终而不禁其始",因为"芽之初发,非特不臭,且具清香",那是"其孩提之心之未变也"。读来真妙趣横生。

有人认为,中国是世界上唯一以香椿嫩芽叶入馔的国家。果真如是的话,申报点儿什么才不辜负唯一吧。一笑。

2021 年 3 月 14 日

黄色

3月15日早上,北京的一场沙尘暴令能见度不足1000米,建筑物若隐若现。乐观的众多网友没有抱怨,而是把智慧用到了调侃上。有的说,想穿越的根本不需要费心,哪怕站在故宫外面,就已经能深入感受4D真人沉浸版《清明上河图》了。还有的,直呼"北京变成了北宋"。这是因为黄沙漫天,令他们想到了北宋画风。

所谓北宋画风,即泛黄的底色。细看此番的种种段子,殊途同归的是离不开"黄色"。固然是写实,但编段子的,难逃故意让人关联"少儿不宜"的嫌疑,所以听的或看的,难免还坏笑一下,大家都心照不宣。这该是最堂而皇之地讲出这两个早已染上了异样色彩的字眼的最好时候吧。

就颜色本身而言,黄色在从前地位是很高的,从《周礼》那时候起,它就是所谓"五正色"之一。众所周知,周礼的实质是等级制度,而与等级制度相适应的,不仅"君子小人,物有服章",在穿衣服上要体现出尊卑,且在色彩上也要差别化:正色为尊,间色为卑。正色总共只有五种,黄色其一,另外是青、赤、白、黑。间色则是另外五种。《春秋繁露》云,帝王的王有五层意思,皇、方、匡、黄、往,其中的黄,即黄色,乃是美的象征。《白虎通》阐释:"黄者,中和之色,自然之性,万世不易。"《通典》注云:"黄者,中和美色。黄承天德,最盛淳美。"

战国阴阳家邹衍提出"五行生胜"理论,在此基础上又提出"五德终始"说,直到宋朝,都颇有市场。五行,即金、木、水、火、土这五种元素,它们充盈在天地之间,无所不在,相互作用、相互发展,维系着自然的平衡。所谓"五行生胜",包括"五行相生"和"五行相胜",生即生成、助长,水生木、木生火、火生土、土生金、金生水;胜即克,水胜火、火胜金、金胜木、木胜土、土胜水。五行也对应着各自的色彩,金白、木青、水黑、火赤、土黄。那么在色彩上,"五行相生"就是黑生青、青生赤、赤生黄、黄生白、白生黑,"五行相克"就是青克黄、黄克黑、黑克赤、赤克白、白克青。五行同时被看成五德,"五德终始"即是说,从黄帝时开始,王朝的命运便受五德的支配,王朝更替就遵循土、木、金、火、水的次序,循环往复,每一王朝从属于五德之一。黄帝属土德,木克土,所以取代黄帝的夏朝属木德;金克木,所以取代夏朝的商朝属金德;火克金,所以取代商朝的周朝属火德……

第一个将"五德五色"付诸实践的是秦始皇。《史记·秦始皇本纪》载:"始皇推终始五德之传,以为周得火德,秦代周德,从所不胜。方今水德之始,改年始,朝贺皆自十月朔。"因为水德对应黑色,所以"衣服旄旌节旗皆上黑"。直到宋朝,"五德终始"说一直作为阐释政权合法性的首要依据,要么采用相生说,要么采用相克说,但看当时的政治需要。而不同的说法产生不同的德色,所以每个开国帝王所作的头等大事,往往都是"改正朔,易服色",具体表现在祭器、旗帜、仪仗,以及帝王举行大典的礼服上面。

黄色,土德之色,西汉采用了相克说,三国曹魏、李唐采用了相生说,所以各自都是土德,以黄色为国色。刘秀建立东汉后所以要改为火德,一方面在于他出生时"有赤光照室中",另一方面在于好友奉上的《赤伏符》有三句隐语:"刘秀发兵捕不道,四夷云集龙斗野,四七之际火为主。"因此登基之后,刘秀亲自确定国运属火,色尚赤。

有趣的是,东汉大臣李云同样根据相生说,提出土德有取代本朝的危险。桓帝延熹二年(159),他露布上书云,高祖开国到现在已经364年,"当有黄精代见,姓陈、项、虞、田、许氏,不可令此人居太尉、太傅典兵之官"。为什么这几个姓氏的人不可以领兵呢?因为他们都是帝舜之后,舜即土德。结果,"帝得奏震怒,下有司逮云",尽管陈蕃上疏痛陈"李云所言,虽不识禁忌,干上逆旨,其意归于忠国而已",李云还是瘐死狱中。东汉末年的黄巾起义大约也认识到了这一点,提出"苍天已死,黄天当立,岁在甲子,天下大吉"的口号,起义军一概头裹黄巾。黄色诚然也是道教衣冠的主色,但不能排除"五德终始"论的驱使。曹丕受汉献帝"禅让"称帝,选择土德就更加顺理成章了。

黄色,从隋唐起又被皇家垄断,成为至尊之色,至于披上一件黄东西,就能权且充当皇帝。如《旧五代史·周书·太祖纪》载,后汉大将郭威率兵进击契丹途中,"军士登墙越屋而入,请帝(郭威)为天子。……或有裂黄旗以被帝体,以代赭袍"。郭威就这样建立了后周,他没有料到,历史呈现了惊人相似的一面。《宋史·太祖本纪》载,后周大将赵匡胤也是率兵出击契丹,到陈桥驿,"夜五鼓,军士集驿门,宣言策点检(赵匡胤)为天子"。赵匡胤还没来得及说话,"有以黄衣加太祖身,众皆罗拜,呼万岁",就被"胁迫"成了取代后周的宋太祖。

黄色在后世沦陷为带有色情淫秽意味的贬义词,一说可能与道教泰斗张陵即张天师所著《黄书》相关,那本书主要阐述房中术,文字涉"性"太多。黄色词义的转变,从神坛跌落地狱,成为打击、扫除的对象,怕是正色说的始作俑者、不许他人染指此色的众多帝王所万万没有想到的。

2021 年 3 月 19 日

大槐树

新近读到赵世瑜先生《说不尽的大槐树》,刷新了自己对明朝移民的一些认知。"若问老家在何处,山西洪洞大槐树",先前也有耳闻,但赵先生指出,河南、河北、山东以及江苏等地许多家族的传说和族谱,都声称祖先明初自山西洪洞迁移而来,大槐树因之成为他们心目中故乡的象征,而明朝万历年间编纂、目前国内现存最早的《洪洞县志》,"竟没有任何地方提到移民的事情,更没有提到过大槐树"!

貌似言之凿凿的事情,在赵先生的条分缕析之下,确实疑点多多。我想,在他们的祖先记忆中选择"大槐树",恐非偶然。槐树,很早很早就是一个文化符号。

白居易说:"忠州(今重庆忠县)有荔枝一株,槐一株。自忠之南更无槐,自忠之北更无荔枝。"未知是否,然槐树确是今日北方乡村举目可见的树种。古代想来也是这样。《周礼·秋官·朝士》载,周代宫廷外便种有三棵槐树,三公朝天子时,面向三槐而立。三槐也成了三公的代称。那些对后代寄予厚望的人,往往"手植三槐于庭"。如宋朝王祐,种树时信心满满:"吾子孙必有为三公者。"他的次子王旦后来也果真做了宰相。《国语·晋语五》载,"灵公虐,赵宣子骤谏,公患之",派钽麑去暗杀他。钽麑大清早潜入赵盾的家,不料被赵盾行为举止所感动,下不了手,又交不了差,便当场"触庭之槐而死"。

顾炎武《日知录》云:"古人于官道之旁必皆种树,以记里至,以荫行旅。"这说的是行道树了。树种呢,"子产相郑,桃李垂街。下至隋、唐之代,而官槐官柳亦多见之诗篇"。吴融便有《题湖城县西道中槐树》,"零落欹斜此路中,盛时曾识太平风"云云,显见已是衰唐的景象。《旧唐书·吴凑传》载,时"官街树缺,所司植榆以补之",吴凑认为"榆非九衢之玩",否掉了,"亟命易之以槐。及槐阴成而凑卒,人指树而怀之"。《周礼》已有注曰:"槐之言怀也。"顾炎武说:"然则今日之官其无可怀之政也久矣。"这感慨可谓痛彻心扉。

前人也相当爱护大槐树。《朝野佥载》云,西京朝堂北头有棵大槐树,隋文帝杨坚给移到了长安城里,"将作大匠高颎常坐此树下检校"。后因"栽树行不正",想砍了这棵,文帝没有同意,理由正是"高颎坐此树下"。这是另一种怀人了。到唐玄宗先天年间,大槐树仍在,已历经130多年,"柯叶森竦,株根盘礴"。《唐国史补》云,唐德宗时,"度支欲斫取两京道中槐树造车,更栽小树"。命令下到渭南县尉张造那里,张造不同意,他说这些槐树长得好好的,"东西列植,南北成行。辉映秦中,光临关外。不惟用资行者,抑亦曾荫学徒",砍了造车,属于"拔本塞源",只有"一时之利……运斧操斤,情所未忍"。

在神话、寓言或穿凿附会的故事中,大槐树也占有一席之地。《搜神记》云:"元帝建昭五年(前34)……山阳橐茅乡社,有大槐树,吏伐断之。其夜,树复立故处。"有人就此认为,"凡枯断复起,皆废而复兴之象也。是世祖之应耳"。世祖,刘秀的庙号。《七修续稿》云,元至正四年(1344),道人张中在宿州遇到朱元璋,时老朱正"避暑卧大槐树下",大吟曰:"天为罗帐地为毡,日月星辰伴我眠。夜来不敢长伸脚,恐踏山河地理穿。"张中"注目大骇",拜之曰:"君大贵,他日验也。"汉元帝那会儿到刘秀建立东汉还有50多年,朱元璋离建立明朝也还有24年,但大槐树都"先见"了这一点。唐传奇《南柯太守传》中,淳于棼梦入蚁穴,被招为槐安国驸马,前提在于其家"所居宅南有大古槐一株,枝干修密,清阴数亩"。

槐树,更被引申为一种文化意象。如汉代长安读书人聚会、贸易之市,称为槐市,即因其地多槐树而得名。后以槐市借指学宫,学舍。又如唐代俗语之"槐花黄,举子忙",谓槐树开花时节,乃举子准备应试的季节。《墨客挥犀》云,此则俗语来自唐翁承赞诗:"雨中妆点望中黄,勾引蝉声送夕阳。忆得当年随计吏,马蹄终日为君忙。"槐花,在我少年时代是小朋友都喜欢的零食,从树上撸下就吃,甜丝丝的。清朝"第一廉吏"于成龙,家里缺茶叶时,仆从"日采衙后槐叶啜之,树为之秃"。这个我们当年倒是没有试过。

前文曾提到唐朝贾嘉隐,"年七岁,以神童召见"。时长孙无忌、李勣在一旁说话,李勣戏嘉隐曰:"吾所倚何树?"答:"松树。"李说明明是槐树,小孩子很会说话:"以公配木,何得非松。"到长孙无忌发问"吾所倚何树",小孩子才说是"槐树",因为"但取其鬼木耳",开了不小的玩笑。贾嘉隐能讲出这话,大约他知道北魏擅长解梦的杨元慎。《酉阳杂俎》云,"广阳王渊梦著衮衣,倚槐树",请元慎解梦。元慎说"当得三公",私下里却说:"死后得三公耳。槐字,木傍鬼。"元渊果真给尔朱荣杀掉后,"赠司徒"。当然,此果真与前面的种种罗列,性质无异:由果溯因。

"苏三离了洪洞县,将身来到大街前。"洪洞的知名,除了大槐树,就是被冤枉的苏三。1997年夏我曾到访洪洞,参观了那座复建的明代监狱,也到了大槐树跟前,当地人说,这已是大槐树的后代,却大得也相当可观。相较之下,我故乡那里的,都只算是小巫。

2021 年 3 月 27 日

踢毽子

在广州的大小公园里,目测市民最多的运动项目是踢毽子,随处可见。那些中老年男男女女,三四个的,五六个的,围成一圈,轮流将毽子向上踢,不让它落地,至少是在空中飞舞的时间越长越好,因此不时还有或兴奋或惋惜的声音发出。

毽子,一般是以布或皮内包铜钱或有孔的金属片,孔中间植以鸡毛制成。不过,屈大均说,清朝时广州的毽子,是"鸽翎贯皮钱",鸽子毛。毽子的起源很早,但用字不一。《通俗编》引吴任臣《字汇补》云,"毽,抛足之戏具也",而"毽"字未见于之前的字书,"毽子"一般都是作"鞬子"。在唐朝,毽子还称为蹀蜳。释道宣《续高僧传》卷十六载,佛陀禅师在嵩山少林寺遇到12岁的小和尚慧光,"在天街井栏上,反踢蹀蜳,一连五百,众人喧竞,异而观之"。蹀蜳就是毽子,反踢,即用脚的外侧踢,所谓拐。佛陀看到慧光的表演,顿时惊呆了:"此小儿世戏有工,道业亦应无昧。"觉得能有这手本领,在修行方面也会是可造之才,"意欲引度,权以杖打头,声响清彻。既善声论,知堪法器"。

宋朝时,踢毽子便是非常普及的一项运动了。《武林旧事》"小经纪"条,罗列了南宋临安商家经营的各种小商品,有人数过,总共有178种之多,涉及了日常生活的方方面面。比如关于时政的,有班朝录(专录朝士官职姓名)、供朝报(刊载诏令、奏章及官吏任免事务的朝廷公报)、诸色指挥(军事编制单位名录)等;关于体育的,则有"弹弓、箭翎、射帖、壶筹、鹁鸽铃、风筝、药线、象棋、鞬子、斗叶"等。除了这些之外,"若夫儿戏之物,名件甚多,尤不可悉数",并且,"每一事率数十人,各专藉以为衣食之地,皆他处之所无也"。则彼时服务毽子的商家,也已经成行成市。

宋人高承《事物纪原》亦云:"今时小儿以铅锡为钱,装以鸡羽,呼为鞬子。三五成群走踢,有里外廉、拖枪、耸膝、突肚、佛顶珠、剪刀、拐子各色。"表明彼时踢毽子已能运用各种技巧。"成群走踢",是说可以边跑边踢。"耸膝、突肚、佛顶珠"云云,是说踢毽子不光用脚,身体的各个部位,如膝盖、腹部、脑袋等都能派上用场。这在今天的公园里,也颇为常见。高承还认为,踢毽子为"蹴鞠之遗事也",而"蹴鞠者,传言黄帝所作,或曰起战国之时",还是《史记·苏秦列传》中的记载,这样算账的话,踢毽子的历史就要追溯到战国以至黄帝时代。二者可能真有些"血缘关系"吧。《水浒传》第二回,高俅奉王都尉之命来端王府送礼,正赶上端王和小太监们蹴鞠。当时,气毬滚到了高俅脚边,高俅"也是一时胆量,使个鸳鸯拐,踢还端王"。端王要他"下场来踢一回耍",结果高俅"才踢几脚,端王喝采",然后他又"把平生本事都使出来,奉承端王。那身分模样,这气球一似鳔胶粘在身上的"。从后面这些描写来看,高俅完全是独自在踢,跟独自踢毽子倒是没差多少。

《醒世姻缘传》第七回提到了明朝踢毽子。晁凤奉老主人之命,骑马进京来找晁大舍,适值行馆没关门,他就一直走了进去,"恰好撞见珍哥……与晁住娘子在院子里踢毽子顽。看见晁凤,飞也似跑进屋里去了"。珍哥跑什么?原来她是晁大舍偷纳的小妾,怕露了馅。晁凤告诉晁大舍:"因等大爷不回,老爷叫小人来接大爷合珍姨同去。"晁大舍悄声问道："老爷奶奶是怎么知道有了珍姨？是那个说的？"这件事，西周生写得颇为有趣，尤其第六回开篇几首诗词的劝诫意味，"休羡艳姬颜色美，防闲费尽心机。得些闲空便私归。那肯团团转？只会贴天飞"云云，生动简明。

《帝京岁时纪胜》提到了清朝踢毽子的专业高手，能够"手舞足蹈，不少停息，若首若面，若背若胸，团转相击，随其高下，动合机宜，不致坠落"。《通俗编》也说到："今京市为此戏最工，顶额口鼻肩背腹膺，皆可代足，一人能兼应数敌，自弄则毽子终日绕身不堕。"《帝京岁时纪胜》还收录了一则"京师小儿语"："杨柳青，放空钟。杨柳活，抽陀罗。杨柳发，打尜尜。杨柳死，踢毽子。"就是说，杨柳凋零了，天气凉了，该踢毽子了。《燕京岁时记》可以佐证："毽儿者，垫以皮钱，衬以铜钱，束以雕翎，缚以皮带，儿童踢弄之，足以活血御寒。"表明北京地区普遍开始踢毽子，是在秋冬时节，小儿为主。

广州人踢毽子，屈大均《广东新语》早有记述。说元宵节的夜晚，广州"十家则放烟火，五家则放花筒。嬉游者，率袖象牙香筒，打十八闲为乐。城内外舞狮象龙鸾之属者百队，饰童男女为故事者百队，为陆龙船，长者十余丈，以轮旋转，人皆锦袍倭帽，扬旗弄鼓，对舞宝镫于其上"。元宵节白天呢，是在五仙观踢毽子。毽子的毽，屈大均用的是方言字：左边为"毛"，右边为"匽"。他还说毽子分大小，踢大毽子的是"市井人"，踢小毽子的是"豪贵子"。

五仙观今天还在，就是建于明初的祭祀五仙的谷神庙，传说中远古时有五个仙人骑着嘴衔谷穗的五色羊降临广州嘛。而彼时的毽子大或小到什么程度，为什么踢毽子还要按贫富分类，可惜屈大均都没有细说，相当于给今天留了个课题吧。

2021 年 4 月 5 日

婚闹

3月17日,山东省滨州邹平市多部门联合发布关于打击恶俗婚闹的公告。其中,强行亲吻、搂抱或采取其他方式侮辱、猥亵新娘、伴娘等七类"低俗、恶俗婚闹行为",将由公安机关视情节依法予以治安处罚,构成犯罪的追究刑事责任。据说,滨州是所谓"婚闹胜地"。强制新郎、新娘及其他人员脱衣服、套锁链或进行捆绑,是那里婚闹的常规节目。

婚闹,在传统婚俗中便属于陋俗。这一陋俗也有相当之长的历史。东汉仲长统《昌言》虽早已佚失,但根据清朝学者的辑本,整段和零碎文字加起来,也可以窥其十之一二,其中就说到了婚闹:"今嫁娶之会,捶杖以督之戏谑,酒醴以趣之情欲,宣淫佚于广众之中,显阴私于族亲之间,污风诡俗,生淫长奸,莫此之甚,不可不断者也。"所谓"捶杖以督之戏谑",意谓用拳头或棒槌敲打来戏谑;而"宣淫佚于广众之中",就是公然涉黄了,佚同泆。《资治通鉴》卷一百六十六载,北齐显祖高洋刚即位时,"留心政术,务存简靖,坦于任使,人得尽力",几年后他就变了,"以功业自矜,遂嗜酒淫泆"。胡三省注曰:"泆,淫放也。"婚闹行为,仲长统将之明确定性为"污风诡俗",亦即污秽反常的风俗。

彼时极端的婚闹到了什么程度?应劭《风俗通》提供了一例:

"汝南张妙会杜士,士家娶妇,酒后相戏。张妙缚杜士,捶二十,又悬足指,士遂至死。"这个张妙,该是婚闹的主要操盘手吧。由此也可知东汉那时闹新房,有捶笞、悬足等陋习。应劭所举之例是闹出了人命,滨州这里是闹出了官司。4月9日《中国青年报》报道说,去年年底,滨州二审宣判了一起因婚闹而起的案件。案情大致是:95后谢某某婚礼当天,一众亲友拦住了迎亲车队,"他们用事先准备好的酱油、醋、生鸡蛋往谢某某身体上喷涂"。谢某某下车与他们"搂抱嬉戏",却不慎摔入路旁的沟渠,导致"腰背部裂伤,伤口长达25厘米,深约15厘米"。

到晋代,婚闹"很黄很暴力"的情形与东汉差不了多少。葛洪《抱朴子外篇·疾谬》云:"俗间有戏妇之法,于稠众之中,亲属之前,问以丑言,责以慢对,其为鄙黩,不可忍论。或蹙以楚挞,或系脚倒悬。"来闹的宾客既酗酒,又"不知限齐",戏谑全无限度,"至使有伤于流血,口止委折支体者,可叹者也"。葛洪感到奇怪的是,即使不拿"古人感离别而不灭烛,悲代亲而不举乐"作衡量标准吧,那些"德为乡间之所敬,言为人士之所信"的乡贤,"诚宜正色矫而呵之,何谓同其波流,长此弊俗哉!"在他看来,这是"民间行之日久,莫觉其非,或清谈所不能禁,非峻刑不能止也",口头上的谴责已经无济于事,非得上升到法律层面来解决不可了。

但婚闹似乎从未止息。《北史·后妃传下》载,高洋娶段韶的妹妹段昭仪时,"婚夕,韶妻元氏为俗弄女婿法戏文宣"。弄女婿,从《酉阳杂俎》中或可一窥:"北朝婚礼,青布幔为屋,在门内外,谓之青庐,于此交拜,迎妇。夫家领百余人,或十数人,随其奢俭,挟车俱呼:'新妇子!'催出来。至新妇登车乃止。婿拜阁日,妇家亲宾妇女毕集,各以杖打婿为戏乐,至有大委顿者。"高洋也许因为挨过打,所以记恨在心;当上皇帝之后,对段韶愤愤地说:"我会杀尔妇!"结果元氏吓坏了,"匿娄太后家,终文宣世不敢出"。

宋庄绰《鸡肋编》云,斯时婚礼,"妇既至门,以酒馔迎祭,使巫祝焚楮钱禳祝,以驱逐女氏家亲。妇下舆,使女之亲男女抱以登床……如民家女子不用大盖,放人纵观。处子则坐于榻上,再适者坐于榻前。其观者若称叹美好,虽男子怜抚之,亦喜之而不以为非也"。明杨震《丹铅续录》"戏妇"条云:"娶妇之家,亲堨避匿,群男子竞作戏调,以弄新妇,谓之'谑亲',或褰裳而针其肤,或脱履而规其足,以庙见之妇,同于依门之倡,诚所谓敝也。以《抱朴子》考之,则晋世已然矣,历千余年而不能变,可怪哉!"清赵翼《陔馀丛考》"初婚看新妇"条云:"世俗新婚三日内,不问亲故,皆可看新妇。固系陋习,然自六朝来已然。"盖《南史·徐摛传》已载:"晋、宋已来,初婚三日,妇见舅姑,众宾皆列观。"但六朝那阵毕竟妇宾之间还沾亲带故,"今代非亲非故,皆列坐而觌妇容,岂其宜哉?"不要说婚闹了,在赵翼眼里,大家就那么傻乎乎地盯着新娘子看,也是不妥当的。

"嫁女之家,三夜不息烛,思相离也;取妇之家,三日不举乐,思嗣亲也。"这是孔子描绘的他们那个时候的婚礼,淳朴而不喧嚷纷闹。西汉的时候,"新婚之夕,于窗外窃听新夫妇言语及动止,以为笑乐",到这个份儿上也就足矣。接踵而至的婚闹,仲长统即认为"不可不断者",然而如杨慎所说,这种陋俗却"历千余年而不能变,可怪哉"。今天,在如滨州一类的地方,成了"历两千年而不能变",则"可怪哉"的前面要加上"更""真"等字眼才行了。杨明照先生在校笺《抱朴子》时还乐观地认为:"今则旧染污俗,咸与维新,惜葛(洪)、杨(慎)二公无缘闻知也。"很可惜的是,显见包括滨州在内的诸多地方的婚闹陋俗并没有得到改观,杨先生也无缘闻知了。

2021 年 4 月 11 日

枕

上周五又到西汉南越王博物馆参观,奔着《滇王与南越王》展。馆长吴凌云依旧全程讲解,他是我小两级的同系学弟,也依旧从瓷枕陈列看起。看过好多次了,但每一次都有新的收获。

枕头,睡觉时垫高头部的卧具。古人很早就知道用枕头,认为高枕而卧,无所顾虑。孙思邈说,如果"密室闭户,安床暖席,枕高二寸半,正身偃卧,瞑目闭气于胸膈间,以鸿毛着鼻上而不动,经三百息",就能活到360岁。只是睡什么枕头他没多说。瓷枕,即瓷质的枕头。我读中学那阵,课本中就有宋朝"孩儿枕"的图录,那个就是瓷枕。但见小童伏卧在床榻上,两臂环抱垫起头部,右手持一绣球,两足交叉上跷,似乎正在床上撒娇蹬腿。南越王博物馆也有一个宋朝孩儿枕,造型为小童横躺擎荷,荷叶曲面为枕顶,同样别有趣致。

今天的枕头以柔软为舒适,古人不知为何青睐硬邦邦的瓷枕,张耒有"持之入室凉风生,脑寒发冷泥丸惊"句,或是对抗酷暑吧。瓷枕至少在唐朝已经出现,唐传奇《枕中记》中,卢生做黄粱美梦的故事众所周知,他枕的那个枕头就是瓷枕。吕翁与之交谈,见其大言人生当"建功树名,出将入相,列鼎而食",便探囊取出该枕,"瓷而窍其两端",告诉他:"子枕此,当令子荣适如志。"

果然,卢生睡了个好觉,梦中大富大贵,成就了自己波澜壮阔的一生。卢生做梦之前,店主正"蒸黄粱为馔",而梦醒时分,"黄粱尚未熟"。黄粱美梦,因喻虚幻不能实现的梦想。

宋人诗词中,每有言及瓦枕或瓷枕之处。如吕希哲之:"老读文书兴易阑,须知养病不如闲。竹床瓦枕虚堂上,卧看江南雨后山。"蔡确之:"纸屏瓦枕竹方床,手倦抛书午梦长。睡起莞然成独笑,数声渔笛在沧浪。"晏殊的一段评论:"'老觉腰金重,慵便枕玉凉'未是富贵语,不如'笙歌归院落,灯火下楼台',此善言富贵者也。"李清照之《醉花阴》:"薄雾浓云愁永昼,瑞脑销金兽。佳节又重阳,玉枕纱橱,半夜凉初透。"这里的瓦枕即陶枕,玉枕很可能即瓷枕,宋人呼青白瓷为"假玉"嘛。王安石说"夏月昼睡,方枕为佳",有人问他这是什么道理,他说:"睡久气蒸枕热,则转一方冷处。"方枕,显见非陶即瓷了。

在陶枕、瓷枕之外,古人还有颇多其他材质的枕头。

《西京杂记》云:"李广与兄弟共猎于冥山之北,见卧虎焉。射之,一矢即毙。断其髑髅以为枕,示服猛也。"这是用老虎的头骨做枕头。《事物纪原》云东汉梁冀以玉做虎枕,大抵汉代以此能够辟邪。元发宋陵,在理宗陵也发现了伏虎枕,以"七宝和成伏虎之状",该与后蜀孟昶的"七宝溺器"性质相当了。《开元天宝遗事》云:"龟兹国进奉枕一枚,其色如玛瑙,温温如玉。其制作甚朴素,若枕之则十洲、三岛、四海、五湖,尽在梦中所见。帝因立名为'游仙枕'。后赐与杨国忠。"又云:"虢国夫人有夜明枕,设于堂中,光照一室,不假灯烛。"《明皇杂录》如此定性:"太平公主玉叶冠,虢国夫人夜光(明)枕,杨国忠锁子帐,皆稀代之宝,不能计其直。"

还有一些材质的枕,今天但知其名而未知其详。如瑟瑟枕,《唐国史补》云,卢昂主福建盐铁,"赃罪大发,有瑟瑟枕,大如半斗,以金床承之"。又如青盐枕,《唐语林》云,史牟为榷盐使,两个外甥来拜见他,"其母仍使子赍一青盐枕以奉牟",不料史牟"封枕付库,杖杀二表生"。又如水精枕,《铁围山丛谈》云,蔡襄"尝得水精枕,中有桃花一枝,宛如新折,茶瓯十,兔毫四,散其中,凝然作双蛱蝶状,熟视若舞动,每宝惜之"。对瑟瑟枕,"宪宗召市人估其直,或云'至宝无价'";青盐枕能够用来贿赂掌两池盐专卖及查禁私盐的官员,显见也是好东西;水精枕更不用说了。然这三种枕究竟是什么,须待专家爬梳了。还有民间的色绫枕。《酉阳杂俎》云:"台山有色绫木,木理如绫文。百姓取为枕,呼为色绫枕。"此台山或即江门五邑之一,假以时日,倒要请教一下那里的人们。

杜甫诗曰:"莫笑田家老瓦盆,自从盛酒长儿孙。倾银注玉惊人眼,共醉终同卧竹根。"宋人罗大经认为,这是说用瓦盆盛酒跟"倾银壶而注玉杯"没什么不同,"同一醉也"。由此推而论之,"蹇驴布鞯,与金鞍骏马同一游也;松床莞席,与绣帷玉枕同一寝也。知此,则贫富贵贱,可以一视矣"。瘸驴、骏马、草席、瓷枕,速度与舒适度方面当然区别大了,但罗大经倡导的是一种达观心态,目的不就是旅游嘛、睡觉嘛。他另举的一例更有趣味,有仆人嫌老婆丑,主人召其至,"以银杯瓦碗各一,酌酒饮之",问他酒怎么样,那人说好酒;又问哪个碗的好,说都好。主人讲道理了:"杯有精粗,酒无分别,汝既知此,则无嫌于汝妻之陋矣!"仆人恍然大悟,"遂安其室"。罗大经认为"少陵诗意正如此"。而此喻似亦表明,睡瓷枕的人家从前大抵是有钱人家。

西汉南越王博物馆的枕藏品丰富多彩,囊括中国历史上各个时期、各个窑口。徜徉其中,识见大增。写有《枕赋》的金元时期那个瓷枕,文化内涵更足堪玩味。

2021 年 4 月 18 日

唾（续）

昨天上午出白云大道中地铁站的时候，听到身后一名中年男子不断高声咳嗽，然后伴以吐痰的声音，不知是一时间出了状况，还是素有这种陋习。唾出的东西，众所周知属于秽物。必须承认，在地铁站这种洁净的场所，这种情况已经非常罕见了。

室内不可随地吐痰，前人早就知道。《礼记·内则》云："在父母舅姑之所……不敢唾、洟。"别说吐痰，鼻涕都不能流。所以唾壶、唾盂等承痰的器皿，很早就发明了。《西京杂记》云，汉广川王刘去疾盗魏襄王冢，墓中石床上便"有玉唾壶一枚"。魏襄王是战国魏之第四任国君，可见至少那个时候就开始用唾壶了。这类东西历年考古发掘也出土了不少，看上去，二者的形制差不多，口大口小、腹大腹小而已。用《元史·舆服志》的说法，"唾壶，宽缘，虚腹，有盖；唾盂，形圆如缶，有盖"，材质上，彼时都是"制以银，黄金涂之"。1986年，内蒙古文物考古工作者配合青龙山镇水库建设所发掘的辽代陈国公主墓，墓内壁画以契丹传统的写实风格再现了墓主日常生活的情景，其中有男仆执唾壶而立的清晰图像。《唐语林》云："武帝以孔安国为侍中，以其儒者，特许掌御唾壶，朝廷荣之。"看起来，西汉时掌御唾壶，还是一种待遇。

涉及唾壶的文献资料，比比皆是。曹操《上杂物疏》云："御杂物用,有纯金唾壶一枚,漆圆油唾壶四枚,贵人有纯银参带唾壶三十枚。"《晋书·王敦传》载,王敦为元帝所抑,心中不平,经常喝闷酒,喝多了就朗诵曹操的名诗:"老骥伏枥,志在千里。烈士暮年,壮心不已。"一边朗诵,一边"以如意打唾壶为节",结果敲得"壶边尽缺",这就不仅仅是打拍子而有愤懑的成分了。这个唾壶该是瓷质的吧。

《世说新语·排调》"符(苻)朗初过江"条注云:"朗常与朝士宴,时贤并用唾壶,朗欲夸之,使小儿跪而张口,唾而含出。"《晋书》收录了这件事,明确谢安常常请客,"朗每事欲夸之,唾则令小儿跪而张口,既唾而含出,顷复如之"。但更恶心的,还推《北史》中的辽人日陆眷,他"因乱被卖为渔阳乌丸大人库辱官家奴"。某次"诸大人集会幽州,皆持唾壶,唯库辱官独无,乃唾日陆眷口中"。日陆眷不仅咽下去了,还西向拜天曰:"愿使主君之智慧禄相,尽移入我腹中。"如符(苻)朗、库辱官之流此举,暴露的是权力淫威的施展一面。李白"汉帝重阿娇,贮之黄金屋。咳唾落九天,随风生珠玉"诗,描绘的实则也是阿娇受宠时的气焰之盛。

因为所唾之物属于秽物,所以吐痰很早就成为情感的一种表达方式。

《左传》载秦晋崤之战中,晋国设伏全歼秦军,俘虏三帅。晋襄公母亲是秦人,她向襄公请求放了三人,交给秦穆公自己去惩治。先轸知道后气得够呛,他说将士们费了那么大的气力才抓获他们,一个女人说放就给放了,"堕军实而长寇仇,亡无日矣!"言罢"不顾而唾",当着襄公的面毫不客气地啐了一口。

《战国策·赵策四》载赵太后刚主持国政,"秦急攻之"。她求救于齐,齐说出兵可以,但有个条件:让你的幼子长安君来当人质。"太后不肯,大臣强谏",太后急了:"有复言令长安君为质者,老妇必唾其面!"

《魏书·李栗传》载,李栗随北魏太祖拓跋珪征战,屡立战功。打慕容宝,"栗督五万骑为前驱,军之所至,莫不降下"。但这个人"性简慢,矜宠,不率礼度,每在太祖前舒放倨傲,不自祗肃,咳唾任情"。天兴三年(400),拓跋珪"积其宿过,遂诛之。于是威严始厉,制勒群下尽卑谦之礼"。咳唾任情,正李栗"宿过"之一。

《隋书·伊娄谦传》载,伊娄谦奉北周武帝宇文邕命出使北齐,而"谦参军高遵以情输于齐,遂拘留谦不遣"。因为高遵的出卖,导致伊娄谦被扣留。后来,宇文邕出兵抓获高遵,交给伊娄谦,"任令报复"。不料伊娄谦"顿首请赦之",宇文邕说:"卿可聚众唾面,令知愧也。"伊娄谦跪曰,高遵的罪过,不是向他脸上吐痰所能够责罚的。"帝善其言而止。谦竟待遵如初"。对伊娄谦的所谓"宽厚仁恕",司马光表示不能认同,觉得对叛国贼,理应"归诸有司,以正典刑",而伊娄谦"请而赦之以成其私名,美则美矣,亦非公义也"。

最有意思的情感表达,还是唾秦桧等。杭州西湖岳王庙岳飞墓前秦桧夫妇及万俟卨、张俊铸像旁边,如今挂着"文明游览,请勿吐痰"的牌子。因为自历史上起,向这几个人吐痰便已成民俗,且不独杭州,但有铸像的地方莫不如是。《燕京岁时记》云,清朝北京朝阳门外有东岳庙,"阶前有秦桧跪像,见者莫不唾之,已不辨面目矣"。

早些年广州有则见报的消息:某区为了增强对乱吐痰的取证力度,要购置一定数量的摄像机和数码照相机配备给城管执法人员。我在当时便写了篇评论,认为这种做法增大管理成本不说,也未必奏效。五代十国时"转寇仇为父子,咳唾间",形容的是翻脸之快。就算让取证人员面对一个即将随地吐痰的人,也未必拍得到唇动痰飞的一刻。关键是,这种做法不是为了帮助人们养成遵守公共卫生的习惯,目的只是为了罚款,本末倒置。杜绝这种现象,根本上说还是要增强市民革除生活陋习的自觉性。

2021 年 4 月 24 日

蚁

4月28日,央视新闻发布消息称,截至目前,广东、云南等12个省份,均已发现红火蚁入侵。有关部门对100多个红火蚁传入地调查发现,95种花卉苗木中有27种携带红火蚁。

蚁,被视为拥有许多"之最"的昆虫,最聪明、最有组织、最勤劳、繁殖力最强等,并且种类繁多,《本草纲目》云"蚁有大、小、黑、白、赤数种",只是就外观而言的粗略划分。当然了,某些蚁对人类有害。"千里之堤溃于蚁穴",众所周知。红火蚁,乃全球公认的百种最具危险入侵物种之一,其主要特点是攻击性强和叮咬毒性大,它取食多种作物的种子、根部、果实等,还攻击海龟、蜥蜴、鸟类等的卵,影响小型哺乳动物的密度和无脊椎动物群落。同样以为害闻名的蚁,还有白蚁。不过,虽然同归昆虫纲,红火蚁却属于膜翅目,白蚁属于等翅目。就是说,二者为害的一面固然相当,也都含了个"蚁"字,但红火蚁是蚂蚁的一种,而白蚁不是。

白蚁之害,罄竹难书。《广东新语》云:"广多白蚁,以卑湿而生,凡物皆食,虽金银至坚亦食,惟不能食铁力木与桪木耳。"大有所到之处无坚不摧的态势。十几年前,我将辛苦收集的包括《簪花仕女图》《西厢记》《红楼梦》等小型张在内的大量首日封,放在一个泡沫箱里,想到的是防潮,却不料某日发现给白蚁的分泌物弄成了垃圾,恨得真是牙痒痒。宋人姚镕防范在先,写了篇《喻白蚁文》。他说看过它们的窟穴,"深闺邃阁,千门万户,离宫别馆,复屋修廊。五里短亭,十里长亭,缭绕乎其甬道;五步一楼,十步一阁,玲珑乎其蜂房"。欣赏之余笔锋一转,开始挞伐:"嗟尔之巧则巧矣,盛则盛矣,然卵生羽化,方孳育而未息,钻橼穴柱,不尽嚼而不已。遂使修廊为之空洞,广厦为之颓圮。"他说自己"备历险阻,拙事生涯,造物者计尺寸而与之地,较锱铢而赋之财。苟作数椽,不择美材,既杉桧之无有,惟桦松之是裁,正尔辈之所慕,逐馨香而俱来,苟能饱尔之口腹,岂不岌岌乎殆哉?"所以,他模仿昌黎先生与鳄鱼相约的故事,正告白蚁:"今与尔画地为界,自东至西十丈有奇,自南至北其数倍蓰,请迁族类以他适,毋入范围而肆窥。苟谆谆而莫听,是对马牛而诵经,其去畜类也几希。以酒酹地,尔其知之。"

可怪的是,从前岭南居然有蚁酱。《老学庵笔记》引《北户录》云:"广人于山间掘取大蚁卵为酱,名蚁子酱。"陆游说,《周礼》中的"蚳醢"正是蚁酱,"三代以前固以为食矣"。那么,岭南仍然有这东西,算是遗风了。《广阳杂记》亦云:"今闽中有蛎酱、鲎酱、蛤蜊酱、虾酱、鱼酱、珠螺酱,岭南有蚁酱。"这里的"今",已是清初。余落籍岭南几四十年,蚁酱还没有在现实中见到过。

岭南人还懂得利用蚁。《鸡肋编》云:"广南可耕之地少,民多种柑橘以图利。常患小虫损食其实,惟树多蚁,则虫不能生,故园户之家,买蚁于人。"于是,就有了专门"有收蚁而贩"的职业,他们"用猪羊脬盛脂其中,张口置蚁穴傍,俟蚁入中,则持之而去"。这种蚁被称之"养柑蚁",则属于蚁之有益的一面了。此前,《酉阳杂俎》有另一种说法:"相传玄宗幸蜀年,罗浮甘子不实。岭南有蚁,大于秦中马蚁,结窠于甘树,实时,常循其上,故甘皮薄而滑,往往甘实在其窠中。冬深取之,味数倍于常者。"这是由蚁来径直出阵,促成柑之成为贡品了,如《南部新书》所云:"罗浮甘子,其味愈常品。开元中,始有僧种于楼寺,其后常资献进。"是书连同《唐国史补》,也都说到玄宗"幸蜀"时,柑子不实,没法吃了。这当然是"相传",罗浮柑橘怎么可能会为因为"安史之乱"而逃难的玄宗感到悲戚?

《酉阳杂俎》还说:"秦中多巨黑蚁,好斗,俗呼为马蚁。次有色窃赤者细蚁。中有黑者迟钝,力举等身铁。有窃黄者,最有兼弱之智。"段成式说他小时候,"尝以棘刺标蝇,置其来路,此蚁触之而返,或去穴一尺或数寸,才入穴中者,如索而出,疑有声而相召也。其行每六七,有大首者间之,整若队伍。至徙蝇时,大首者或翼或殿,如备异蚁状也"。这种情形,童年在乡村度过的人都不会陌生,或者径如段成式般玩儿过也说不定。《万历野获编》中的"斗蚁",就是成年人的游戏了:"有鬻技者藏二色蚁于行筒中,倾出鸣鼓,则趋出各成行列;再鼓之,则群斗交战良久。鸣金一声,各退归本阵,鱼贯收之。"

《庸闲斋笔记》里有则趣事。丁少香官金华府,"会当府试武童,众官皆集"。丁憋不住了,"小遗于中庭"。有个叫杨干村的宿儒看见了,提醒他"须避三光",老天看着呢。丁忽问曰:"天上视吾辈人,有如何大?"杨笑曰:"不过犹人之视蚂蚁耳。"丁曰:"然则君曾见蚂蚁小遗乎?"引来众人哄堂大笑。但更多的有识之士,是从蚁之行为中受到启发。如所罗门王对蚂蚁的著名道德评价:"懒汉,你去看看蚂蚁,观察它的作风,便可得些智识/它没有领袖,没有监督,没有君王/但在夏天却知准备食粮,在秋收时积贮养料。"

2021 年 4 月 30 日

翰林

五一假期到珠海走了一趟。母校珠海校区新建筑之多、面积拓展之大,瞠目结舌。徜徉其间,忽见几处标志"瀚林路"的路标,悬在上空的自然是指示机动车,路边直立的自然是告知行人。这个"瀚"字,不免如鲠在喉。"瀚林"该系"翰林"之误。

翰林,从前指的是文翰荟萃之所,犹词坛文苑,亦指文士。"翰",一个义项是雉类,赤羽的山鸡。《逸周书·王会》云:"蜀人以文翰,文翰者,若皋鸡。"孔晁注曰:"鸟有文彩者。"那么,"翰"字之与文人为伍,该是借鸟之羽毛"文彩"来寓意文章的"文采"了。李善注扬雄《长杨赋》云:"翰林,文翰之多若林也。"

从唐玄宗开始,翰林成了官名的一种。其相中"翰林"二字,想来正是希冀自己的身边文翰若林吧。《新唐书·百官志》载,玄宗初,置"翰林待诏"一职,以张说、陆坚、张九龄等为之,"掌四方表疏批答、应和文章"。此前,翰林院的翰林,上有"文词、经学之士",下有"卜、医、伎术之流",职能是跟着乘舆,"以备宴见",随时回答皇帝的问题。即便高祖、太宗时,如魏徵、李百药、诸遂良等"召入草制",也"未有名目"。高宗以后称北门学士。玄宗设"翰林待诏"后,"既而又以中书务剧,文书多壅滞,乃选文学之士,号'翰林供奉',与集贤院学士分掌制诏书敕"。到开元二十六年

（738），翰林学士又成了官名的一种，所谓"改翰林供奉为学士，别置学士院，专掌内命。凡拜免将相、号令征伐，皆用白麻"。白麻，区别于黄麻，既是诏书用纸，也具有某种政治意蕴。与此同时，翰林学士的地位也相应得到提高，所谓"选用益重，而礼遇益亲，至号为'内相'，又以为天子私人"。李肇《翰林志》云："天宝十二载，安禄山来朝，玄宗欲加同中书门下平章事，命张垍草制。"打算给安禄山个宰相的位置，因为杨国忠的坚决反对没有成功，搞得安禄山"怏怏滋甚"而去。张垍此时正为翰林学士。

不过，按德宗时陆贽上书的说法，玄宗时的翰林学士，始而"其于枢密，辄不预知"，是"安史之乱"期间，因为"肃宗在灵武、凤翔，事多草创，权宜济急，遂破旧章，翰林之中，始掌书诏，因循未革，以至于今"。就是说，张垍作为翰林学士草制还可能只是个例，翰林学士的这项权力，因为战争才形成一种固定制度。《唐会要》载："（肃宗）至德以后，军国务殷，其入直者，并以文词共掌诏敕。"就翰林学士陆贽而言，建中四年（783）十月，德宗幸奉天，"随赴行在，天下骚扰，远迩征发，书诏日数十下，皆出贽"。陆贽也十分了得，"操笔持纸，成于须臾，不复起草。"质量呢，"初若不经思虑，既成，无不曲尽事情"，令同僚"皆拱手嗟叹"。

唐朝翰林学士的地位相当之高是无疑的。赖瑞和先生指出："在探讨唐代权力的最高层时，我们不能光看皇帝和宰相的关系，也同时要细看皇帝、宰相、翰林学士和宦官这四方的关系。"而就与皇帝的亲近程度来说，排在第一位的是宦官，第二位就是翰林学士，因为翰林学士的办公地点就位于宫禁之内。德宗朝增设的东翰林院，更"左接寝殿，右瞻彤楼"，更跟皇帝低头不见抬头见。流动办公时也是这样，李肇说："凡郊庙大礼，乘舆行幸，（翰林学士）皆设幕次于御幄之侧。侍从亲近，人臣第一。"所以唐代后期，宰相往往即来自翰林学士中。有学者统计，从德宗朝到懿宗朝，共有宰相159人，其中67人任过翰林学士。还有学者指出，唐后期形成了"新三头"，即翰林学士、枢密使和宰相，完全取代了唐前期的三省制。

欧阳修《归田录》云："太宗时宋白、贾黄中、李至、吕蒙正、苏易简五人同时拜翰林学士，承旨扈蒙赠之以诗云：'五凤齐飞入翰林。'其后吕蒙正为宰相，贾黄中、李至、苏易简皆至参知政事，宋白官至尚书，老于承旨，皆为名臣。"《宋史·蒲宗孟传》载，神宗称蒲宗孟有史才，命其同修两朝国史，为翰林学士兼侍读。按旧制，"学士唯服金带"，宗孟入谢时神宗看到，发指令了："学士职清地近，非他官比，而官仪未宠。"于是"乃加佩鱼，遂著为令"，表明宋朝至少在这些时候，翰林学士的地位仍然不低。不过，像唐朝一样，翰林、翰林学士是一回事，翰林院又是另一回事。《宋会要辑稿·职官》三六之九五载，翰林院"掌供奉图画、弈棋、琴玩之事，常以翰林司兼领。待诏、艺学无定员，有书画、琴阮、棋、合香、捏塑等名"，其所引《两朝国史志》，还有翰林院掌天文一项。学士院、翰林院、翰林学士院，即便在唐宋，其名目、其职能，甚至在同一朝的不同时期，也令人眼花缭乱。

尽管"翰林"两字在不同时代承载的内涵不同，某种程度上是个相当繁复的学术问题，但在关联文化这一点上，大抵八九不离十。母校选用"翰林"作为路名，应当是基于这层考虑。而"瀚林"呢，作为词语并不存在。瀚，就字义来说，或指广大，或指洗涤。"翰""瀚"在某些时候诚然可以互通，如"瀚海"可以成为"翰海"，但是"翰林"却不能成为"瀚林"，除非你坚持说，我就是要用这个词，跟历史无关。

2021年5月4日

豹子

5月6日,有群众报警称在杭州转塘山林发现一只疑似豹子的猫科动物。有关方面随后证实,杭州野生动物世界出逃了三只未成年金钱豹。截至5月8日17时,其中两只被捕获;5月9日凌晨,第3只也被无人机发现,但在合围时飞快逃走,暂成漏网之豹。

豹子,是与狮、虎等近缘的大型猫科动物。《清稗类钞》"豹"条云:"豹产亚、非两洲,似虎而小,毛黄褐色,背有黑色圆斑,俗称金钱豹。行走迅速,捕食牛羊鸡豕等物。其皮甚贵。"不过我们至少从电视上见过,豹子身上是布满黑点和斑纹的,不独背部。"其皮甚贵"说得不错,所谓"豹死留皮,人死留名",豹子皮和人的美名等同看待。《诗·唐风·羔裘》云:"羔裘豹祛,自我人居居。岂无他人?维子之故!羔裘豹褎,自我人究究。岂无他人?维子之好。"这里的祛、褎,都是袖口,豹祛、豹褎,即镶着豹皮的袖口,这是古代卿大夫的服饰。

豹子尾巴,从前也是标志性的挂件。它可以是将帅旌旗上的饰物,径悬一条。《晋书·沈充传》载,沈充应王敦之约"率兵临发",告诉老婆孩子:"男儿不竖豹尾,终不还也。"显示了一种决心。可惜的是,王敦是阴谋篡位,沈充错上了贼船。也可以悬于天子属车的最后一辆,名"豹尾车"。《宋书·武帝纪上》载,刘裕在临朐大败南燕慕容超,"获超马、伪辇、玉玺、豹尾等,送于京师",表明缴获了慕容超的座驾。从前还有一种"豹尾枪",为天子侍卫所执,也是用实物豹尾来装饰,到清朝还是这样。《清会典》有具体描述:"豹尾枪,长一丈一尺七寸,刃长一尺五寸,冒以木,黄油绘行龙,鋄镂垂云文,下缀朱氂,垂镮悬豹尾,长三尺三寸。"从前的豹子自然不像现在这么稀有,康熙晚年跟手下吹牛,说自己"自幼至老,凡用鸟枪弓矢获虎一百三十五,熊二十",豹子呢,干了 25 只。

有趣的是,《邵氏闻见后录》云,当时相州有西门豹祠,"神像衣裳之间,微露豹尾。韩魏公见之,笑令断去"。这是因为无知,把战国时的邺令西门豹这个鼎鼎大名的人,当成动物豹子了。豹尾所以地位甚高,用崔豹《古今注》的说法,就是"象君子豹变,尾言谦也"。豹变,用以比喻人的行为有很大变化。以豹尾来悬于帝王属车,大抵是希冀这变化要趋向听得进谏言的那边吧。

豹房,则既有实指,也有别指的一面。先看实指。《万历野获编》"内府诸司"条云,明朝内宫有"二十四衙门,俱在禁地",其中,"鹰房、豹房、百鸟房、御花房、虫蚁房之属,其名目最夥,其役日多,其费日繁,莫可稽核"。沈德符认为:"国计之匮,此第一漏卮也。"又"内府蓄豹"条,可以印证。云"嘉靖十年,兵部覆勇士张昇奏:'西苑豹房畜土豹一只,至役勇士二百四十名,岁廪二千八百石,占地十顷,岁租七百金,其实皆典守内臣侵牟。请量留勇士四十人,余还营差操,仍令该监核其奸利以报。'上从之"。沈德符就此再论道:"内廷鸟兽之畜,所费不赀,举一豹而他物可知矣。"而所费之赀,"皆民膏血也"。

别指,乃正德皇帝在宫禁中建造的淫乐场所,就更加令人发指了。《明史·钱宁传》载,钱宁先是"曲事刘瑾,得幸于帝",后又"赐国姓,为义子"。钱宁在正德身上动的一个脑筋就是:"引乐工臧贤、回回人于永及诸番僧,以秘戏进。请于禁内建豹房、新寺,恣声伎为乐,复诱帝微行。"正德皇帝31岁便崩于豹房,怕正是淫乐过度的结果。

"独有英雄驱虎豹,更无豪杰怕熊罴。"豹子的习性是相当凶猛的,前人以豹为名的各种借喻,当正有这样的前提思路在内。唯其凶猛,从前也视之为害兽。去今四十几年前,单人打死了豹子的,也还被称为英雄。《朝野佥载》云,唐玄宗开元初年,京师中监察御史李嵩、李全交和殿中侍御史王旭,被百姓称为"三豹"。其中,叫李嵩赤鼻豹,李全交白额豹,王旭黑豹,应该是根据他们的肤色吧。而之所以给他们取这样的绰号,是因为三人"皆狼戾不轨,鸩毒无仪,体性狂疏,精神惨刻"。审讯犯人,他们有一套酷刑,"铺棘卧体,削竹签指,方梁压踝,碎瓦搘膝,遣仙人献果、玉女登梯、犊子悬驹、驴儿拔橛、凤凰晒翅、猕猴钻火、上麦索、下阑单",至于"人不聊生,囚皆乞死",以此来"肆情锻炼,证是为非,任意指麾,傅空为实"。所以,时人赌咒发誓,有"若违心负教,横遭三豹"一语。据说,陕西名菜"三皮丝"原称"剥豹皮",就是当年长安厨师针对他们三个泄愤而研制出来的。北宋崔公孺的一个比喻亦发人深省:"豺狼、虎豹、蛇虺,天乃屏置于山林深僻之地者,盖恐为人之害也。今监司、郡守,一失选抡,置在要路,其为民害,得不甚于豺狼、虎豹、蛇虺乎?"

世易时移,今天我们对豹子早已剔除了为害的偏见,相反,它们闲时优哉游哉、战时矫捷出击的样子,还赢得了许多人的喜爱。杭州事件的恶劣之处在于,三只豹子4月19日上午就已经逃逸,杭州野生动物世界因为担心影响"五一"客流而选择了瞒报,真是吃了豹子胆也！如今,包括公司总经理在内的5人以涉嫌危害公共安全犯罪被公安机关采取刑事强制措施,咎由自取。

2021年5月10日

火星·荧惑

5月15日7时18分,随着"天问一号"探测器成功着陆于火星乌托邦平原南部预选着陆区,标志着我国星际探测征程又迈出了重要一步。"天问一号"于去年7月23日发射升空,任务目标是实现火星环绕、着陆和巡视探测。

我们的前人很早就认识火星,叫它荧惑,以其隐现不定、令人迷惑之故。当然,不独认识火星。顾炎武云:"三代以上,人人皆知天文。'七月流火',农夫之辞也。'三星在天',妇人之语也。'月离于毕',戍卒之作也。'龙尾伏晨',儿童之谣也。后世文人学士,有问之而茫然不知者矣。"顾炎武举的都是《诗》中例句,涉及各个阶层,表明时人对天象都能出口成章。顾炎武的时代到现在又有四百年了,"茫然不知"天文者,怕是有增无减。

在前人"三观"里,火星主灾祸,是所谓"罚星"。《鬼谷子》云:"四方上下,左右前后,荧惑之处安在。"陶弘景注曰:"荧惑,天之法星,所居灾眚吉凶尤著。故曰虽有明天子,必察荧惑之所在,故亦须知之。"《史记·天官书》载:"礼失,罚出荧惑,荧惑失行是也。出则有兵,入则兵散。以其舍命国。荧惑为勃乱,残贼、疾、丧、饥、兵。"张守节引《天官占》是这么解释的:"荧惑为执法之星,其行无常,以其舍命国:为残贼,为疾,为丧,为饥,为兵……执法官也。"就是说,火星运行到哪里了,你得时刻关注,必须得当成一回事,因为火星运行导致的不同天象组合,预示着不同的灾难,"荧惑守参,多火灾";"荧惑守井,百川皆满";"荧惑守亢,裴回不去,法有近臣谋乱,发于左右"等。

典籍中这方面的记载比比皆是。如《汉书·天文志》中,汉宣帝地节元年(前69)正月戊午乙夜,"月食荧惑,荧惑在角、亢",即月亮遮蔽了火星,火星运行到角宿、亢宿,占星家指出:"忧在宫中,非贼而盗也。有内乱,谗臣在旁。"又,《后汉书·襄楷传》载,桓帝时宦官专朝,政刑暴滥,襄楷上书曰:"荧惑今当出而潜,必有阴谋。皆由狱多冤结,忠臣被戮。"必须看到,古人的天文知识虽然丰富,但对于某些异乎寻常的天象却不能作出科学解释,乃将天象的变化和地上所配州国的吉凶祸福联系起来,所谓"天则有列宿,地则有州域"。古人所以观天象,所以建立星宿的分野,主要目的正是希望能预占人事,事先谋求应变之道以趋吉避凶。

观测日月及金木水火土五星的运行,前人以恒星为背景,久而久之,选择了黄道赤道附近的二十八个星宿作为"坐标",前面提到的参、井、亢、角,皆在其列。荧惑之"守"在某宿,是说火星运行到某宿。最令统治者感到恐怖的,是荧惑守心,就是火星居于心宿。心宿,在二十八宿中属于东方苍龙七宿:角亢氐房心尾箕。"七月流火"的"火",指的就是心宿。前人还将二十八宿拟人化,各自取了名字,心宿叫心月狐。在《封神演义》中,心月狐是苏元,截教弟子,阵亡于万仙阵中。在《镜花缘》里,心月狐受命下凡,化身女皇武则天"投胎为唐家天子",一度夺取了李氏江山。

荧惑守心,逆臣起。这没什么,关键是可以直接影响天子的命运和统治。《史记·秦始皇本纪》载,始皇"三十六年,荧惑守心",然后"有坠星下东郡,至地为石",百姓在这块陨石上刻了

"始皇帝死而地分"几个字。始皇知道了,"遣御史逐问",追查是什么人干的,查无结果,则"尽取石旁居人诛之,因燔销其石"。但是次年,秦始皇果然死了。《汉书·天文志》载,"(汉)十二年春,荧惑守心。四月,宫车晏驾",这回死的是汉高祖刘邦。

《汉书·天文志》另载,成帝绥和二年(前7)春,也是荧惑守心,虽"三月丙戌,宫车晏驾",但此前,"二月乙丑,丞相翟方进欲塞灾异,自杀"。这又是怎么回事呢?成帝是想找个替身。《史记·宋微子世家》载,宋景公三十七年(前480)荧惑守心,他很害怕。子韦说"可移于相",让丞相替国君承担凶兆,景公说"相,吾之股肱",不能这么干。子韦又说"可移于民""可移于岁",景公都没有同意。子韦曰:"天高听卑。君有君人之言三,荧惑宜有动。"火星果然被景公感动了,没来搞事。成帝大约记起前典,决意"移于相"。《汉书·翟方进传》载,拿翟方进开刀的主意,是部下李寻出的,虽然翟方进待他不薄。还有"善为星"的贲丽推波助澜,说"大臣宜当之"。成帝乃下了决心,指责翟方进当了十年宰相,"灾害并臻,民被饥饿,加以疾疫溺死,关门牡开,失国守备,盗贼党辈。吏民残贼,殴杀良民,断狱岁岁多前"云云。他要翟方进"君其自思,强食慎职",翟方进明白了,即日回家自杀,成帝把接下来的表面文章做足,"亲临吊者数至,礼赐异于它相故事"。不过,现代有人推算发现,绥和二年春并未发生荧惑守心!那么,这该是有人利用虚构的天象来达到相应的政治目的了。当然,荧惑守心与晏驾之间,根本没有必然联系。

如今探测火星,有人类期待与火星生物会面的一面,也有渴望开发出新的生存空间的一面,昔日的识见已完全不可同日而语。

2021年5月16日

水稻

5月22日,中国工程院院士、"共和国勋章"获得者袁隆平在湖南长沙逝世,享年91岁。袁隆平先生生前致力于杂交水稻技术的研究、应用与推广,创建了超级杂交稻技术体系,为全球粮食安全作出了杰出贡献。

水稻我们都不陌生,这种一年生草本植物,子实碾制去壳后即大米。杂交水稻是指选用两个在遗传上有一定差异而优良性状又能互补的水稻品种进行杂交,生产具有杂种优势的第一代杂交种。杂交水稻是新型高产水稻品种,2020年11月2日,袁隆平领衔的杂交水稻双季测产在湖南衡阳进行,达到了亩产1530.76公斤。

与杂交水稻相对应的是常规水稻。常规水稻在我国的历史相当悠久,属于新石器时期的浙江余杭河姆渡遗址中就发现了其遗存,遗址距今已有5000—7000年了。

稻、黍、稷、麦、菽,水稻在从前属五谷之一,是相当重要的粮食作物,文献上也很早就出现了。以《诗》为例。《豳风·七月》是一首农事诗,描写农民一年四季的劳动过程和生产情况,"八月剥枣,十月获稻。为此春酒,以介眉寿"云云。剥,扑的假借字,剥枣犹言打枣。在北方生活过的人都知道,枣子是用竹竿之类从树上打下来的。我们小时候是扔笤帚疙瘩，打到哪算哪，但求能吃到。获稻，就是收割稻子了。枣和稻，都是酿酒的原料。冬天酿酒，春天始成，故称春酒。酒能活血，所以诗人认为有助于长寿。《唐风·鸨羽》反抗的是无休止的徭役制度，"王事靡盬，不能艺稻粱。父母何尝？悠悠苍天！曷其有常"云云。王事，指征役。盬，止息。这是说连回家耕种稻谷高粱的工夫都没有，可怜的父母吃什么啊。《小雅·白华》是一首贵族弃妇诗，"滮池北流，浸彼稻田。啸歌伤怀，念彼硕人"云云。弃妇以池水之泽浸润稻田使之生殖，来喻负心之人滮池之不如也。无论何事，前人都能以稻来言说，可见与他们的生活是如何息息相关。《周礼》中更有种官职径叫"稻人"，职能是"掌稼下地"。孙诒让云："以水泽之地种谷也。谓之稼者，有似嫁女相生。"

　　北朝贾思勰《齐民要术》是我国现存最早的一部完整农书，系统地总结了六世纪以前黄河中下游地区劳动人民农牧业生产经验、食品的加工与贮藏、野生植物的利用以及治荒的方法。关于水稻种植是这么说的，"先放水，十日后，曳陆轴十遍（原注遍数越多越好）。地既熟，净淘种子（原注浮起的不除掉，秋天就长成稗子）"。种子要浸六天，种下三天之内，要"令人驱鸟"。秧苗长到七八寸高时，要薅草，"决去水，曝根令坚"，让太阳把稻根晒硬。识者指出，这是排水烤田的最早记载：土壤经过烤晒使土温增高，加强养分的分解，促使根系下扎和萌发新根，从而控制了茎叶的生长和无效分蘖的发生。然后，"量时水旱而溉之。将熟，又去水"，霜降时收割。明朝邝璠《便民图纂》之"农务之图"更加形象，从浸种开始，耕田、插秧，到收割、舂碓，每一环节一幅绘图，一首竹枝词，细致全面而简明地叙述了水稻从栽培到成为大米的全过程。识者又指出，书中提到的"冬舂"法，以避免稻谷在储藏中发芽所引起的亏折,尤其值得关注。

屈大均《广东新语》"谷"条,讲的是广东的具体情况,水稻的品种、特性、成熟时间等。许是番禺人之故吧,他对"广州之稻"所述尤详。"每十月获终,即起土犁晒,根萎霜凝,则田可以不粪。立春后十日浸种,至小暑前五日尽熟。五月中即有新米,谓之吊犁早,稍迟者曰百日早、曰夏至白。此谷既升,又复插莳"云云。连晚稻产量少于早稻三分之一,然"芒长粒大,炊之多饭,胜早稻。早稻子粒小,炊之少饭不耐饱"等,也都记上一笔。"吹田了"条则介绍了东莞的一则民俗:"麻涌诸乡,以七月十四日为田了节,儿童争吹芦管以庆,谓之吹田了,以是时早稻始获也。"这个有趣的民俗不知今日还见存与否,东莞包括麻涌在内的乡镇工业化早已先行一步,即便还有水田,想也寥寥,皮之不存焉。而"芦管吹田了,中含祝岁辞;初秋几望日,早稼始收时",又该何其有趣?

"稻花香里说丰年,听取蛙声一片。"水稻离不开水。《唐语林》云,代宗广德二年(764)三月,"敕工部侍郎李栖筠、京兆少尹崔汈拆公主水碾硙十所,通白渠支渠,溉公私田,岁收稻二百万斛,京城赖之"。碾硙,是利用水力启动的石磨。从自家来看,无疑是一大经济来源;但从公共角度看,碾硙因为把水截流而"妨民溉田"。以前的官员明知其害,但是拿公主没有办法,"二人不避强御,故用之",也果然没有辜负期望。钱泳《履园丛话》说的是他家乡江苏无锡的情况。云"大江南各府州县皆种稻,而田有高低,大约低田患水,高田患旱。吾乡高田多,低田少,每遇旱年,枝河干涸,则苗立槁"。这个时候,保长就要组织大家"将水车数十百具,移至大河有水处,车进枝河,以灌苗田,谓之踏塘车"。

唐懿宗时,韦宙出任岭南节度使。临行前,皇帝"以番禺珠翠之地,垂贪泉之戒"。韦宙从容应答,自家"江陵庄积谷尚有七千堆,固无所贪"。他说的是实话,因为"善治生",他家里的确"积稻如坻"。到任之后,韦宙也果然践行了诺言。止贪,该是水稻或曰稻谷的别一功能了。

2021年5月23日

杨梅

友人寄来家乡特产杨梅,酸甜可口。东方朔《林邑记》云:"邑有杨梅,其大如杯碗,青时极酸,熟则如蜜。"那么大个的杨梅还真是没见过,寻常吃到的,只是和小时候玩儿的玻璃球差不多,就像《齐民要术》所引言:"(杨梅)其子大如弹子,正赤。"

不知为何,在画史上与沈周、唐寅、仇英合称"明四家",在文学上与祝允明、唐寅、徐祯卿并称"吴中四才子"的文徵明,不吃杨梅。"士人诮之",他作诗以解嘲,"天生我口惯食肉,清缘却欠杨梅福"云云。与文徵明相反,李渔则酷爱杨梅,其《闲情偶寄》有长篇论述。

李渔先为自己的嗜好寻找理论上的依据:"凡人一生,必有偏嗜偏好之一物。"空口无凭,举例为证:"如文王之嗜菖蒲菹,曾晳之嗜羊枣,刘伶之嗜酒,卢仝之嗜茶,权长孺之嗜瓜,皆癖嗜也。"他认为"癖之所在,性命与通,剧病得此,皆称良药",这一点医书是解释不通的,而自己之嗜杨梅,比前人"殆有甚焉,每食必过一斗",够吓人的。某年"疫疠盛行,一门之内,无不呻吟,而惟予独甚",他便问家人杨梅上市没有。家人"未敢遽进",先偷偷去咨询医生,医生断然否定:"其性极热,适与症反。无论多食,即一二枚亦可丧命。"虽然极端,但家人信了,"而恐予固索,遂诡词以应,谓此时未得,越数日或可致之"。但李渔家临街,"卖花售果之声时时达于户内,忽有大声疾呼而过予门者,知其为杨家果也",家人掩饰不住,就告诉他医生说现在吃了有危险,李渔说他懂什么呀,快去买,"及其既得,才一沁齿而满胸之郁结俱开,咽入腹中,则五脏皆和,四体尽适,不知前病为何物矣。家人睹此,知医言不验,亦听其食而不禁,病遂以此得痊"。吃个杨梅,至于那么夸张吗?李渔这是真爱罢了。

杨家果,就是杨梅,李渔还说过李子是"吾家果",字眼一致之谐谑吧。然前者有典。《世说新语》云:"梁国杨氏子,九岁,甚聪惠。"孔坦有天来找他爸爸,"父不在,乃呼儿出,为设果"。水果中因为有杨梅,孔坦便跟小孩子开玩笑:"此是君家果。"不料小孩子应声答曰:"未闻孔雀是夫子家禽。"李渔说:"唐有天下,此(李)树未闻得封。天子未尝私庇,况庶人乎。"开玩笑讲,杨修的话大有此中意味。《启颜录》认为杨氏子是晋朝杨修,东汉也有个杨修,自幼好学博闻,后来服于曹操,一举一动把丞相的心思猜透,令曹操十分忌惮。加上杨修站在曹植一方介入了夺嫡事件,了却了卿卿性命。晋朝杨修长大后如何,可惜史书无载。

《本草纲目》云,杨梅"有红、白、紫三种,红胜于白,紫胜于红,颗大而核细,盐藏、蜜渍、糖收皆佳"。白杨梅还真没见过,往往是红或紫,红得发紫,又当为一色。《栖霞阁野乘》云,有一豪奢之辈"尝于春日市飞金(金粉)数斛,登塔顶散之,随风扬去,满城皆作金色"。这还不够,"又尝从洞庭山买杨梅数百筐,于雨后置桃源涧,遣人践踏之,涧水下泻,其色殷红如血,游人争掬而饮之"。在凡物皆药的李时珍那里,杨梅又能"去痰止呕哕,消食下酒",他还引王明清《挥麈录》的记载,说核仁主治脚气:"童贯苦脚气,或云杨梅仁可治之。郡守王嶷馈五十石,贯用之而愈。"至于杨梅树皮及根,煎水,漱牙痛;服之,解砒毒。

能不能用药都在其次,杨梅确是个好东西。司马相如《上林赋》夸饰天子上林苑中的水产、草木、走兽、台观之胜,其中"樗枣杨梅,樱桃蒲陶",乃"罗乎后宫,列乎北园"的品种。江淹《杨梅颂》堆砌了华丽辞藻,"宝跨荔枝,芳轶木兰。怀蕊挺实,涵黄糅丹。镜日绣壑,炤霞绮峦。为我羽翼,委君玉盘"云云。田汝成《西湖游览志馀》云:"宋时,梵天寺有月廊数百间,庭前多杨梅、卢橘。"苏东坡因有诗云:"梦绕吴山却月廊,杨梅卢橘觉犹香。"东坡应该很喜欢吃杨梅、卢橘,他的另一首更有名的诗也不忘联系二者:"罗浮山下四时春,卢橘杨梅次第新。日啖荔枝三百颗,不辞长作岭南人。"有意思的是,不光东坡,前人每将杨梅与荔枝相提并论。田汝成还说了:"客有言闽广荔枝,无物可对者,或对以西凉葡萄。予以为未若吴越杨梅也。"文震亨《长物志》亦云:"杨梅吴中佳果,与荔枝并擅高名,各不相上下,出光福山中者,最美。彼中人以漆盘盛之,色与漆等,一斤二十枚,真奇味也。生当暑中,不堪涉远,吴中好事家或以轻桡邮置,或买舟就食。"文震亨是文徵明的曾孙,与祖宗对杨梅的态度倒是大相径庭。

《池北偶谈》云:"隋末酸枣邑所进玉李,一夕忽长,清阴数亩。"这天晚上,院中人还听到天空飘来的一句话:"李木当茂。"炀帝想把树给砍了,左右曰:"木德来助之应也,不可伐。"又杨梅、玉李同时结实,炀帝问哪种果子更好,院中人答:"杨梅虽好,不若玉李之甘。"炀帝叹曰:"恶杨好李,岂人情哉!"时民间又有歌谣云:"河南杨花落,河北李花荣,杨花飞去落何处,李花结果自然成。"那么,手下人可能是实话实说,炀帝则对未来似乎生出预感。

杨梅作为一种水果,在隋末一度承载了"物人感应"的使命,算是其身上被涂抹的一层文化色彩了。

2021 年 5 月 29 日

象

云南野生亚洲象群自西双版纳出发一路向北迁徙的新闻备受关注。在被发现的40多天来,这群大象已横跨多县,6月2日晚进入昆明市晋宁区双河乡。野象所到之处,第一件事就是觅食,因此祸害了大片庄稼。最令人迷惑不解的是:它们为什么会不改方向、不断加速地一路北上,究竟要干什么?

提起大象,想来没有人不熟悉。它是陆地上现存的最大哺乳动物。许慎《说文解字》云:"象,长鼻牙,南越大兽,三年一乳,象耳牙四足之形。"许慎是东汉人,大抵他那个时候,大象已是亚热带地方的物产了。再早则不然,如罗振玉所云:"象为南越大兽,此后世事。古代则黄河南北亦有之。'为'字从手牵象,则象为寻常服御之物。今殷墟遗物有镂象牙礼器,又有象齿,甚多。卜用之骨有绝大者,殆亦象骨。又卜辞卜田猎有'获象'之语,知古者中原有象,至殷世尚盛也。"在文献方面,《吕氏春秋》已载:"成王立,殷民反,王命周公践伐之。商人服象,为虐于东夷。周公遂以师逐之,至于江南。乃为《三象》,以嘉其德。"《三象》,周公所作乐名。自黄帝以来,功成作乐是一项传统。王国维就此段文字认为:"此殷代有象之确证矣。"徐中舒先生更根据"豫"字的构成,得出"豫当以产象得名"以及"殷代河南实为产象之区"的结论。

诸如此类,许慎当时若知,想必会得意地再书上一笔。许慎是汝南召陵(今河南漯河)人嘛。《韩非子·解老篇》云:"人希见生象也,而得死象之骨,按其图以想其生也,故诸人之所以意想者皆谓之象也。"韩非是战国末期韩国新郑(今河南郑州)人,这段话或可表明那个时候河南已经看不到大象了。

大象虽然体型巨大,但是性情非常温和,从前的人却用之于作战,生生把大象给教坏了。前面"商人服象,为虐于东夷"云云,一般解释便是这层意思:商朝人驯服了大象,以暴虐东夷,周公则率部将它们驱赶到了江南。还有不少记载直截了当。《旧唐书·南蛮传》载,真腊国"有战象五千头,尤好者饲以饭肉。与邻国战,则象队在前,于背上以木作楼,上有四人,皆持弓箭"。《元史·兀良合台传》载,兀良合台征交阯,"遣使招降"未果而大举进攻,那边不怕,"隔江列象骑、步卒甚盛"。《明史·张辅传》载,永乐四年(1406)张辅征安南,"贼驱象迎战。辅以画狮蒙马冲之,翼以神机火器。象皆反走,贼大溃"。十一年(1413)冬再征,"贼驱象前行。辅戒士卒,一矢落象奴,二矢射象鼻。象奔还,自蹂其众"。《李任传》载,宣德元年(1426)李任从征交阯,守昌江,这回明军没有打赢,对方"大集兵象飞车冲梯,薄城环攻",李任死守九个月,终于,"贼驱象大至,不能支,皆自刭死"。《广阳杂记》云,吴三桂的队伍里也有象军,共"四十五只,曾一用之"。

在我们的传统文化中,象以谐音祥、相之故,实则一直扮演着寓意吉祥如意的角色,所谓"太平有象"。明清时,皇宫中例于三伏日为畜养之象洗浴,不啻盛大节日。《帝京景物略》说的是明朝:"三伏日洗象,锦衣卫官以旗鼓迎象出顺承门,浴响闸。象次第入于河也,则苍山之颓也,额耳昂回,鼻舒纠吸嘘出水面,矫矫有蛟龙之势。象奴挽索据脊,时时出没其鬐。观者两岸各万众。"

《帝京岁时纪胜》说的是清朝："三伏日,仪官具履服,设仪仗鼓吹,导象出宣武门西闸水滨浴之。城下结彩棚,设仪官公廨监浴,都人于两岸观望,环聚如堵。"清代画家丁观鹏《乾隆皇帝洗象图》现藏北京故宫博物院,图中一头大象温顺地站立在树荫之下,玉女、金童、天王、僧侣等一干人等正在为大象洗浴,乾隆皇帝则扮作普贤菩萨模样,端坐凝视。洗象,也正是佛经典故。

象在从前也叫大客或钝公子,想一想也非常形象。大客的说法见于《异苑》,云:"始兴郡阳山县(今广东阳山)有人行田,忽遇一象,以鼻卷之。遥入深山,见一象脚有巨刺,此人牵挽得出,病者即起,相与踯陆,状若欢喜。"拔完刺,前象便把人给送回来了,因为有功,那人提了个要求:"我田稼在此,恒为大客所犯。若念我者,勿复见侵。"但见大象"踯躅如有驯解,于是一家业田绝无其患"。这该是村民的美好期冀了。云南此次出现的野象群就是这样,它们对农作物造成的巨大破坏,主要还不是因为吃了多少,而是踩踏。钝公子的说法见于《清异录》,云:"天成、长兴中,以牛者耕之本,杀禁甚严,有盗屠私贩,不敢显其名,婉称曰格饵,亦犹李甘家号甘子为金轮藏、杨虞卿家号鱼为水花羊、陆象仙家号象为钝公子、李栖筠家号犀为独笋牛、石虎时号虎为黄猛、朱全忠时号钟为大圣铜,俱以避讳故也。"必须看到,"亦犹"后面才是避讳,前面是旨在障眼的违法行为,完全是两回事。

对此次云南野象群谜一样的北行,中国野生动物保护协会教授级高级工程师严旬在连线央视记者提问时说,他倾向认为这是象的首领迷路,行进到一定时候,它会向南,会调转方向。但愿如此。

2021年6月3日

饭局

新近读了薛林荣著作《鲁迅的饭局》,以为视角相当独特。作者以鲁迅流水账式的日记为线索,筛选了自1912年到北京直到1936年在上海去世的24年里,鲁迅所参加的重要饭局。日记尽管只是寥寥几笔,饭局什么时间,在哪,在座谁人,但作者结合史料,从别一角度描述了鲁迅的文人交往、生活概况、创作心理等。

"饭局"一词,接替董卿主持中国诗词大会而走红的央视主持人龙洋拍了个小视频,说起源于宋朝,"局"是下棋术语,后来衍生出局势、圈套的意思;饭和局的组合,是宋代文人对汉语的一大创新云云。不知这些说法是她从百度上看来的,还是百度因为她这一说而生成了词条。饭局,其实就是从前宴会或聚餐的说法。饭局每天、每时、每地都有。对酒囊饭袋来说,吃完了,抹抹嘴大抵就了事了。而纵观历史,不少惊心动魄的事件都是在饭局上发生的。渑池会,因为蔺相如的存在,"秦王竟酒,终不能加胜于赵";还有项羽的鸿门宴、赵匡胤的杯酒释兵权等,数不胜数。

寻常的饭局,自然也有不同的功效。《唐摭言》云,文宗大和二年(828),崔郾授命"于东都(洛阳)试举人,三署公卿皆祖于长乐传舍,冠盖之盛,罕有加也"。在这个豪华饭局上,名士吴武陵向崔郾推荐了杜牧。他说,之前"偶见太学生十数辈,扬眉抵掌,读一卷文书,就而观之",原来是杜牧的《阿房宫赋》;"侍郎官重,必恐未暇披览",于是他当众朗读了一遍,令"郾大奇之"。吴武陵请求把杜牧录为状元,崔郾说已有人选。吴武陵又说那最差也得给个第五,"不尔,即请此赋",把这篇文章还给我。这一年,杜牧果然中的是一甲第五名。杜牧可谓因饭局而见知。

唐朝进士放榜后,饭局名目繁多,到了眼花缭乱的程度。《唐摭言》列举了一下,有大相识、次相识、小相识、闻喜、樱桃、月灯、打球、牡丹、看佛牙、关宴。最重要的是曲江宴、杏林探花宴。举曲江宴而言,起自中宗,玄宗时大盛。德宗时白居易进士及第,也还热闹非凡。"去岁欢游何处去,曲江西岸杏园东。花下忘归因美景,樽前劝酒是春风"云云,时隔一载,香山居士对当初的情形仍然念念不忘。不过,这些饭局渐渐都变了味儿,至于"仆马豪华,宴游崇侈"。所以僖宗乾符二年(875)下诏:"近年以来,浇风大扇,一春所费,万馀贯钱。况在麻衣,从何而出?"并明确了相应的限制措施,人均消费封顶,限制出席人数。

有趣的是,唐朝落第举子也有相应的公私饭局。曲江宴原本就是为他们预备的。《唐摭言》引《国史补》云:"曲江大会比为下第举人,其筵席简率,器皿皆隔山抛之,属比之席地幕天,殆不相远。"饶是简陋,后来也还是为及第进士占去风光,"向之下第举人,不复预矣"。《云仙杂记》云:"进士不第者,亲知供酒肉费,号买春钱。"《北里志》"杨妙儿"条原注云:"京师以宴下第者,谓之'打毷氉'。"毷氉,即烦恼、失意。《国史补》亦云打毷氉,即"不捷而醉饱"。

在美食家那里,饭局既无关荣辱,便每每成为趣事,有时还可以上升到文化。比如宋朝林洪《山家清供》中就有颇多饭局,涉及了当时的一百多种食物,且每在饮食之余谈论相关的诗词曲赋。

如"素蒸鸭"条云,郑馀庆"召亲朋食",当众吩咐家人:"烂煮去毛,勿拗折项。"别把脖子掰断了,亲朋一想这不是鹅就是鸭呀。等了半天,端上来的却是"各蒸葫芦一枚耳"。岳飞孙子岳珂有《书食品付庖者》诗,"动指不须占染鼎,去毛切莫拗蒸壶"云云,令林洪慨叹,其出身功勋显赫的世家,居然也知道蒸葫芦这道菜啊。又,"银丝供"条云,张镃张罗的饭局,"数杯后,命左右作银丝供,且戒之曰:'调和教好,又要有真味。'"客人想,这道菜应该关联切细的肉。也是等了半天,却"出琴一张,请琴师弹《离骚》一曲",大家恍然大悟,银丝原来指的是琴弦。林洪指出,"调和教好"说的是调弦,"要有真味",取的是陶渊明"琴书中有真味"之意。张镃的曾祖是名臣张俊,林洪又有感想了:中兴功勋的后代而能知此"真味",贤人啊。

《山家清供》还有一些条目,则有借饭局对官员作风褒贬的意味在内了。如"玉井饭"条,云章鉴主政时,虽位高权重,但"尤喜延客",不过,食材大多不去市场中购买,"恐旁缘而扰人"。章鉴为政清廉,为人宽厚,士大夫目为"满朝欢",于此细节可窥一斑。而"如荠菜"条中的刘彝就不是这样,参加的饭局"必欲主人设苦荬(即苦菜)"。名将狄青统帅边关时,"边郡难以时置",有一回刘彝看到没有,竟然破口大骂,而狄青"声色不动,仍以先生呼之"。同在饭局中的韩琦据此看出狄青"真将相器",

鲁迅的饭局中,桌上承载的是独特的社交文化,也成就了不少文坛嘉话。如支持叶紫、萧军、萧红成立"奴隶社",与郑振铎合作出版《北平笺谱》《十竹斋笺谱》。尤其是 1932 年 10 月 12 日,"达夫赏饭,闲人打油,偷得半联,凑成一律以请"。这就是含有"横眉冷对千夫指,俯首甘为孺子牛"在内的名篇:《自嘲》。

2021 年 6 月 12 日

正黄旗

一段拍摄于北京某公交车上的视频近日在网上热传：一名60多岁的大妈责骂年轻女乘客没有在第一时间给她让座，"臭外地的，上北京要饭来了，狂什么呀"，"看你这长相，就知道你不是北京人儿"云云。大妈还亮明了自己的身份："我二环以里的户口，是正黄旗人。"视频引起了人们的普遍反感，被大量转发吐槽。《环球时报》总编辑胡锡进在其新浪微博个人账号上评论："身为北京人，老胡真为她臊得慌。"

二环、正黄旗，一今一古，在大妈那里，都是其自诩身份"高贵"的要素。北京的房价高企，早已令国人闻之色变，二环以里属于从前的皇城范围，自然更高不可攀了。这是证明自己所住地段的优越。正黄旗，从前的八旗之一，炫耀的则是血统。不过，清太祖努尔哈赤创建了满洲八旗制度不假，清朝开国皇帝皇太极还建立了蒙古八旗和汉军八旗，旗制与满洲八旗完全相同，因此严格地说，清朝共有二十四旗。《啸亭杂录》云，之所以设立汉军八旗，是因为入关前归附汉人较多，乃"拔其少壮者为兵"；又"入关后，明降将踵至"。听大妈那种口气，靠拢的该是满洲八旗吧。苟如是，北京公交警方通报称她的名字叫闻某珍，不知她还是否知道祖先在旗时中该姓什么。比如正红旗的和珅，并不姓和，属于钮钴禄氏,全名该叫钮钴禄·和珅。又比如大妈她们正黄旗的琦善,也并不姓琦,属于博尔济吉特氏,全名该叫博尔济吉特·琦善。正黄旗中还有个响当当的人物纳兰性德,善骑射,好读书,有《饮水词》传世,他们家属于叶赫那拉氏。

顺着"正黄旗大妈"的口气,倒不妨看看满洲八旗制度以及正黄旗。

八旗制度是满族的社会组织形式。明朝万历二十九年(1601),清朝尚未建立,满族政权还是后金的时候,努尔哈赤在牛录制的基础上创建了四旗,旗皆纯色,即正黄、正白、正红、正蓝。万历四十三年(1615),增建镶黄、镶白、镶红、镶蓝四旗,共为八旗,其中黄、白、蓝均镶以红,红则镶以白。旗之构成是这样的:每300人为一牛录,设一牛录(即佐领)额真(即主);每五牛录,设一甲喇(即参领)额真;每五甲喇,设一固山(即旗)额真。《啸亭杂录》云,创建八旗的目的,在于"建旗辨色,用饬戎行"。实际上,旗这种社会组织具有军事、行政和生产等多方面职能。清军入关前,八旗兵丁平时从事生产劳动,战时荷戈从征,军械粮草自备。入关后,八旗兵转成职业兵。清朝定都北京,绝大部分八旗兵丁便戍守北京附近。

八旗之间的地位并不是平行的,而有相应的等级。孟森先生说:"其初八旗本无别,皆以固山奉职于国,包衣奉职于家。"后来就不同了。如《安乐康平室随笔》云,八旗"旗籍亦分次序",就是排名有先后。其中,镶黄、正黄、正白为上三旗,正红、镶白、镶红、正蓝、镶蓝为下五旗,"凡功臣贵戚,多有由下五旗抬入上三旗者"。上三旗的地位比下五旗要高,但下五旗的可以"抬入"上三旗即抬旗,这当然需要满足一定条件。《养吉斋丛录》云:"至于建立功勋,或上承恩眷,则有由内务府旗下抬入满洲八旗者,有由满洲下五旗抬入上三旗者,谓之抬旗。然惟本支子孙方准抬,其胞兄弟仍隶原旗。"还有,就是皇太后、皇后娘家"在下五旗者,皆抬旗"。

上三旗的地位,于《清史稿·兵志》中可窥一斑。如"禁卫兵大类有二:曰郎卫,曰兵卫。郎卫之制,领侍卫内大臣六人,镶黄、正黄、正白旗各二人。"又,"初,镶黄、正黄、正白三旗,天子自将,选其子弟曰侍卫,凡值殿廷,以领侍卫内大臣统之。"又,"兵卫之制,定鼎初,即以上三旗守卫紫禁宫阙"。再用孟森先生的说法:"上三旗体制高贵,奉天子之家事,即谓之内廷差使,是为内务府衙门"。那么,大妈自诩正黄旗,不管是真的还是误打误撞,史上确有骄傲的资本。

八旗制度伴随着清王朝的灭亡而走进了历史。实际上,八旗子弟早因坐享其成而逐渐腐化,沦为百无一能的贵胄子弟的代名词。大妈作为八旗"后人",再以之作为居高临下的资本,便有些自取其辱。在这一点上,她很像鲁迅先生笔下的阿Q。阿Q"和别人口角的时候,间或瞪着眼睛道:'我们先前——比你阔的多啦!你算是什么东西!'"但我们都看到了,尽管祖上可能阔过,阿Q却终究只是阿Q,只具有"精神上的胜利法"这样一种法宝。清朝金埴《不下带编》里另有一事:"近有一宦家子,每自矜其门第才华,见有细族单门崛起艺苑者,语辄轻之。"金埴劝那人:"如某某者,吾侪当更奖重,而君反轻之,何耶?"你看人家,"生于寒陋,绝罕见闻,而能奋自奋振,卓然拔萃,亦不知几经磨炼,几经苦屈",要敬重才是啊。金埴并一针见血地指出:"今吾侪若矜门第,则恃枯骨耳。"骄傲门第,无异"恃枯骨",一针见血。

6月8日晚,北京公交警方通报称,经工作查明,63岁的"正黄旗大妈"在乘坐856路公交车期间,多次使用歧视性语言谩骂他人,造成不良社会影响,目前已被警方依法行政拘留。这就是说,一旦违反《中华人民共和国治安管理处罚法》,祖上不论是什么旗,也都照应不了了。

2021 年 6 月 19 日

计量单位

前一段,演员郑爽的前经纪人张恒(又是其前男友及前夫)通过微博发布长文并配上视频,直接@国家税务总局,曝光郑爽拍摄某部影视剧时长仅77天,片酬却高达1.6亿元,踩到"限薪令"红线的同时,还涉嫌伪造"阴阳合同"和偷税漏税。就是说,表面的"阳合同"显示其片酬为4800万元,而另外1.12亿元则以增资的方式进入"上海晶焰沙科技有限公司",郑爽之母正为该公司实际出资人即隐身股东,持有100%的股权。

消息既出,几乎在各个社交网络上,"日薪208万"都冲上了热搜。"爽"也随之被网友调侃成为新的货币计量单位:77天收入1.6亿元,平均日薪就是208万元,年营收则为6.4亿元,那么,6.4亿元干脆等于"一爽"。按照这个"计量单位",网友乐此不疲地重新"计算"了互联网大户的年收入:阿里为220爽,腾讯为191爽,京东为77爽……显而易见的是,"×爽"充其量只是热闹一时,像网络那些昙花一现的用语一样。不要说网络时代似乎穷极无聊才催生的这种所谓计量单位,就是不少正宗的,因为时过境迁,不也是被人们差不多忘得一干二净了吗?

比如说"镒",重量计量单位。但别说今天,就是从前,究竟是表示二十两还是二十四两,古人也已经弄不清了。对《墨子·号令》之"又赏之黄金人二镒",清朝孙诒让认为:"镒,二十四两也。"《国语·晋语二》载,晋国公子夷吾为了当上国君,甘愿割地于秦国不说,还甘愿为秦执鞭牵马,跟随在秦君的车尘之后。他私下给秦公子挚奉送"黄金四十镒,白玉之珩六双",申明"不敢当公子,请纳之左右",不敢用来报答公子,赏给随从们吧。三国韦昭说:"二十两为镒。"顺便提及,公子夷吾果然如愿以偿,就是晋惠公,不过他在位期间,晋国在大国争霸中无所作为,到了他哥哥重耳即文公时代,晋国才成为春秋五霸之一。

比如说"算",汉代对成年人征收人头税的计量单位。汉高祖四年(前203)"初为算赋",颜师古注引如淳曰:"《汉仪注》:民年十五以上至五十六出赋钱,人百二十为一算,为治库兵车马。"汉惠帝六年(前189)为奖励生育,提倡女子早婚,规定"女子年十五以上至三十不嫁,五算"。这个年龄段不嫁人的要交六百钱,该是罚金吧。《汉书·晁错传》载,晁错上疏主张用"拜爵之赏""以富家室"来激励将士作战,因为"秦之发卒也,有万死之害,而亡铢两之报,死事之后不得一算之复",人命太不值钱了不行。《汉书·贡禹传》载,贡禹在御史大夫位上时"数言得失,书数十上",其中有"年二十乃算",就是从二十岁才开始征算赋的建议。

比如说"斛",容量计量单位。关联于此而最出名的,当推唐朝元载所贪的"胡椒八百斛"。《庙堂忠告》云:"唐元载为相,惟利是嗜。及其败也,籍没其家胡椒八百斛。其名之秽,常若蒙不洁而播臭无穷者。"一斛等于十斗,一斗等于十升。八百斛该是怎样的天文数字?而胡椒只是一种调味品罢了。因而元载之贪,史上诸多小伙伴都惊呆了,留下了大量感慨诗句。如黄庭坚"何处胡椒八百斛,谁家金钗十二行",钱大昕"焉用胡椒八百,可怜钟乳三千"云云。

再比如说"稻",应当是长度计量单位。《老学庵笔记》云:"王荆公所赐玉带,阔十四稻,号玉抱肚。"这是宋真宗时西夏进贡来的。《铁围山丛谈》云,宋太宗亲自督造了30条金带,靖康时蔡絛终于见识到:"往时诸带方铐不大,此带乃独大至十二稻。是在往时为穷极巨宝,不觉为之再拜太息。"但具体一稻等于多长,已经不知其然了。

在前人留下的文字中,也常见计量单位,后人习以为常乃至"视而不见"就是。如王之涣《凉州词》有"黄河远上白云间,一片孤城万仞山"句,万仞山,形容山之高,极高。然仞,亦长度计量单位。陶方琦《说文仞字八尺考》云,周制一仞为八尺,汉制为七尺,东汉末则为五尺。那么,《论语·子张》之"夫子之墙数仞",《三国志·魏书三》裴松之引《搜神记》言开石"周围七寻,中高一仞",较真高度的话,就要寻找各自时代的标准了。顺便言及,这个"寻"也是长度计量单位,八尺为一寻。

又如杜牧《阿房宫赋》有"奈何取之尽锱铢,用之如泥沙"句,锱、铢,都是很小的重量计量单位:一锱为四分之一两,故六铢为一锱。所以锱铢必较,才会用来形容一个人非常小气。但一锱一铢究竟是多少,前人同样众说纷纭。《孙子算经》云:"称之所起,起于黍。十黍为一累,十累为一铢。二十四铢为一两,十六两为一斤。"而《说苑·辨物》云"十六黍为一豆,六豆为一铢",这么一算,一铢又是重九十六黍而不是一百。

此外,已经退出历史舞台的重量计量单位,还有孚(锊)、钧、鼓、钟等;长度计量单位,还有扶、咫、常、索等;容量计量单位,还有斗、石等。篇幅所限,恕不一一爬梳。

将"爽"调侃为计量单位,纯粹是聊博一笑,过不了多久,因为某个事情的刺激,可能有人才会忽然记起,像《孔乙己》中咸亨酒店的掌柜那样："爽还是个计量单位呢。"不过,常住人口接近70万的陕西省渭南市大荔县,2020年前三个季度财政收入为1.6亿元,才等同于郑爽77天的进项。这可就令人笑不起来了。

2021年6月26日

小康

7月1日,我国正式宣布全面建成了小康社会,历史性地解决了中华大地上的绝对贫困问题。"小康"这一词语,国人早已耳熟能详,其原初大抵有"稍安"的意味。《诗·大雅·民劳》"民亦劳止,汔可小康"云云,可能是"小康"最早亮相之处。该诗反映的是周厉王在位时"赋敛重数,徭役繁多"的一个侧面。汔,今省作乞,乞求;康,安居。于省吾先生释《诗》意曰:"求可以小安,非有希于郅治之隆也,其意婉而讽矣。"周振甫先生的翻译更直白:"人民也够劳苦了,求得可以稍稍安康。"

在《礼记·礼运》中,"小康"社会与"大同"社会相对应。这样论述的:"大道之行也,天下为公。选贤与能,讲信修睦。故人不独亲其亲,不独子其子,使老有所终,壮有所用,幼有所长,矜、寡、孤、独、废、疾者,皆有所养……是谓大同。"如今情况变了,"大道既隐,天下为家,各亲其亲,各子其子,货力为己……故谋用是作,而兵由此起"。虽然这样,禹、汤、文王、武王、成王、周公这六位上古三代时的英杰,以礼治之,还是使天下复安。他们"以著其义,以考其信,著有过,刑仁讲让,示民有常……是谓小康"。通过这样一比较不难发现,"大同"社会是古人思想中的理想社会,"小康"社会略逊之,虽低于"大同"理想但同归于治。我们在浏览典籍时会看到,诸多"小康"指的正是政教清明、人民富裕安乐的社会局面。

王夫之《读通鉴论》评点宋武帝刘裕时说道:"宋得天下与晋奚若?曰:视晋为愈矣,未见其劣也。"况且,"魏、晋皆不义而得者也,不义而得之,不义者又起而夺之,情相若、理相报也。"不过,王夫之话锋一转,借《诗》中之语又说,"曹氏有国,虽非一统天下,而亦汔可小康矣",人民还是安居的。对梁武帝萧衍,王夫之评价亦颇高:"梁氏享国五十年,天下且小康焉。"这里"小康"社会的体现是"旧习袯除已尽,而贤不肖皆得自如其志意,不相谋也,不相涸也"。他还打了个比方:"就无道之世而言之,亦霾雨之旬,乍为开霁,虽不保于崇朝之后,而草木亦蓁蓁以向荣矣。"

顾炎武《日知录》亦有若干则关联其所推崇的"小康"社会。如他评价三国时的蜀汉:"诸葛孔明开诚心,布公道,而上下之交,人无间言,以蕞尔之蜀,犹得小康。"评价明朝,"自万历以上,法令繁而辅之以教化,故其治犹为小康。万历以后,法令存则教化亡,于是机变日增,而材能日减"。又,引《金史·宗雄传》载:"自熙宗时,遣使廉问吏治得失。世宗即位,凡数岁辄一遣黜陟之,故大定之间,郡县吏皆奉法,百姓滋殖,号为小康。"又,引《北梦琐言》云,后唐明宗李嗣源尤恶墨吏,或贬之,或流之,或"以赃秽赐自尽",即便是有背景、有来头的,一旦"犯赃",谁说情都没有用,照"戮之"。因此,李嗣源这个时期"在五代中号为小康之世"。

叶梦珠《阅世编》云:"予幼所闻:有司或有尽情之嘱,而无暮夜之金;缙绅或有竿牍之私,而无通贿之事。至于上台振肃庶僚,力持风纪,尤非私意所敢干也。郡县衙役,有假势作威者,抚、按风闻,官长以不职论矣。直省属员,有任情自私者,科道露章,抚、按以纵奸劾矣。"这样的社会,"吏安其职,民乐其业,刁讼不兴,苛政不作,虽非至理,庶几小康焉"。

王夫之、顾炎武、叶梦珠皆生活于明清之际,可见那个时候,"小康"的含义中,主要还是社会治理。当然,家境殷实,能够安然度日,作为"小康"的内涵同样出现很早。

　　梁恭辰《北东园笔录》中有颇多小康之家,其中《初编》言及乾隆末年,"吾乡某孝廉留京过夏。孝廉家本小康,以年少登科,鲜衣美食,宴游吟啸,习以为常"。纪晓岚《阅微草堂笔记》也是,其中"有农夫于某,家小康",被贼惦记上了。"一夕,于外出。劫盗数人从屋檐跃下,挥巨斧破扉,声丁丁然。家惟妇女弱小,伏枕战栗,听所为而已",吓坏了。但是他家的两头牛立了功,"怒吼跃入,奋角与盗斗。梃刃交下,斗愈力。盗竟受伤,狼狈去"。

　　至于家境何以小康,典籍中可谓五花八门。洪迈《夷坚志》"五郎君"条云,"贫悴落魄"的刘庠,因为漂亮老婆与五郎君私通而家里"金帛钱财盈室"。刘庠得知真相后,"意虽愤愤,然久困于穷,冀以小康,亦不之责"。又"吴民放鳝"条云,吴民甲因为放生黄鳝而得到好报,梦到人家告诉他去哪里哪里;去到之后意外发现那里有"旧开元通宝钱二万",于是他"欣然拜受,负以还,用为本业,家遂小康"。《聊斋志异》中也有一则回报,比这个靠谱得多,事见《丁前溪》。《啸亭杂录》云,吕圣功善卜筮,"尝设庵于阜成门大街四十余年,每多奇中,家赖以小康"。而《椒生随笔》所云"道光间,苏州山塘有老夫妇削柳木为剔牙签,以此致小康",才是典型的劳动致富,性质大别于前面的"歪门邪道"。

　　"小康社会"是 20 世纪 70 年代末 80 年代初,我国在规划中国经济社会发展蓝图时提出的战略构想。中共十八大更明确提出"全面建成小康社会"。小康社会跻身为国家发展目标,极大地丰富了原有的内涵与外延。

2021 年 7 月 3 日

刺绣

路过广州市新滘中路的"海珠同创汇",看到偌大海报上有个"纹·艺复兴——中式传统纹样刺绣展",且声称"探寻纹样刺绣背后的故事",赶快去参观了一下。然而,却只是"面料图书馆"过道上悬挂了十几幅纹样龙、凤、大象一类的绣品,印刷标签上简单、专业地注明了绣法而已,并没有什么"故事"得到呈现。

刺绣,是一种传统美术工艺,就是以针引彩线在布帛上刺成或曰绣成花、鸟等图案。刺绣在我国的历史相当悠久,1958年,长沙楚墓中便出土了两千多年前的龙凤图案刺绣品。《诗·唐风·扬之水》有"扬之水,白石凿凿。素衣朱襮,从子于沃"句,这个"襮",是绣有黼文的衣领。黼文衣,即绣有斧形文的衣,用白布衣罩上,但朱领仍然露出。这是诸侯之服。《史记·货殖列传》载:"夫用贫求富,农不如工,工不如商,刺绣文不如倚市门。"意谓若致富,则务农不如做工,做工不如经商,搞刺绣不如卖刺绣,表明刺绣已作为产业出现。我们一向认为封建社会的人们只知道土里刨食,是典型的小农意识,这里对农业、手工业、商业创造经济效益的次序等级,实际上认识得清清楚楚。

刺绣工艺从很早开始也达到了很高的水平,甚至令人叫绝。王嘉《拾遗记》有个故事,说的是三国时候。孙权有个赵夫人是丞相赵达的妹妹,"善画,巧妙无双,能于指间以彩丝织云霞龙蛇之锦,大则盈尺,小则方寸,宫中谓之'机绝'"。这还不算什么,"孙权常叹魏、蜀未夷,军旅之隙,思得善画者使图山川地势军阵之像",赵夫人说:"丹青之色,甚易歇灭,不可久宝;妾能刺绣,作列国方帛之上,写以五岳河海城邑行阵之形。"于是她就刺绣了一幅地图,"时人谓之'针绝'"。《三国志·吴书》有赵达传,云"孙权行师征伐,每令达有所推步,皆如其言。权问其法,达终不语,由此见薄,禄位不至"。赵达具有未卜先知的本领,但对谁都不肯泄露天机,对孙权也是一样,令其知其然而不知其所以然,所以孙权并不待见他,他也没当过丞相。而孙权的众多"夫人"中,姓徐的、姓步的、姓潘的、姓袁的、姓王的都有,并没有姓赵的,但这故事无论是否杜撰,在王嘉落笔时刺绣技艺所达到的程度已可窥一斑。苏鹗《杜阳杂编》云,唐顺宗时南海14岁女子卢眉娘,"能于一尺绢上绣《法华经》七卷,字之大小不逾粟粒,而点画分明,细于毛发。其品题章句,无有遗阙"。

不过,东汉王充对刺绣工艺似乎觉得没有什么,其《论衡·程材》云:"齐部世刺绣,恒女无不能;襄邑俗织锦,钝妇无不巧。目见之,日为之,手狎也。"山东世世代代搞刺绣,普通妇女没有不能的,河南那里的织锦也是,天天看,天天做,就熟手了。欧阳修《卖油翁》文未知是否受此启发,卖油翁见陈尧咨射箭百发百中,只是微微点头认可,陈尧咨发问,他不是说了句"无他,但手熟尔"吗?但如赵夫人、卢眉娘等出类拔萃的刺绣技艺,恐怕仅仅以"手熟"是不能一言以蔽之的。

从前穿着有刺绣纹样的衣服的人,不仅标识着相应的地位,而且可能代表一种权力。汉武帝时,"绣衣直指"已成官名。盖武帝天汉年间,民间起事者众,地方官员督捕不力,因派直指使者衣绣衣,持斧仗节,兴兵镇压,刺史郡守以下督捕不力者皆伏诛。这种特派官员便称为"绣衣直指"。绣衣,彩色的丝绸衣服,服者地位尊贵;直指,谓处事无私。由绣衣直指衍生出绣衣使者、绣衣执法、绣衣御史等,意思相当。

明清时的官服叫补服,因为前胸及后背各缀有一块"补子",上面以金线或彩线绣成鸟兽图案,跟军衔标志差不多,一望而知这人的品级高下。绣飞禽的代表文官,绣猛兽的代表武官,这是文武之分。具体是何种飞禽、何种猛兽,则是品级之分。如补子是"仙鹤",那是文官一品大员;"锦鸡",二品;"孔雀",三品。武官呢,一品是"麒麟"、二品是"狮子",三品是"豹"、四品是"虎"……不过,《万历野获编》云:"今武弁所衣绣胸,不循钦定品级,概服狮子;自锦衣至指挥佥事而上,则无不服麒麟者。"如条目所云,属于"武弁僭服"。沈德符考证景泰四年(1452)就是这个样子了,"至于狮子补,又不特卑秩武人,今健儿荷刀戟者,无不以为常服。偶犯令辄和衣受缚,宛转于鞭挞之下,少顷,即供役如故。孰知一二品采章,辱亵至此"。

必须看到,前人在借事言事时,刺绣每每躺枪。如《三国志·吴书·华覈传》载,"今事多而役繁,民贫而俗奢,百工作无用之器,妇人为绮靡之饰,不勤麻枲,并绣文黼黻,转相仿效,耻独无有。"如《鹤林玉露》云:"巧女之刺绣,虽精妙绚烂,才可人目,初无补于实用,后世之文似之。"《冷庐杂识》云,"古者妇功在于麻枲、丝茧、织纴组紃,其成也,质实坚重而可以为久。后世乃以刺绣为工,轻而易败,朝为被服之华,夕同土苴之弃,耗力费财,甚无谓也",又云"今俗尚侈靡,妇女履底或有绣文……又若绣衫、绣扇充溢吴市,敝化奢丽,视若寻常",将刺绣视为习俗之弊。

时至今日,中国刺绣以四大名绣为代表,即湘绣、蜀绣、粤绣、苏绣,粤绣中又分广绣和潮绣。刺绣背后的确有无数故事,要看你怎样发掘,发掘到了什么。

2021年7月11日

自首

7月9日,中央纪委国家监委网站发布消息:北京师范大学原党委书记刘川生涉嫌严重违纪违法,主动投案,目前正在接受中央纪委、国家监委纪律审查和监察调查。主动投案,即通过自首来陈说罪行。

"自首"一词自东汉中期开始出现,行其实者此前叫"自告""自出"或者"自诣"。以自告为例。《史记·淮南衡山列传》载,汉武帝元朔六年(前123),衡山王刘赐家族内乱,刘赐先"使人上书请废太子爽,立孝为太子",请武帝废掉自己的长子而立次子。刘爽知道后,"即使所善白嬴之长安上书,言孝作辒车镞矢,与王御者奸",先告弟弟一状。白嬴刚到长安,"未及上书",便因淮南王刘安谋反案被抓。刘赐听说老大派白嬴上书,"恐言国阴事,即上书反告太子爽所为不道弃市罪事"。老二呢,因为一个叫陈喜的参与过刘安谋反,是在他家被抓的,"闻律先自告除其罪,又疑太子使白嬴上书发其事,即先自告",以自首的方式把自己撇清楚。这一招奏效了一半,他父亲刘赐自己抹了脖子,哥哥刘爽"坐王告不孝"而弃市,他自己虽因"先自告反,除其罪",却因"坐与王御婢奸,弃市"。不过,这或是武帝除掉衡山国的一个理由吧。但自首的功能,亦可窥一斑了。

《东观汉记·苗光传》也有一则自告。安帝崩,以孙程为首的十九侯谋立顺帝。孙程诈谓马国:"天子与我枣脯,与若枣者,早成之。"又把枣脯分给了苗光:"以为信,今暮其当着矣。"但当政变爆发时,苗光却没有像孙程他们一样,冲进章台门诛杀控制尚书台的宦官,事后论功行赏,王康还是把他写了进去。苗光说"缓急有问者当相证也",很有些厚颜无耻。而"诏书封光东阿侯,食邑四千户,未受符策",苗光坐不住了,"诣黄门令自告",交代了实情,"有司奏康、光欺诈主上"。毕竟苗光事先知情而没有坏事吧,顺帝虽"诏书勿问",但降了其待遇,"邑千户"。

尽管东汉时出现了"自首","自告"也没有退出历史舞台。《周书·柳庆传》载,柳庆"守正明察",不畏权贵。广陵王元欣有个外甥孟氏,霸道蛮横,有人告他偷牛,柳庆"捕推得实,趣令就禁"。那小子不仅不在乎,还向柳庆挑衅:"今若加以桎梏,后复何以脱之?"元欣也来给他说情,但柳庆"大集僚吏,盛言孟氏依倚权戚,侵虐之状。言毕,便令答杀之。此后贵戚敛手,不敢侵暴"。柳庆断案,同时也显示智慧的一面。"有胡家被劫,郡县按察,莫知贼所,邻近被囚系者甚多"。柳庆想了一招,假装以劫匪的口气写纸悔过书贴在官门上:"我等共劫胡家,徒侣混杂,终恐泄露。今欲首,惧不免诛。若听先首免罪,便欲来告。"然后顺势再贴一个"免罪之榜"。过两天,果然"广陵王欣家奴面缚自告榜下",就这样"尽获党与"。

从前的自首,见于刑事案件的居多,尤其报复杀父之仇的,沾了孝道的光,往往得免。如《后汉书·郅恽传》载,郅恽就是为朋友出头。他"耻以军功取位,遂辞归乡里",虽然自己志在从政。"友人董子张者,父先为乡人所害。及子张病,将终",郅恽去看他,他不肯咽气,"视恽,歔欷不能言"。郅恽知道他不是遗憾天不假年,而是父仇未报,"即起,将客遮仇人,取其头以示子张,子张见而气绝"。帮朋友报了仇,郅恽"因而诣县,以状自首"。该书《列女传》另载,酒泉庞淯的母亲赵娥,"父为同县人所杀,而娥兄弟三人,时俱病物故",赵娥乃接替了使命,"潜备刀兵,常帷车以候仇家",等了十几年,终于得手,"因诣县自首,曰:'父仇已报,请就刑戮。'"自然是"遇赦得免"。南朝梁武帝大赦天下,其中还有一种是"所讨逋叛,巧籍隐年,暗丁匿口,开恩百日,各令自首,不问往罪"。逋叛,叛逃的人。

　　自首也适用于官员自身。如《新五代史·梁臣传·寇彦卿》载,寇彦卿早晨上朝,行至天津桥,有个叫梁现的百姓因为没有避道或避道不济,竟被开路的手下抓住,"投桥上石栏以死"。寇彦卿赶快"见太祖自首",朱温想保护他,"诏彦卿以钱偿现家以赎罪",赔钱了事。但御史司宪崔沂不答应,"劾奏彦卿,请论如法"。朱温没办法,只得将寇彦卿降级、左迁。《唐律疏议》所云"诸公事失错,自觉举者,原其罪",就是官员的职务行为出问题了。但需要厘清的是,公事失错,是说"缘公事致罪而无私曲者",跟职务犯罪还不是一回事。并且,自觉举和自首也有区别,"事未发露而自觉举者,所错之罪得免",自首则属于"知人将告"的被动坦白行为,刘川生的行为正庶几近之。

　　有媒体统计,刘川生是今年落马的第 14 只"老虎",是继青海省检察院原检察长蒙永山之后,第二只自首的"老虎"。《书·太甲中》云:"天作孽,犹可违;自作孽,不可逭。"这句话本是商朝国君太甲用来痛悔过失,引咎自责。《孟子·公孙丑上》引用之,易"逭"为"活",意思全变,与"咎由自取""罪有应得"同义,刘川生等又庶几近之了。

2021 年 7 月 17 日

字舞

因为新冠肺炎疫情而推迟一年举办的东京奥运会,终于在7月23日晚间拉开了帷幕。疫情还没有退去,开幕式现场的观众席上空空如也,气氛差了不少。与此同时,我们不少人对开幕式的演出也吐槽不已。从吐槽的内容来分析,显然有极大的文化隔阂的成分。我说的文化,是文化人类学的文化。在我们的文化里,在这种场合,由人海组成的大型团体操是少不了的,表演者按照事先编排表演各种体操或舞蹈动作,或进行队列变化,尤其奇特的,是用队形来组成各种图案或文字。

以组字这种超高难度的团体操来说,至少从唐代开始已有这种做法,那时叫字舞。段安节《乐府杂录》"舞工"条云:"舞者,乐之容也。有大垂手、小垂手,或如惊鸿,或如飞燕。"这是说舞姿的曼妙。"古之能者,不可胜记。即有健舞、软舞、字舞、花舞、马舞。"这是说舞蹈的种类。其中的"字舞",即"以舞人亚身于地,布成字也"。亚地,俯于地或倒于地的意思。顾文荐《负暄杂录》"傀儡子"条亦云:"字舞者,以身亚地布成字也。"就是说,今天团体操组成的字是由人头组成,昔日则是由身体组成。

从前的字舞都组些什么字呢?典籍中多有描述。《旧唐书·音乐志》载,武则天作《圣寿乐》,组了16个字:圣超千古,道泰百王,皇帝万年,宝祚弥昌。具体而言,"舞者百四十人。金铜冠,五色画衣。舞之行列必成字,十六变而毕"。就是说,这140个舞人每变换一次队形,就组成一个字,变换16次后组成了这16个字。那时如圣、道、万诸字还未有简体,笔划如此之多而由舞者来组成,真是难以想象。《圣寿乐》在演出之时,"雷大鼓,杂以龟兹之乐,声振百里,动荡山谷"。这一幕似曾相识,北京奥运会开幕式上的安塞腰鼓庶几近之吧。

到了"善音乐"的唐玄宗时代,字舞更得到了光大,尤其是玄宗对《圣寿乐》进行改编之后,增添了"回身换衣,作字如画"的情节。崔令钦《教坊记》具体谈到了什么是"回身换衣"。云"开元十一年初,制《圣寿乐》,令诸女衣五方色衣以歌舞之",排练时,玄宗亲自到场指导,还"亲加策励曰:'好好做,莫辱没三郎'",玄宗是睿宗李旦的第三个儿子。服装设计上先有名堂,"《圣寿乐》,舞衣襟皆各绣一大窠,皆随其衣本色。制纯缦衫,下才及带,若短汗衫者以笼之,所以藏绣窠也"。表演时,"舞人初出,乐次,皆是缦衣。舞至第二叠,相聚场中,即于众中从领上抽去笼衫,各内怀中",这时,"观者忽见众女咸文绣炳焕",就难免"莫不惊异"了。这种表演在北京奥运会开幕式上同样得到呈现。

唐朝字舞的普及程度,影响到了南疆小国。《新唐书·南蛮传下》载,唐德宗时,骠国国王雍羌闻南诏归唐,也有了内附之心,南诏国王异牟寻乃"遣使杨加明诣剑南西川节度使韦皋请献夷中歌曲,且令骠国进乐人"。于是韦皋作了一套《南诏奉圣乐》,在寓意方面,又是"象西南顺",又是"象戎夷革心"。在场景方面,则以"工六十四人,赞引二人"舞出"南诏奉圣乐"五个字。具体而言,"舞人十六,执羽翟,以四为列。舞'南'字,歌《圣主无为化》;舞'诏'字,歌《南诏朝天乐》;舞'奉'字,歌《海宇修文化》;舞

'圣'字,歌《雨露覃无外》;舞'乐'字,歌《辟土丁零塞》。皆一章三叠而成"。接下来这些文字,多数地方只有专业人士才看得懂了。"次奏拍序一叠,舞者分左右蹈舞,每四拍,揖羽稽首,拍终,舞者拜,复奏一叠,蹈舞抃揖,以合'南'字。字成遍终,舞者北面跪歌,导以丝竹。歌已,俯伏,钲作,复揖舞。余字皆如之,唯'圣'字词末皆恭揖,以明奉圣。每一字,曲三叠,名为五成。次急奏一叠,四十八人分行磬折,象将臣御边也"。

在宋朝和清朝的笔记中,也能见到字舞。宋朝如周密《齐东野语》云:"州郡遇圣节锡宴,率命猥妓数十群舞于庭,作'天下太平'字,殊为不经。"猥妓、不经,表明至少周密看不惯这些。

清朝如赵翼《簷曝杂记》云:"上元夕,西厂舞灯、放烟火最盛。清晨先于圆明园宫门列烟火数十架,药线徐引燃,成界画栏杆五色。每架将完,中复烧出宝塔楼阁之类,并有笼鸽及喜鹊数十在盒中乘火飞出者。"然后有八旗马戏表演,"或一足立鞍凳而驰者;或两足立马背而驰者;或扳马鞍步行而并马驰者;或两人对面驰来,各在马上腾身互换者;或甲腾出,乙在马上戴甲于首而驰者,曲尽马上之奇"。傍晚时,"则楼前舞灯者三千人列队焉,口唱《太平歌》,各执彩灯,循环进止,各依其缀兆",字舞出现了。舞灯者"一转旋则三千人排成一'太'字,再转成'平'字,以次作'万''岁'字,又以次合成'太平万岁'字,所谓'太平万岁字当中'也"。末句出自唐朝王建:"罗衫叶叶绣重重,金凤银鹅各一丛。每遇舞头分两向,太平万岁字当中。"

历史地看,字舞这一传统文化,直到今天都得到了很好的传承。

2021年7月25日

暴雨

郑州"7·20"特大暴雨灾害所造成的重大人员伤亡和财产损失,震惊了国人。截至 8 月 2 日 12 时,郑州市遇难 292 人,失踪 47 人。国务院已决定成立调查组,依法依规、实事求是、科学严谨、全面客观地对灾害应对过程进行调查评估。

暴雨,大而急的雨。我国气象部门一般把 1 小时内降雨量在 16 毫米以上、12 小时内降雨量在 30 毫米以上、24 小时内降雨量在 50 毫米以上的雨,定义为暴雨。郑州市 7 月 20 日 16 时—17 时,一个小时降雨量竟然达到了 201.9 毫米!《道德经》曰:"飘风不终朝,骤雨不终日。"意思是说,狂风刮不到一个早晨,暴雨下不了一整天。当然,老子说这些话不仅是前人的气象经验之谈,而且是借此起兴,要论的是施政话题。

面对暴雨这种灾害性天气,今天人类也还无能为力,更不要说从前了。对暴雨的记载,史不绝书,随便翻翻都可以看到。如《唐会要》载,太宗贞观十一年(637)七月,也是河南遭到大雨,淹的是洛阳,"谷水溢,入洛阳宫,深四尺,坏左掖门,毁宫寺一十九所,漂六百余家"。又,高宗总章二年(669)七月,"冀州大雨,坏居人屋宇,凡一万四千二百九十家,害田四千四百九十六顷"。又,咸亨四年(673)七月二十七日,"婺州暴雨,山川泛溢,溺死者五千人"。《五代会要》载,后周太祖广顺二年(952)七月,"暴风雨,京师水深二尺,坏墙屋不可胜计。诸州皆奏大雨,所在河渠泛溢害稼"。《清史稿》载,顺治二年(1645)秋,"即墨暴雨连绵,水与城齐,民舍倾颓无算"。又,康熙四十五年(1706)六月,"东莞暴雨,平地水深五六尺,民居多圮"。诸如此类,数不胜数。

前人记录暴雨及其造成的灾害,还有一个目的:警示,警示人类反省自己的作为。《春秋》载:"隐公九年(前714)三月,癸酉,大雨,震电。"《公羊传》解释了:"何以书?记异也。何以异?不时也。"为什么《春秋》里要写上这件事?记录一种奇异的现象。下大雨有什么奇异之处呢?不合时令。周历三月乃夏历正月,前人认为这个季节不应当有大雨、雷电。刘尚慈先生指出,《春秋》及本传非常重视对异常现象的记录,认为上天所降之"异"是警戒人世之兆,甚至认为"异大乎灾"。纵览典籍,不独《春秋》如此,如同记录暴雨一样同样比比皆是。在前人的"三观"中,一切变幻莫测的自然现象,最后都归结为天意,直到清朝依然如此。

《史记·封禅书》载,秦始皇封禅泰山,"中阪(即半山坡)遇暴风雨,休于大树下"。始皇上泰山遇风雨那事,齐鲁那些儒生听说后,"则讥之"。讥什么呢?始皇上山前,曾经"征从齐鲁之儒生博士七十人,至乎泰山下"。儒生们对封禅的具体操作提出了一些建议,"古者封禅为蒲车(谓用蒲草裹住车轮),恶伤山之土石草木"云云。不过,"始皇闻此议各乖异,难施用,由此绌儒生",不让他们跟着了。所以儒生们认为他之遇暴雨,是遭到了报应。《后汉书·方术传下》载,公沙穆迁弘农令,"县界有蝗虫食稼,百姓惶惧"。公沙穆乃设坛谢曰:"百姓有过,罪穆之由,请以身祷。"于是老天下了一场暴雨,"既霁而蝗虫自销"。不用说,这种暴雨催生出的是正面典型。

唐朝贞观年间那次暴雨后，岑文本有个上疏，惟愿太宗在"明选举，慎刑罚，进贤才，退不肖，闻过即改，从谏如流"等方面继续"行之不怠"，那么，"虽桑谷龙蛇，犹当转祸为福，变咎为祥。况水雨之患，阴阳常理，岂可谓之天谴而系圣心哉！"话说得相当委婉，魏徵就毫不客气了。他直指太宗"贞观之始，闻善若惊，暨五六年间，犹悦以从谏。自时厥后，渐恶直言，虽或勉强时有所容，非复曩时之豁如也"。这么一来，仗义执言的人不愿意吭声了，阿谀钻营的蠢蠢欲动了，"郁于大道，妨治损德，其在兹乎？而欲无水之灾，不可得也"。太宗果然有反省，诏曰"暴雨为灾，大水泛滥，静思厥咎，朕甚惧焉。文武百寮，各上封事，极言朕过，无有所讳。诸司供进，悉令减省，凡所作役，量事停废，遭水之处，赐帛有差"，并"废明德宫及飞山宫之玄圃院，分给河南、洛阳遭水户"。

《明会要》载，万历三年（1575）五月，河南淮阳大水。万历皇帝生气了，认为是地方官员不作为的恶果："近来淮阳地方，无岁不奏报灾伤，无岁不蠲免振济。若地方官平时著实经理民事，加意撙节，多方设备，即有灾荒，岂至束手无措？今为官者本无实心爱民，一遇水旱，即委责于上；事过依旧，因循不理。岂朝廷任官养民之意？吏部查两府有司，有贪酷虐民及衰老无为者，黜之。"诏书所言，果真为实情也说不定。

郑州气象局微博发布说，郑州此番特大暴雨"超千年一遇"。媒体报道更有"五千年一遇"之说。然而未几，中央气象台首席预报员陈涛指出，在目前我们没有得到可靠的、长时效的、有效的降雨记录之前，很难去谈所谓"千年一遇"这个问题。究竟是客观描述还是夸大其词，国务院调查组也会给出明确答案吧。

2021年8月3日

弼马温

《西游记》中,孙悟空被玉皇大帝封为"弼马温"的故事尽人皆知。

悟空学成本领之后,干了两件恃强凌弱的事:一件是"欺虐小龙,强坐水宅,索兵器,施法施威;要披挂,骋凶骋势",拔走人家的"定海神针"当成自己的兵器;另一件是"执着如意棒,径登森罗殿上",在生死簿子中"把猴属之类,但有名者,一概勾之"。于是,东海龙王和幽冥教主地藏王分别来向玉皇大帝告状。天兵出动之际,太白金星提出招安,玉帝采纳了他的意见,被招安的孙悟空便被安排在御马监中充任"弼马温"。

《西游记》作者吴承恩是明朝人,所以书中官职每来参照明朝设置。《明史·职官志》载,斯时职官体系中有"御马监"的确不虚。洪武二十八年(1395),"重定内官监、司、库、局与诸门官",御马监乃11个内官监中的一个,同他监一样,"设太监一人(正四品),左、右少监各一人(从四品),左、右监丞各一人(正五品),典簿一人(正六品),又设长随、奉御(正六品)"。但是,御马监里并没有"弼马温"。明人谢肇淛《五杂组》云:"《西游记》谓天帝封孙行者为弼马温,盖戏词也。"就是说,玉皇大帝此举,实则是拿孙悟空开涮。但前人同样指出,"弼马温"也不是信口胡诌,盖猴子能避马瘟。再用谢肇淛的话说:"置狙于马厩,令马不疫。"

钱锺书《谈艺录》认为:"猴能使马、羊无疾患,其说始载于《齐民要术》。"具体在《养牛马驴骡第五十六》,"'此二事皆令马落驹'句下有注:《术》曰:'常系猕猴于马坊,令马不畏,辟恶除百病也'。"又《养羊第五十七》"羊脓鼻口颊生疮"节下有注:"竖长竿于圈中,等头,施横板,令猕猴上居;数日,自然差。此兽辟恶,常安于圈中,亦好。"钱先生指出:"后世似专以猴为'弼马温',而不复使主羊事。"从前人留下的文字中,钱先生也爬梳了大量实例。如《夷坚三志辛》云,孟广威"好养马,常蓄猕猴于外厩,俗云与马性相宜";《夷坚支丁》云,"余仲子前岁自夷陵得一猴,携归置马厩";《夷坚志补》云,知策长老"蓄一猴,甚驯,名之曰孙大,尝以遗总管夏侯恪,置诸马厩"等。钱先生还以美国旧金山亚洲美术馆所藏明代玉雕"一马,一猴踞其背,一猴引其索"为例,明确这就是"马厩猢狲",而"无知杜撰者标曰'马上封侯'"。把民间素朴的文化心理,硬是给扭曲成赤裸裸的权力欲望。

《方舆胜览》载淮安军古迹有"紫极观画壁",这幅壁画出自宋朝大画家李公麟之手,"时称奇笔",画面是"猴戏马惊,而圉人鞭之"。苏东坡见了,题字其后:"吾观沐猴,以马为戏。致使此马,窃衔诡辔。人言沐猴宜马,而今为累,真虚言耳。"显然是触景生情,借题发挥。"苏门六君子"之一陈师道的题诗,更加直白:"沐猴自戏马自惊,圉人未解猴马情。猴其天资马何罪?意欲防患又伤生。异类相宜亦相失,同类相伤非所及……"同类,无疑要解作人类了。《五杂组》也有一则猴戏马:"京师人有置狙于马厩者,狙乘间辄跳上马背,揪鬣搦项,嬲之不已,马无如之何。一日复然,马乃奋迅断辔,载狙而行,狙意犹洋洋自得也,行过屋桁下,马忽奋身跃起,狙触于桁,首碎而仆。"不用说,这是天性好玩儿的猴子玩儿出了火,把马给惹恼了。

  由此可见,猴马相宜在宋明之时已成民间共识。再往前溯的话,《晋书·郭璞传》所载,虽嫌荒诞,但已有踪影。云"精于卜筮"的郭璞算到家乡将有兵灾,"于是潜结姻昵及交游数十家,欲避地东南"。到达将军赵固那里,"会固所乘良马死,固惜之,不接宾客"。郭璞拍胸脯说,他能把马救活,方法是:"得健夫二三十人,皆持长竿,东行三十里,有丘林社庙者,便以竿打拍,当得一物,宜急持归。得此,马活矣。"赵固照办了,"果得一物似猴,持归。此物见死马,便嘘吸其鼻。顷之马起,奋迅嘶鸣,食如常"。

  悟空之所以对受封弼马温十分生气,明面上的原因是,他在和众监官喝酒的时候了解到弼马温官职的"没有品级",不是"大之极也"而是"未入流",九品都没够上,所以他一气之下"把公案推倒",打出御马监、南天门回到花果山,当众猴问他"官居何职"时,他摇手道:"不好说!不好说!活活的羞杀人!"暗地里,羞杀人可能还有并未道出的另外因素。《本草纲目》引《马经》云:"马厩畜母猴,辟马瘟疫。逐月有天癸流草上,马食之,永无疾病矣。"天癸,《南村辍耕录》云乃女子"月事"。而《西游记》第八十一回,金鼻白毛老鼠精色诱悟空,曾经"将手就去掐他的臊根",可知悟空乃雄性也。母猴才"辟马瘟疫",悟空焉能不羞?取经路上,猪八戒动辄用弼马温来揶揄悟空,大抵也有这方面的用意吧。

  新近读到邢义田先生《立体的历史:从图像看古代中国与域外文化》,以石柱、雕塑、壁画、瓦当等图像材料来讲述猴马相宜,更加形象生动。无论如何,以孙悟空的本领,用"弼马温"来打发,无疑是对其能力的嘲弄。如悟空自道:"那玉帝不会用人。"或许,不是不会,而是故意为之。

2021 年 8 月 8 日

墙

今年8月13日是柏林墙问世整整60周年的日子，虽然在1989年11月9日，它就已经谢世，但是作为冷战时期的标志性建筑，柏林墙承载的那段历史永远挥之不去。1961年8月12—13日夜间，当时的东德政府突击修建了柏林墙，名曰"反法西斯防卫墙"，目的是阻挡东德居民包括熟练技工大量流入西德。

墙，《说文解字》释为"垣蔽也"。蔽什么呢？《左传》云"人之有墙以蔽恶也"，挡住别人不该看的事情。这是墙的原始功能。《诗·郑风·将仲子》二章云："将仲子兮，无逾我墙，无折我树桑。"《毛序》说该诗是"刺庄公"的，庄公即"克段于鄢"的郑伯，而朱熹理解为女子拒绝情人。仲子翻越女子家的院墙是因为两情相悦，女子则告诉他翻也白翻，她的婚姻自己作不了主。爱情与礼教的矛盾，令女子痛苦不堪。

史上最有名的翻墙，或推《西厢记》中的张君瑞。崔莺莺父亲去世后，母女"扶柩至博陵安葬；因路途有阻，不能得去。来到河中府，将这灵柩寄在普救寺内"，普救寺正由崔父生前建造。张君瑞进京赶考路过，造访"官拜征西大元帅，统领十万大军，镇守着蒲关"的发小，便停了几天，不料游览普救寺时见到莺莺，刹那间被迷住了："小生便不往京师去应举也罢。"他干脆在寺里租间房，

"倘遇那小姐出来,必当饱看一会",而租的那间,"离着东墙,靠着西厢",西厢住着莺莺与母亲。这堵墙形同柏林墙,阻挡着二人。在张生那里,"黄昏清旦,望东墙淹泪眼"。在红娘那里,莺莺"为一个不酸不醋风魔汉,隔墙儿险化做了望夫山"。在莺莺那里,则吟出了"待月西厢下,迎风户半开,隔墙花影动,疑是玉人来"的名句。终于,如张生所愿,"末做跳墙搂旦科"。1997年5月,余曾有普救寺一游,见到"东墙"上有几块瓦片故意铺得零乱,作为张生"逾墙"的证据,有趣至极。

今天我们看到的长城,多是明朝的修筑,那时候长城则叫"边墙"。修建的性质和柏林墙并无二致:柏林墙是阻挡民间流动,边墙则是阻挡北方游牧民族的袭扰。所以,柏林墙辅以铁丝网、警戒塔、反装甲战壕,边墙也不是孤零零的一堵墙,还有大量的城、障、墩、寨。当然在规模上,柏林墙无法望边墙项背。柏林墙修到1980年,总长也才不到1400公里,明朝修的边墙则几近8900公里。

《明史》人物传记中,可窥边墙修建的点滴。

《余子俊传》载,"先是,巡抚王锐请沿边筑墙建堡,为久远计,工未兴而罢"。成化六年(1470)余子俊上疏重拾这个话题:"(延绥、宁夏、甘肃)三边惟延庆地平易,利驰突。寇屡入犯,获边人为导,径入河套屯牧。自是寇顾居内,我反屯外,急宜于沿边筑墙置堡。况今旧界石所在,多高山陡崖。依山形,随地势,或铲削,或垒筑,或挑堑,绵引相接,以成边墙,于计为便。"而尚书白圭"以陕民方困,奏缓役"。八年(1472)秋,余子俊再建议:"请于明年春夏寇马疲乏时,役陕西运粮民五万,给食兴工。"这回落实了,建好的边墙"东起清水营(今宁夏灵武境内),西抵花马池(今宁夏盐池),延袤千七百七十里,凿崖筑墙,掘堑其下,连比不绝。每二三里置敌台崖寨备巡警。又于崖寨空处筑短墙,横一斜二如箕状,以瞭敌避射"。

《翁万达传》载,翁万达"屡疏请修筑边墙",嘉靖二十三年(1544),虽"兵部挠其议",但在嘉靖帝的支持下,还是动工了。"自大同东路天城、阳和、开山口诸处为墙百二十八里,堡七,墩台百五十四;宣府西路西阳河、洗马林、张家口诸处为墙六十四里,敌台十。斩崖削坡五十里。工五十余日成"。翁万达非常看重边墙的作用,认为"山川之险,险与彼共。垣堑之险,险为我专。百人之堡,非千人不能攻,以有垣堑可凭也",所以"修边之役,必当再举"。未几他又"条十事上之……请帑银六十万两,修大同西路、宣府东路边墙,凡八百里"。这回"工成,予一子官",可见嘉靖帝的认可。

其他如《杨一清传》《许论传》《周玉传》中,均有相关内容。《周玉传》还提到,周玉"督边墙工峻急,部卒张伏兴等以瓦石投之。兵部言,悍卒渐不可长,遂戮伏兴,戍其党"。想来建墙的艰巨程度异乎寻常吧。此外,《郎潜纪闻初笔》云,清初总兵官蔡元疏请修筑边墙,康熙帝"初命阁臣集九卿于阙门外,面询可否以闻"。大家还没说话,他自己先否了:"朕思众志成城,岂在边墙。"康熙帝的话,超越防御的战术层面而上升到了战略层面。

必须看到,边墙的功能的确收到了实效。《许宁传》载,成化十八年(1482),"寇分数道入,宁蹙之边墙,获级百二十"。《余子俊传》补充道,时"寇扼于墙堑,散漫不得出,遂大衄"。不仅如此,有边墙作屏障,"墙内之地悉分屯垦,岁得粮六万石有奇"。《翁万达传》载:"万达精心计,善钩校,墙堞近远,濠堑深广,曲尽其宜。寇乃不敢轻犯。墙内戍者得以暇耕牧,边费亦日省。初,客兵防秋,岁帑金一百五十余万,添发且数十万,其后减省几半"。

1987年12月,当年的边墙即今天的长城被列入世界文化遗产。毫无疑问,长城的军事色彩早已褪去,而展示人类坚强意志和雄伟气魄的文化精神正在不断增强。

2021年8月13日

流星雨

8月13日凌晨,本年度最大的流星雨——英仙座流星雨迎来了极大值。中国科学院紫金山天文台消息称,这次流星雨活跃期将持续至8月24日。流星乃飞掠过天空的发光星体,发光是因为它们进入大气层时与大气摩擦而燃烧所致。流星雨,即短时间内出现许多流星的现象,形同下雨。

每年7月20至8月20日前后,英仙座流星雨都会按时出现,8月13日达到高潮。除此之外,其他星座也有流星雨。每年4月14日至4月30日,便是天琴座流星雨的活跃期,今年的,在4月22日曾迎来极大。而世界上关于天琴座流星雨的最早记录,正出自我们的典籍《春秋》,鲁庄公七年"夏四月辛卯,夜,恒星不见。夜中,星陨如雨"。庄公七年,即公元前687年;四月辛卯,即3月16日。有学者统计,我国古代关于流星雨的记载约有180次,其中天琴座流星雨约有9次,英仙座流星雨约12次。关于后者,我国的最早记载则见于《后汉书·天文志》,光武帝建武十二年(36),"六月戊戌晨,小流星百枚以上,四面行"。

按清朝学者赵翼的说法,《春秋》中"星陨如雨"这四个字出自孔子之手。《春秋》是鲁国史官修成的史书,从隐公记述到哀公,历12代君主,计244年。孔子录而藏之,且修改之。赵翼说:

"孔子修《春秋》,鲁史旧文不可见,故无从参校圣人笔削之处。"但参照《汲冢纪年》中的若干史实可知,孔子没有多大改动,只是"特酌易数字以寓褒贬耳"。比如"鲁庄公七年,星陨如雨,《公羊传》谓原本乃雨星不及地尺而复,孔子修《春秋》改曰'星陨如雨',是亦可见圣人改削之迹"。不过,《左传》认为"星陨如雨"意谓"与雨偕也",星陨的同时在下雨;《穀梁传》和《公羊传》均不认同。《穀梁传》认为"其陨也如雨",《公羊传》认为"如雨者,非雨也",不是真的在下。即按少数服从多数原则,《左传》作为《春秋》三传之一,在此也该认输吧。星陨如雨,就是流星雨。

关于流星雨的记载,二十四史之《天文志》中,可以觅到许多。《汉书》之,成帝"元延元年(前12)四月丁酉日餔时,天暒晏,殷殷如雷声,有流星头大如缶,长十余丈,皎然赤白色,从日下东南去。四面或大如盂,或如鸡子,耀耀如雨下,至昏止。郡国皆言星陨"。《晋书》之,"武帝泰始四年(268)七月,星陨如雨,皆西流"。又,"太康九年(288)八月壬子,星陨如雨"。《宋书》之,孝武"大明五年(461)三月,有流星数千万,或长或短,或大或小,并西行,至晓而止"。《旧唐书》之,文宗"大和元年(827)六月,丁酉夜一更至四更,流星纵横旁舞,约二十馀处,多近天汉"。《新唐书》之,僖宗"中和元年(881)八月,己丑夜,星陨如雨,或如杯碗者,交流如织,庚寅夜亦如之,至丁酉止。三年(883)十一月夜,星陨于西北,如雨"。《明史》之,"正统元年(1436)八月乙酉,昏刻至晓,大小流星百余。四年(1439)八月癸卯,大小流星数百"。又,"景泰二年(1451)六月丙申,太小流星八十余"。如此等等。

星陨如雨,在古人眼里属于异常天象,像荧惑守心、五星连珠那些一样,预示着人间吉凶,所以孔子笔削以"记异"。汉成帝那次,《春秋》便讲了,星陨如雨为王者失势诸侯起伯之异,所以"其后王莽遂颛国柄",进而篡国。光武帝那次,"小星者,庶民之类。流行者,移徙之象也。或西北,或东北,或四面行,皆小民流移之征。是时西北讨公孙述,北征卢芳。匈奴助芳侵边,汉遣将军马武、骑都尉刘纳、阎兴军下曲阳、临平、呼沱,以备胡。匈奴入河东,中国未安,米谷荒贵,民或流散"。晋武帝那次,占曰:"星陨为百姓叛。西流,吴人归晋之象好。"所以次年,"吴夏口督孙秀率部曲二千余人来降"。唐文宗那次,"其年十一月,李训谋杀内官,事败,中尉仇士良杀王涯、郑注、李训等十七家,朝臣多有贬逐"。《汉书》鉴于"春秋二百四十二年间,日食三十六,彗星三见,夜常星不见,夜中星陨如雨者各一",干脆来了个总体归纳:"当是时,祸乱辄应,周室微弱,上下交怨,杀君三十六,亡国五十二,诸侯奔走不得保其社稷者不可胜数。"总而言之,流星雨的出现和彗星它们差不多,出现了,就没什么好事。

今天我们都知道,流星体坠落到地面通常为陨石或陨铁或者其他金属类石头,这一点,前人也注意到了。《史记·天官书》载:"星坠至地,则石也。"《梦溪笔谈》说得更详细:宋英宗治平元年(1064),常州,"一大星,几如月……坠在宜兴县民许氏园中,远近皆见,火光赫然照天,许氏藩篱皆为所焚。是时火息,视地中有一窍如杯大,极深,下视之星在其中,荧荧然,良久渐暗,尚热不可近,又久之发其窍,深三尺余乃得一圆石,犹热,其大如拳,一头微锐,色如铁,重亦如之"。

英仙座流星雨为全年三大周期性流星雨之首,是最活跃、最常被观测到的流星雨。然对寻常人等,熬夜等着流星雨是为了对之许愿。不过,余迄今却未发现前人有如此行为的记载,不知是视野仍然未及,还是这原本并非我们的传统。

2021 年 8 月 21 日

连襟

连襟,姊妹丈夫的互称。顾张思《土风录》云:"姊妹之夫曰连襟。"中国现代史上有著名的宋家三姐妹、合肥四姐妹,他们的夫婿孔祥熙、孙中山、蒋介石,以及顾传玠、周有光、沈从文、傅汉思就都是连襟。这当中,顾传玠的名气稍弱,但也是昆曲"传"字辈排行第一的名角。另外那六个,端的都是如雷贯耳了。

不同地方的这种互称不同,比如东北叫"连桥"或"一担挑"。典籍中则有连衿、连袂、僚婿、友婿等,相对"标准"的"连襟"一词出现较晚。洪迈认为,滥觞于杜甫"人生意气合,相与襟袂连"句,襟是衣襟,袂是袖,形容彼此关系非常密切。连襟如今含义的出现,前人考证正是在宋代。北宋马永卿《嬾真子录》云:"天下之事有一可笑者,今辄记之。子路在弟子中号为好勇,天下之至刚强人也;而卫弥子瑕者,至以色悦人,天下之至柔弱人也,然同为友婿。"子路,孔子弟子;弥子瑕,卫灵公宠臣。《孟子·万章章句上》云:"弥子之妻与子路之妻,兄弟也。"两人的妻子是姐妹,兄弟在这里意谓谁大谁小。马永卿之所以觉得可笑,大约在于子路与弥子瑕"赋性之殊"而能成为连襟吧。

史上知名的连襟还有不少,如晋文公与赵衰。《左传·僖公二十三年》载:"狄人伐廧咎如,获其二女叔隗、季隗,纳诸公子。

公子取季隗,生伯儵、叔刘;以叔隗妻赵衰,生盾。"公子即重耳,后来成了晋文公;赵衰,随重耳流亡国外的五贤之首,"文公所以反(返)国及霸,多赵衰计策"。不过,重耳继位之后又将女儿嫁给赵衰,大姐夫于是又成了女婿。

刘邦和樊哙是连襟。《史记·樊哙列传》载:"哙以吕后女弟吕须为妇,生子伉。"吕后,刘邦的老婆。必须承认,吕后的父亲吕公是有些识见的,他把女儿许给刘邦的那个时候,刘邦并不被大家看好。在萧何眼里:"刘季固多大言,少成事。"吕后母亲一听更发了飙:"公始常欲奇此女,与贵人。沛令善公,求之不与,何自妄许与刘季?"樊哙的风采,我们可以从著名的鸿门宴中去领略。也许正是连襟这层因素,刘邦对樊哙"比诸将最亲"。

孙策和周瑜是连襟。《三国志·吴书》载,孙坚起兵之初,"子策与瑜同年,独相友善,瑜推道南大宅以舍策,升堂拜母,有无通共",两人还拜了把子。"策欲取荆州,以瑜为中护军,领江夏太守,从攻皖,拔之",胜利的一个果实,是"得桥公两女,皆国色也",于是"策自纳大桥,瑜纳小桥",铁哥们儿就成了连襟。裴松之引《江表传》注曰:"策从容戏瑜曰:'桥公二女虽流离,得吾二人作婿,亦足为欢。'"这该是对不知躲去哪里的老丈人的刻薄了。

赵匡胤和寇准是连襟。《宋史·后妃传上》载:"孝章宋皇后,河南洛阳人,左卫上将军偓之长女也……开宝元年二月,遂纳入宫为皇后,年十七。"这是赵匡胤的第三任皇后,寇准娶的,是宋皇后最小的妹妹。孙抃撰《莱国寇忠愍公旌忠之碑》云:公"再娶宋氏,故左卫上将军邢公延渥之女,封晋国夫人"。寇准也是续弦。《宋史·宋偓传》载:"偓本名延渥,以父名下字从'水',开宝初,上言改为偓。"也许是与太祖有这层关系吧,太宗对寇准高看一眼。寇准"尝奏事殿中,语不合,帝怒起,准辄引帝衣,令帝复坐,事决乃退"。事后太宗曰："朕得寇準，犹文皇之得魏徵也。"

连襟之间，未必就性情相投，马永卿还真不用觉得可笑。《汉书·严助传》载，有天武帝问起严助从前的情况，严助回答："家贫，为友婿富人所辱。"武帝问他有什么愿望，他说回老家会稽当太守，武帝乃满足了他的要求。严助那个有钱的连襟史上无载，但估计后来没有好果子吃。《能改斋漫录》云，仁宗朝柴宗庆与李遵勗都是驸马，嫁到柴家的公主非要跟李家的公主暗中较劲。李家夫妇来串门，"柴之夫妇盛饰以为胜，左右皆草草"；等到柴家夫妇去李家串门，却见"李之夫妇道装而已，左右皆盛饰"，正好相反。人家不跟他家一般见识，结果"柴颇自愧，士论高之"。

在连襟作为上，即以北宋而言，还可以举出南辕北辙的例子。《能改斋漫录》云，范仲淹、郑戬"皆自小官布衣选配，为连袂"。《宋史·郑戬传》载，郑戬为尚书礼部侍郎，"时知庆州滕宗谅、知渭州张亢过用公使钱"，他予以依法查处。但是范仲淹与滕宗谅关系相当之好，其名篇《岳阳楼记》的出发点，便是为之歌功颂德，而滕宗谅之所以被贬到巴陵郡，正是因为滥用公款。又比如，欧阳修和王拱辰都是薛奎的女婿，弹劾滕宗谅，也有王拱辰一份："滕宗谅在庆州，所为不度，而但降秩守虢，惧边臣则效，宜施重责。"他还弹劾了苏舜钦等，但欧阳修与苏舜钦铁得一塌糊涂，其《祭苏子美文》有"小人之幸，君子之嗟……哀哀子美，来举予觞"句，足证二人情感之深。

当年，沈继祖厚诬朱熹，有十大罪状之多。有人告诉朱熹："沈继祖乃正淳之连袂也。"正淳，朱熹弟子。夫子一笑置之，引用的就是《孟子》的话："'弥子之妻，与子路之妻，兄弟也。'何伤哉！"龙生九子，各有不同，何况毫无血缘关系的连襟呢。

2021 年 8 月 29 日

饼

太太从福建三明出差回来,带回几个沙县叫不出名字的煎薄饼,说是当时刚出锅。因为是煎的、很薄、有葱而无馅,我才这样称呼,想来人家是有学名的吧。这些年来,沙县小吃在全国各地"攻城拔寨",建立了颇多"据点",很有些名声。广州也举头可见他们的统一招牌。

饼,从前对烤熟或蒸熟的面食的称呼。晋朝束皙《饼赋》云:"饼之作也,其来近矣。"宋朝高承则以为其来"远"矣。其《事物纪原》举例云:"《汉书》百官表少府属有汤官,主饼饵。又宣帝微时每买饼,所从买者辄大售。《说苑》叙战国事,则饼盖起于七国之时也。"比束皙年代稍晚的葛洪,爬梳出了汉高祖刘邦父亲的一则逸事:"太上皇徙长安,居深宫,凄怆不乐。"刘邦悄悄叫人打听怎么回事,原来父亲"平生所好,皆屠贩少年,酤酒卖饼,斗鸡蹴蹋,以此为欢,今皆无此,故以不乐"。明白了缘由,"高祖乃作新丰,移诸故人实之,太上皇乃悦",在长安造出一个故乡来。周天游先生注"卖饼"之"饼"曰:"饼是汉代最为普遍的主食,主要是麦饼,即以小麦粉为原料,用水掺和,不经发酵,捏成饼状,放入釜甑中蒸熟而成。又有汤饼……东汉时才出现放芝麻于其上的胡饼。"不过,胡三省注《资治通鉴》曰:"胡饼,今之蒸饼。"胡三省生活于宋元之际。

裴松之注《三国志》，也引了若干饼的材料。如注《阎温传》引《世语》云，汉桓帝时，郡功曹赵息因得罪宦官而被迫出逃，因为上面"捕诸赵尺儿以上"，连累到伯（或叔）父赵岐"走之河间，变姓字，又转诣北海，著絮巾布袴，常于市中贩胡饼"。这时他遇到了时年二十来岁的孙宾硕，宾硕"观见岐，疑其非常人也"，就问他是自己做的饼呢，还是贩的？"贩之。""买几钱？卖几钱？""买三十，卖亦三十。"孙宾硕觉得这人一定不是凡夫俗子，一番推心置腹，将他带到家中保护了起来。又，注《诸葛恪传》引恪《别传》云，孙权招待蜀使费祎，交待群臣：他来的时候，你们吃你们的，不用管他。费祎到了，果然"权为辍食，而群下不起"。费祎笑了："凤皇来翔，骐驎吐哺，驴骡无知，伏食如故。"诸葛恪说话了："爰植梧桐，以待凤皇，有何燕雀，自称来翔？何不弹射，使还故乡！"费祎"停食饼，索笔作麦赋"，诸葛恪"亦请笔作磨赋"。孙权上演这出戏码未知用意何在，然席间有饼是确凿无疑的。

晋朝及其后，见之于史料的饼就更多了。《晋书》载王长文"少以才学知名，而放荡不羁，州府辟命皆不就。州辟别驾，乃微服窃出，举州莫知所之。后于成都市中蹲踞啮胡饼。刺史知其不屈，礼遣之"。《齐民要术》专门辟有"饼法"一节，汇集了众多饼的名称和做法，如白饼、烧饼、髓饼、鸡鸭子饼、细环饼、截饼、粉饼、豚皮饼等。《资治通鉴》载，"安史之乱"时唐玄宗逃难，有天"日向中，上犹未食，杨国忠自市胡饼以献"。又，唐宣宗时，高少逸为陕虢观察使，有敕使路过，"怒饼黑，鞭驿吏见血"，大约觉得怠慢了他吧。高少逸"封其饼以进"，告了御状。宣宗责敕使曰："深山中如此食岂易得！"谪之配恭陵。《明史·后妃传》载，朱元璋起兵之时，马皇后"从帝军中，值岁大歉，帝又为郭氏所疑，尝乏食"，于是"窃炊饼，怀以进，肉为焦"，把胸脯都烫坏了，显见是刚出锅就揣起来了。发达之后,朱元璋将昔年所吃之饼比为"芜蒌豆粥""滹沱麦饭",那是光武帝刘秀落魄时的典故,因而"每对群臣述后贤,同于唐长孙皇后"。马皇后闻言,借机进谏了一回:"妾闻夫妇相保易,君臣相保难。陛下不忘妾同贫贱,愿无忘群臣同艰难。且妾何敢比长孙皇后也!"

玄宗、朱元璋吃饼或出于无奈,但爱吃饼的帝王级人物确有不少。《资治通鉴》载,齐武帝永明五年(487)诏太庙四时之祭,其中给"宣皇帝"萧承之的供品就有"起面饼",那就是他所嗜之物。胡三省注起面饼曰:"浮软,以卷肉噉之,亦谓之卷饼。程大昌曰:'起面饼,入教面中,令松松然也。'"《宋史·太祖纪》载,后周显德三年(956),赵匡胤父亲赵弘殷督军平扬州,与世宗会师寿春,"寿春卖饼家饼薄小,世宗怒,执十余辈将诛之",赖弘殷"固谏得释"。世宗如此计较,爱吃之故吧。以"何不食肉糜"而进入史册的晋惠帝,"因食饼中毒而崩,或云司马越之鸩",估计正是爱吃这东西才被人找到下手的机会。唐中宗之死更被坐实了。"散骑常侍马秦客以医术,光禄少卿杨均以善烹调,皆出入宫掖,得幸于韦后,恐事泄被诛;安乐公主欲韦后临朝,自为皇太女;乃相与合谋,于饼馅中进毒。六月,壬午,中宗崩于神龙殿"。

唐朝有个叫侯思止的,"始以卖饼为业"。此人"素诡谲无赖",以告密起家。"时告密者往往得五品,思止求为御史",武则天说你连字都不识,怎么能当御史!侯思止振振有词:"獬豸何尝识字?但能触邪耳。"武则天任用他,自然是像来俊臣、周兴一样,看中了他们打手的一面,侯思止也果然是与二人齐名的酷吏。此外,三国时曹魏明帝深疾浮华之士,诏吏部尚书卢毓曰:"选举莫取有名,名如画地作饼,不可啖也。"亦足发人深思。

2021 年 9 月 4 日

自杀

明天是世界预防自杀日。世界卫生组织于2003年9月10日设立这个国际日,旨在帮助公众了解诱发自杀行为的危险因素,增强人们对不良生活事件的应对能力,预防自杀行为。

自杀,杀死自己,是件古已有之的事情。法国社会学家埃米尔·迪尔凯姆有部名著叫《自杀论》,在社会学发展史上占有里程碑式的重要地位。他将自杀这种现象分为个人和社会两个不同层次:个人自杀事件属于个人层次,而群体自杀率则属于社会层次。又将群体自杀率分为三大类型和一个附带类型,即利己型、利他型、失范型及宿命型,认为不同类型的自杀分别由不同原因决定。

不过,在现实生活中,即使个人自杀事件也难说就属于单纯的个人层次。中国历史上许多著名人物死于自杀,无论是正面的还是反面的。比如先秦有商纣王、伯夷叔齐、夫差、伍子胥、韩非子、屈原等,秦汉有吕不韦、扶苏、秦二世、蒙恬、章邯、田横、李广、王昭君、周亚夫、张汤、萧望之、董贤、刘歆、翟方进等,唐宋有卢照邻、颜真卿、杜伏威、黄巢、郭靖、陆秀夫等,明清有李贽、倪元璐、崇祯皇帝、和珅、徐桐、王懿荣等……历朝历代,数不胜数。在许多人物身上,分辨不出个人层次与社会层次之间的那条界线,而是我中有你、你中有我。

举一些实例。《史记·刺客列传》载，燕太子丹咨询田光如何抵抗强秦的入侵，田光说自己老朽了，不中用了，举荐了荆轲。太子丹送其出门的时候，一句"先生所言者，国之大事也，原先生勿泄"，令田光觉得"夫为行而使人疑之，非节侠也"，乃自刎而死。太子丹请荆轲刺秦王，荆轲提出带上"樊将军首与燕督亢之地图"给秦王当见面礼。樊将军即樊於期，因得罪秦王而正避难于燕，"秦王购之金千斤，邑万家"。荆轲知"太子不忍，乃遂私见讲明道理"，樊於期毫不含糊，当即自刎献头。

又，《白起列传》载，名将白起为秦灭六国立下了赫赫战功，却是功高震主，秦昭王"使使者赐之剑"，让他自杀。白起心有不甘："我何罪于天而至此哉？"想了半天，想通了："我固当死。长平之战，赵卒降者数十万人，我诈而尽阬之，是足以死。"觉得自己不该干那件丧尽天良的事，冲着这个自杀，总算心理稍微平衡。因为白起"死而非其罪"，所以"秦人怜之，乡邑皆祭祀焉"，民间觉得他冤透了。

又，《秦始皇本纪》载，项羽爷爷项燕兵败自杀，始皇二十四年"王翦、蒙武攻荆，破荆军"，他没有办法，不得不死。而项羽乌江自刎之前，却是有机会求生而放弃。《项羽本纪》载，垓下败后，项羽退至乌江，乌江亭长备船以待，劝他看开一些："江东虽小，地方千里，众数十万人，亦足王也。原大王急渡。今独臣有船，汉军至，无以渡。"项王笑了："天之亡我，我何渡为！且籍与江东子弟八千人渡江而西，今无一人还，纵江东父兄怜而王我，我何面目见之？纵彼不言，籍独不愧于心乎？"遂自刎而死。

又，《汉书·武五子传》载，"武帝末，卫后宠衰，江充用事，充与太子（刘据）及卫氏有隙，恐上晏驾后为太子所诛"，这时巫蛊事起,江充乃欲借机除掉刘据,结果刘据先下手为强,起兵诛杀江充;刘据的队伍旋又为武帝镇压,乃踏上逃亡之路,在湖县被发现后,"吏围捕太子,太子自度不得脱,即入室距户自经"。

诸如此类的个人自杀,就不单单是个人层次的问题,而密切关联了社会因素。迪尔凯姆建立的是用社会事实的因果关系分析自杀的理论,认为当个体同社会团体或整个社会之间的联系发生障碍或产生离异时便会发生自杀现象。我们的前人则更多地是从政治伦理层面思考问题。

《论语·宪问》载,子贡问孔子,管仲不是仁人吧?齐桓公杀了跟他争夺宝座的哥哥公子纠,辅佐公子纠的管仲不自杀也就算了,还去"相之"?孔子说因为有了管仲,齐桓公才称霸诸侯,否则,"吾其被发左衽矣"。不能要求他像普通男女一样恪守小节,"自经于沟渎"而没人知道。在孔子看来,管仲志在利齐国,功亦济天下,使先王衣冠礼乐之盛未沦于夷狄,当然是仁人。《新五代史·唐臣传》就元行钦之死,欧阳修探讨了另一种情况。元行钦追随后唐庄宗李存勖,当李嗣源(即明宗)"兵变于魏,诸将未知去就"之时,元行钦"独以反闻,又杀其子从璟,至于断发自誓",欧阳修认为"其诚节有足嘉矣"。但是,庄宗遇害后,元行钦没有自杀,"反逃死以求生",最后被人家抓住杀掉,"其言虽不屈,而死非其志也,乌足贵哉!"欧阳修因而作结:"死之所以可贵者,以其义不苟生尔。故曰:主在与在,主亡与亡者,社稷之臣也。"这是欧阳修对自杀问题的思考。汉初之田横五百士,南宋、明朝亡国之际的大批臣子殉难,印证了这恐怕才是传统社会推崇的主流观点。

迪尔凯姆还认为,自杀往往也体现了一个社会张扬的高贵德性。貌似奇谈怪论,然而对照前人中的气节之士,便未必会这么轻率认为,具体问题分析起来还真是那么回事。此外,我国学者吴飞也有《自杀作为中国问题》一书,思考自杀在当代中国的状态,以及如何在现代情境下理解中国人的生死观念。世界预防自杀日的宣传,不妨借助这些理论研究成果。

2021 年 9 月 9 日

炫富

9月14日,一名叫做"zhuque718"的网友在网络论坛上的跟帖引发关注。其自称长沙女检察官,丈夫也是公职人员,家中有四套房无贷款,公婆住在郊区别墅,每层面积超过160平米……昨天,长沙市芙蓉区委发布了核查情况:相关言论均为吹嘘,zhuque718系2018年由芙蓉区检察院转隶至区纪委监委的一名女性普通干部朱某。

即便不是吹嘘,如此高调"炫富"也早为历史所鄙。

炫富之炫,乃夸耀,毫不掩饰。炫富与否,往往也是衡量的人的综合素质的一把标尺。《诗·小雅·小宛》有"人之齐圣,饮酒温克;彼昏不知,壹醉日富"句,是说正直聪明的人喝酒能把持住自己,酒囊一醉就知道显摆自己有钱。郑玄笺后八字曰:"夸淫自恣,以财骄人。"项羽有句名言:"富贵不归故乡,如衣绣夜行,谁知之者!"当西楚霸王了,得在家乡父老面前炫耀一下。所以当时有人就觉得项羽没多大出息,说了句"人言楚人沐猴而冠耳,果然"。项羽明白那是讥讽他虚有仪表,很生气,"烹说者"。

炫富的一种表现是斗富,公开比拼谁更有钱,最有名的自然要推晋朝的王恺、石崇。实则二人之举虽为后人所不耻,但不少后人哀之却未鉴之。

《资治通鉴·梁纪五》载，北魏"宗室外戚权悻之臣，竞为豪侈"，其中有两个宗室子弟便经常在炫富上较劲，一个是高阳王元雍，一个是河间王元琛。元雍"富贵冠一国，宫室园囿，侔于禁苑，僮仆六千，伎女五百，出则仪卫塞道路，归则歌吹连日夜，一食直钱数万"。有个叫李崇的说："高阳一食，敌我千日。"其实李崇也很有钱，"富埒于雍"，只是非常抠门。《洛阳伽蓝记》载，李崇平时"恶衣粗食，食常无肉，止有韭茹、韭菹"。韭茹、韭菹，就是炒韭菜和腌韭菜。所以他的门客李元佑说："李令公一食十八种。"人问其故，元佑答："二韭一十八。"听的人大笑，而"世人即以为讥骂"。比较来看，19世纪才问世的欧也妮·葛朗台真是弱爆了。

与李崇截然相反，元琛很不服气元雍，"每欲与雍争富"。《洛阳伽蓝记》另载，元琛自家建的文柏堂，完全是照着宫中徽音殿的形制；又"置玉井金罐，以五色缋为绳。妓女三百人，尽皆国色"；又，他家的马"以银为槽，金为环锁"。《资治通鉴》补充道，元琛家"窗户之上，玉凤衔铃，金龙吐旆"，雕有口衔铜铃的玉凤和口吐旌旗的金龙；王爷们在他家聚会，"酒器有水精锋、马脑碗、赤玉卮，制作精巧，皆中国所无"。又，"陈女乐、名马及诸奇宝"，还带着诸王参观他的仓库，"金钱、缯布，不可胜计"。对这种炫富，元琛毫无顾忌，还洋洋得意地对章武王元融说："不恨我不见石崇，恨石崇不见我。"有趣的是，元雍、元琛那里还没见出高下，元融那边先倒下了。原来，"融素以富自负"，听了元琛的话，"归而惋叹，卧疾三日"，受的刺激太大。京兆尹王继听说了来看他，感到不解："卿之货财计不减于彼，何为愧羡乃尔？"元融说，以前觉得比我有钱的只有元雍呢，哪想到还有个元琛！王继开他的玩笑："卿似袁术在淮南，不知世间复有刘备耳！"

《新唐书·后妃传》载，杨贵妃家族也很喜欢炫富。因为贵妃受宠,连带三个姐姐、两个宗兄沾光。三个姐姐"帝呼为姨,封韩、虢、秦三国,为夫人",宗兄杨铦"以上柱国门列戟",杨国忠更众所周知。这五家"第舍联亘,拟宪宫禁,率一堂费缗千万。见它第有胜者,辄坏复造,务以环侈相夸诩,土木工不息"。玄宗每年冬季幸华清宫,"五宅车骑皆从,家别为队,队一色,俄五家队合,烂若万花,川谷成锦绣",其中"遗钿堕舄,瑟瑟玑珥,狼藉于道,香闻数十里"。平日里,如虢国夫人,"每入谒,(与杨国忠)并驱道中,从监、侍姆百馀骑,炬蜜如昼,靓妆盈里,不施帏障,时人谓为'雄狐'。"

炫富者之所以如此,人品大抵都不堪一提。以元氏堂兄弟而言,元琛"性贪暴,既总军省,求欲无厌,百姓患害,有甚狼虎"。元雍"识怀短浅,又无学业,虽位居朝首,不为时情所推"。其实不要说炫富了,无论炫什么,沾了这个字眼,都有贬义的意味。《汉书·东方朔传》载:"武帝初即位,征天下举方正贤良文学材力之士,待以不次之位,四方士多上书言得失,自衒(炫)鬻者以千数,其不足采者辄报闻罢。"颜师古注曰,不次,即不拘场次,超擢;后一句是"报云天子已闻所上之书,而罢之令归",自我感觉不错,实无价值。所以,东方朔刚来的时候,讲了自己的一大套本领,"年十三学书,三冬文史足用。十五学击剑。十六学《诗》《书》,诵二十二万言。十九学孙、吴兵法"云云,武帝也以为又遇到了"砖家",表面上客套,"伟之,令待诏公车",然"奉禄薄,未得省见"。后来东方朔露出了真本领,武帝才"以朔为常侍郎,遂得爱幸"。

明陈荩卿《傍妆台·寿孔鲁川》曲云:"笑的是恺崇斗富,笑的是金张弄权,醉来白眼对青天。"恺、崇,王恺、石崇。金、张,金日䃅、张汤;弄权,某种意义上正是炫权。将炫富与弄权作为应当记取的教训来铭记,该是有识之士的共识吧。

2021年9月16日

洗衣

家里的洗衣机转动时蓦然想到,仅仅三四十年前,洗衣之类还是每个家庭中的一件费时费力的体力劳动。古代就更不用说了。明朝的浣衣局,甚至以之作为惩罚的一种,可以从侧面折射出洗衣工作的繁重。

衣服脏了就要洗。《诗·周南·葛覃》云:"言告师氏,言告言归。薄污我私,薄澣我衣。害澣害否?归宁父母。"周振甫先生译曰:"我向女师告个假,要回娘家。脏了的内衣搓一搓,脏了的外衣涮一涮。哪件该洗哪件不该洗?急着要见爹妈。"澣,同"浣"。《公羊传》注云:"去垢曰浣,齐人语也。"明朝夏原吉很有雅量,"同列有善,即采纳之。或有小过,必为之掩覆"。还有一例,就是小吏弄脏了夏元吉"所服金织赐衣",吓得够呛,原吉安慰说:"勿怖,污可浣也。"不用怕,洗洗就干净了。《云仙杂记》云"郑源令婢萱草浣衣",萱草说:"郎君尘土太多,令人手皮俱脱。"那件衣服可能已经脏得没模样了。

古人洗衣每称"捣衣",盖洗衣时以木杵在砧上捶击衣服。砧,即捣衣石。捣衣是从前诗词中常见的题目,内容大都与征夫怨妇相关,捣衣声每为凄凉代名词。如北周庾信《夜听捣衣》,"秋夜捣衣声,飞度长门城"云云。唐杜甫《捣衣》,"亦知戍不返,秋至拭清砧。已近苦寒月,况经长别心。宁辞捣熨倦,一寄塞垣深。用尽闺中力,君听空外音"云云。清纳兰性德《南乡子》,"支枕怯空房,且拭清砧就月光。已是深秋兼独夜,凄凉。月到西南更断肠"云云。杨慎《丹铅总录·捣衣》云:"古人捣衣,两女子对立执一杵,如舂米然。尝见六朝人画捣衣图,其制如此。"可能六朝时如此吧,因前人诗文所呈现,参诸今天的田野调查,捣衣更多的是用棒槌,一人独自操作即可。

史上很早便有两个著名的洗衣人,一个是春秋时的西施,一个是秦朝没留下姓名的漂母。西施浣纱若耶溪,鱼羞而沉底,太漂亮了。纱,一种布料,也代指衣服。《越绝书》云:"越乃饰美女西施、郑旦,使大夫种献之于吴王。"正面打不过,就从侧面迂回。吴王夫差见到美女高兴极了,申胥因为谏言"不可",还丢了性命。《吴越春秋》说得比较具体,越王勾践谓大夫文种云:"孤闻吴王淫而好色,惑乱沉湎,不领政事,因此而谋,可乎?"文种说准行,乃将西施、郑旦"饰以罗縠,教以容步,习于土城,临于都巷,三年学服,而献于吴",让相国范蠡专门送去。夫差不知是计,还以为"越贡二女,乃勾践之尽忠于吴之证也"。就这样,西施成为勾践实施文种"灭吴九术"中的一件重要工具。

漂母,漂洗衣物的老妇。《史记·淮阴侯列传》载,尚未起家的韩信,衣食无着,不时到城外钓鱼,那里有一帮洗衣服的老太太。河边浣衣的这种情形,在20世纪80年代的许多乡村亦然。其中一个老太太见韩信可怜,"饭信,竟漂数十日",一连几十天带饭给他吃。韩信很高兴,谓漂母曰:"吾必有以重报母。"封王之后,韩信果然践诺,"召所从食漂母,赐千金"。

明朝浣衣局的不少职业洗衣人,则关联着凄惨的命运。《明史·职官志》载,浣衣局乃宦官官署八局之一,"凡宫人年老及罢退废者,发此局居住。惟此局不在皇城内"。此外,浣衣局又是惩罚"罪犯"家属的所在。《刑法志》载:"成祖起靖难之师,悉指忠臣为奸党,甚者加族诛、掘冢,妻女发浣衣局、教坊司。"在人物传中也能发现多例。如天顺时的罗绮,因为得罪宦官被杀头,"籍其家,陈所籍财贿于文华门示百官。家属戍边,妇女没入浣衣局"。如宣德时的柳华,时"浙、闽盗所在剽掠为民患,将帅率玩寇,而文吏励民兵拒贼",皇帝恼了,"数诘让诸将帅,都指挥邓安等因归咎于前御史柳华"。宦官王振"方欲杀朝士威众,命逮华。华已出为山东副使,闻命,仰药死。诏籍其家,男戍边,妇女没入浣衣局"。又如天启皇帝乳母客氏,"淫而狠",与魏忠贤勾结在一起坏事做绝,崇祯继位,"笞杀客氏于浣衣局"。洪熙皇帝时下了一道诏书:"建文诸臣家属在教坊司、锦衣卫、浣衣局及习匠、功臣家为奴者,悉宥为民,还其田土。言事谪戍者亦如之。"成化皇帝时,李贤谏言:"自宣德至天顺间,选宫人太多,澣衣局没官妇女愁怨尤甚,宜放还其家。"皇帝采纳了,"中外欣悦"。倘说浣衣局是个恐怖所在,怕不为过。

《水浒传》中,梁山好汉排完座次之后过了回重阳菊花会,宋江填了阕《满江红》由乐和演唱。唱到"望天王降诏早招安"时,武松发了两句牢骚,觉得老是招安招安的,"冷了弟兄们的心"。李逵睁圆怪眼,大叫"招甚鸟安"之余,还一脚把桌子踢翻。鲁智深则打了个比方:"只今满朝文武,俱是奸邪,蒙蔽圣聪,就比俺的直裰染做皂了,洗杀怎得干净。招安不济事!便拜辞了,明日一个个各去寻趁罢。"这句话对宋江表明了一个浅显的道理,满朝文武的心就像我的僧袍一样被染黑了,洗不干净了,跟那帮人为伍干什么呢? 不如散伙算了。《朱子语类》在"论治道"时说:"欲整顿一时之弊,譬如常洗澣。不济事,须是善洗者,一一拆洗,乃不枉了,庶几有益。"可惜夫子没有展开,像鲁智深那么直白,个中微言大义只有靠读者自己揣摩了。

2021 年 9 月 21 日

酒旗

前两天发现，家门口附近的一家酒类专卖店，忽然垂直于招牌挂出了一面布质的望子，写着一个大大的"酒"字，颇有些复古的意味。翟灏《通俗编》引《广韵》云"望子"，乃"青帘，酒家望子"。他自家认为："今江以北，凡市贾所悬标识，悉呼'望子'。讹其音，乃云'幌子'。"

从前，悬挂望子是酒店——卖酒的店的一种标志，也叫做酒旗，还有酒帘、酒旆子之类的称谓。如洪迈《容斋续笔》所云："今都城与郡县酒务，及凡鬻酒之肆，皆揭大帘于外，以青白布数幅为之，微者随其高卑小大，村店或挂瓶瓢，标帚秆。"这样做的目的，自然是招引客人进店饮酒。《东京梦华录》载宋时中秋，"节前，诸店皆卖新酒，重新结络门面彩楼，花头画竿，醉仙锦旆，市人争饮，至午未间，家家无酒，拽下望子"。张择端《清明上河图》中，让我们能直观见识到宋朝的酒旗。扫墓人家行走的近郊小径旁，大码头岸边以及城内大路旁的中型酒家、小型酒铺，无一例外地悬挂着青白布酒旗。有个酒旗上写着"小酒"，还有一个写着"孙羊店"，灯箱上则写着"正店"。正店即特许酒户：用官制酒曲酿酒及批发。取酒分销的则叫"脚店"，图中正有一个"十千脚店"。

有学者研究，宋朝是酒文化最顶峰的时代。从理论上看，这时编写的酒经一类的专业书,数量居历代之首,并且为了推广饮酒以及增加酒税收入,政府无所不用其极,甚至利用倡优来襄助酒铺。如《野客丛书》云:"今用女倡卖酒,名曰'设法'。"《武林旧事》云,临安酒楼"各有私名妓数十辈,皆时装衿服,巧笑争妍"。从现实中看,北宋之初,酒税达185万贯,占全国货币税收10%。神宗时更占到了25.9%,占全国总税收的18%。单是一部《水浒传》中描写的酒旗,便琳琅满目,顺序来看几个。

鲁达三拳打死镇关西后,不得已躲到五台山上"披剃为僧",成了鲁智深。某天他到山下市镇来找酒喝,先"见一个酒望子挑出在房檐上",进去了,结果人家早就接到山上长老的法旨:不能卖给山上僧人。又"望见一家酒旗儿直挑出在门前",结果也是一样,大家都收到了通知。再走,"远远地杏花深处,市梢尽头,一家挑出个草帚儿来",鲁智深学精了,谎称是行脚僧,"游方到此经过",才算如愿以偿。草帚儿,按洪迈的说法,就是村店。鲁智深为了这口酒,走出了市镇。

武松回清河县看哥哥,某天来到阳谷县地面。"当日晌午时分,走得肚中饥渴,望见前面有一个酒店,挑着一面招旗在门前",上头还写着五个字:三碗不过冈。店家解释:"俺家的酒,虽是村酒,却比老酒的滋味。但凡客人来我店中吃了三碗的,便醉了,过不得前面的山冈去。"众所周知,武松不信,连吃了18碗,因而成就了景阳冈打虎的壮举。为哥哥报仇杀死西门庆后,武松被刺配孟州,路上遇到的孙二娘黑店,也是"傍着溪边柳树上挑出个酒帘儿"。去给施恩当打手收拾蒋门神,武松开了个"无三不过望"的条件,就是出城之后,"但遇着一个酒店便请我吃三碗酒"。而出东门才三五百步,"只见官道傍边,早望见一座酒肆望子挑出在檐前"。又走了不到一里,"不村不郭,却早又望见一个酒旗儿,高挑出在树林里"。施恩问"此间是个村醪酒店",算数不？武松说算。蒋门神开的那个大酒店,"檐前立着望竿,上面挂着一个酒望子,写着四个大字,道:'河阳风月。'"

顺便插一句,武松有酒就行,不在乎村醪与否,其他人在乎,尤其在特定的情境之下。陈太尉来梁山泊招安,阮小七就是将"闻得喷鼻馨香"的御酒,给掉包成了"村醪水白酒",气得好汉们当场要杀人。鲁智深提着铁禅杖,高声叫骂:"入娘撮鸟！忒煞是欺负人！把水酒做御酒来哄俺们吃！"

宋江刺配到江州,某天寻访戴宗、李逵、张顺皆未果,便信步城外。"正行到一座酒楼前过,仰面看时,傍边竖着一银望竿,悬挂着一个青布酒筛子,上写道:'浔阳江正库。'雕檐外一面牌额,上有苏东坡大书'浔阳楼'三字。"

由这些材料也可知,酒旗上不仅有写字的,也有画画的。《东京梦华录》中的"醉仙锦筛",画的就是吕洞宾,其正有"醉仙"之谓。《歧路灯》第三回,谭孝移等人三月三逛吹台会。往年,"若逢晴朗天气,这些城里乡间,公子王孙,农父野老,贫的,富的,俊的,丑的,都来赶会。就是妇女,也有几百车儿"。今年也是这样,还没到呢,"早望见黑鸦鸦的,周围有七八里大一片人,好不热闹"。其中一景,便是"酒帘儿飞在半天里,绘画着吕纯阳醉扶柳树精,还写道:'现沽不赊'。"识者指出,画有醉仙的酒旗,一般见于大酒店。

《红楼梦》第十七回写道,大观园竣工,贾珍请贾政验收,"题匾额对联"。一行人"转过山怀中,隐隐露出一带黄泥筑就墙,墙头上皆稻茎掩护",贾政说:"此处都好,只是还少一个酒幌,明日竟做一个来。就依外面村庄的式样,不必华丽,用竹竿挑在树梢头。"就是说,直到清朝,酒旗这种商业民俗仍然普遍。洪迈还说,唐人多咏之于诗,"然其制盖自古以然矣"。在今天,遵从传统做法,店招之外,辅以一望而知的标志,也是传承文化的一种不错选择。

2021 年 9 月 26 日

蟾蜍

今年的中秋节和国庆节又齐齐聚首,这是19年才有一次的景观。"夜凉河汉静无声,澄澈天开万里晴。蟾吐寒光呈皎洁,桂排疏影甚分明。"金段成己描述的,正是中秋夜的正常图景。

"蟾吐寒光"的"蟾",大家都知道是月亮。在前人的奇想中,"日中有踆乌,而月中有蟾蜍"。蟾蜍乃月中之精,是月亮、月光的代名词,如《古诗十九首》之"三五明月满,四五蟾兔缺",李白之"四郊阴霭散,开户半蟾生"等。不过,也有不认同这一奇想的。唐人封演云:"月中云有蟾蜍、顾兔并桂树,相传如此,自昔未有亲见之者。"宋人苏东坡诗云:"悬空如水镜,泻此山河影。妄称蟾兔蟆,俗说皆可屏。"明人谢肇淛更斩钉截铁:"世间第一诞妄可笑者莫如日中之乌、月中之兔。"然而,神话乃是某个民族生活经历和心理经历的表现,往往借助幻想把自然力加以拟人化,因而神话无须证实,不可证实,后人关注的应是其中所蕴涵着的前人的"三观"。与神话较这个真,如果不是借题发挥,则要贻笑大方。这些年来,不少地方纷纷争抢神话传说中的人物,如伏羲、孙悟空等,一定要"坐实"其"籍贯",更要令人喷饭了。

蟾蜍,即俗话说的癞蛤蟆。清人有云:"生从何来不必问,不知死从何去?一生以花月为命,脱不得仙,化作花间蝶、月中蟾,亦不恶。"化作月中蟾,当然是件美事。神话传说中,嫦娥正化作了蟾蜍。而在后人的塑造中,嫦娥美丽无比,害得天蓬元帅没把持住,怎么能和丑陋的癞蛤蟆画上等号?一种观点认为蕴含着深刻的寓意,那就是初民对生命的不可毁灭性和统一性所具有的深沉的、不可动摇的信念。嫦娥之化为蟾蜍,是在用变形来代替生命死亡这一个根本而永恒的事实,一方面使嫦娥逃避了个体死亡的结果,另一方面补偿了初民非愿而死的憾恨,其中流动着的是强烈而执着的生命意识。

"羿毙十日,嫦娥奔月",羿神话与嫦娥神话原本是平行关系,互不搭干。羿神话着重的是初民对天神般英雄的渴望,能够帮助他们战胜干旱、野兽的威胁。嫦娥神话则融入了拒绝死亡、否定死亡的生命意识。二者在汉代突然合流,羿成了嫦娥的丈夫,源于汉代人以阴阳观念对日月神话进行了重新整合。此有学者专文论述。有趣的是,李善注《文选》引《归藏》云:"昔嫦娥以西王母不死之药服之,遂奔月,为月精。"说奔月的药是嫦娥直接从西王母那里拿的,而到了《淮南子·览冥训》,变成了从丈夫那里偷的:"羿请不死之药于西王母,姮娥窃以奔月。"《后汉书·天文志》刘昭注引张衡《灵宪》补充说道:"羿请无死之药于西王母,姮娥窃之以奔月。将往,枚筮之于有黄,有黄占之曰:'吉。翩翩归妹,独将西行,逢天晦芒,毋惊毋恐,后其大昌。'姮娥遂托身于月,是为蟾蜍。"蟾蜍,即蟾蜍。

嫦娥这个"翩翩归妹"一变而成为癞蛤蟆,袁珂先生认为表明了妇女地位的降低,"推想起来,必定是有谴责的意思存于其中"。而在彼时,蟾蜍也未必不是个好东西。《西京杂记》云,汉景帝曾孙、广川王刘去疾"好聚亡赖少年"盗墓,"所发冢墓不可胜数,其奇异者百数焉"。在晋灵公冢中,"其余器物皆朽烂不可别,唯玉蟾蜍一枚,大如拳,腹空,容五合水,光润如新"。玉蟾蜍,不知道在灵公那里意味着什么,宝贝是无疑的。广川王则"取以盛书滴",拿去当磨墨时的水盂用了。

又《挥麈后录》云:"道家者流,谓蟾蜍万岁,背生芝草,出为世之嘉祥。"所以,宋徽宗时,"黄冠用事,符瑞翔集",那情景该是一片乌烟瘴气。李谌以待制守河南,有百姓真的献上了一个背生芝草的蟾蜍,小李毫不怠慢,马上又献给了徽宗。徽宗大喜,布告天下。百官也找到了表现机会,不仅"称贺于廷",而且上表,"九天睿泽,溥及含灵。万岁蟾蜍,聿生神草。本实二物,名各一芝。或善辟兵,或能延寿。乃合为于一体,允特异于百祥",洋洋洒洒,说了一大通。可惜的是,徽宗"命以金盆储水,养之殿中。浸渍数日,漆絮败溃,赝迹尽露",原来是个假的。徽宗生气了,"黜谌为单州团练副使"。识者据《宋大诏令集》等指出,小李所贬乃唐州团练副使,安州安置。然献蟾蜍之事所言不虚吧。《清波杂志》在收录此事时则强调了徽宗的英明:政和二年(1112),待制李谌进蟾芝,徽宗不信:"蟾,动物也,安得生芝!闻大相国寺市中多有鬻此者,为玩物耳。谌从臣,何敢附会如此!"乃命以盆水渍之,果然"一夕而解,竹钉故楮皆见",造假所用原材料一清二楚。比较起来,还是偶然露馅比较可信。

蟾蜍从什么时候开始、又是因为什么而变得令人厌恶,当是一个有意思的研究课题。我的故乡颇多蟾蜍,居家随处可见,青蛙则仅见于田野之中。彼时顽童如我等,见蟾蜍则必觅砖头击之,打翻而后快,主要是因为厌恶它的长相。如今想来,神话之外,人家也是归入益类的,捕杀危害旱地作物的多种昆虫和小动物嘛。则彼时之行为,真乃失敬、失敬也。

2020 年 10 月 2 日

口技

不久前河南郑州有则有趣的新闻。一位老人领着一个五六岁的小朋友上公交车,老人刷卡之后,小朋友一定要给自己也刷一次,车长便机智地秀了下口技,模仿出那个声音。小朋友高兴得和车长击掌相庆。

口技,即表演者运用口部发音技巧来模仿各种声音。从前又叫像声,也称隔壁戏。《清嘉录》云,表演时"穹幞于壁,一人在幞中,作数人问答语,谓之'隔壁戏'";表演者"以扇扑桌,状鸟之鼓翅,继作百鸟之声,皆出自口中"。口技界搞行业崇拜的话,"鸡鸣狗盗"中的"鸡鸣"者,可能要算上一个。《史记·孟尝君列传》载,孟尝君被秦昭王扣留,先是囚之,进而欲杀之。孟尝君吓坏了,走昭王幸姬的门路。幸姬开了个条件:把你的狐白裘拿来。可是,那件"直千金,天下无双"的狐白裘,孟尝君来秦国的时候献给昭王了,"更无他裘"。怎么办呢?孟尝君的门客发挥作用了,其中一个"乃夜为狗,以入秦宫臧中",把那件给偷了回来。于是,"幸姬为言昭王,昭王释孟尝君"。然而孟尝君连夜奔到函谷关口,又出问题了,"关法鸡鸣而出客",鸡叫了大门才能打开,而孟尝君担心后有追兵。门客中又站出来一位,"能为鸡鸣",他这一叫,"而鸡齐鸣,遂发传出。出如食顷,秦追果至关,已后孟尝君出,乃还"。

鸡鸣狗盗,后世用于比喻微不足道的技能。这种比喻是比较奇怪的,与《水浒传》中在破连环马、取大名府、打曾头市均立下赫赫战功的时迁,却在一百单八将中排名倒数第二的性质差不多。时迁在徐宁家盗甲,"从梁上轻轻解了皮匣,正要下来,徐宁的娘子觉来,听得响",问丫鬟什么声音,"时迁做老鼠叫"。丫鬟说是老鼠在打架,"时迁就便学老鼠厮打,溜将下来"。时迁包括口技在内的本领该是何其了得,后来上了天星的那些将领里面有多少又是徒有虚名?即便是学鸡叫的门客,能够令群鸡齐鸣,也可见惟妙惟肖的程度,此种技能如何会被归为微不足道?

描写口技高手的文章,记得自家中学时代的课本里就有一篇,"京中有善口技者"云云。后来知道,那文章出自顺治六年(1649)进士林嗣环,见于明末清初张潮编辑的《虞初新志》,这篇名曰《秋声诗自序》。坐在屏障中的那位口技高手,道具只是"一桌,一椅,一扇,一抚尺",而屏障外的听众,却能"遥闻深巷犬吠声,便有妇人惊觉欠伸……夫呓语……既而儿醒大啼";又听到"忽一人大呼火起,夫起大呼,妇亦起大呼,两儿齐哭。俄而百千人大呼,百千儿哭,百千狗吠,中间力拉崩倒之声,火爆声,呼呼风声,百千齐作。又夹百千求救声,曳屋许许声,抢夺声,泼水声,凡所应有,无所不有……"

在前人诸多笔记中,都不难觅到口技高手的踪影。《七修类稿》云,明朝天顺年间杭州人沈长子"善为四方之音……凡遇别省郡客随入其声,人莫知其为杭人也"。后世赵元任先生,无疑传承了此种遗风。《扬州画舫录》云:"井天章善学百鸟声,游人每置之画舫间与鸟斗鸣,其技与画眉杨并称。次之陈三毛、浦天玉、谎陈四皆能之。"昭梿《啸亭杂录》里正有个画眉杨,以其"能为百鸟之语,其效画眉尤酷似",本名倒为人们忘掉了。昭梿说他"尝见其作鹦鹉呼茶声,宛如娇女窥窗。又闻其作鸾凤翱翔戛戛和鸣,如闻在天际者。至于午夜寒鸡,孤床蟋蟀,无不酷似"。甚至有一天他学黄鸟的声音,"如觅睍于绿树浓阴中,韩孝廉崧触其思乡之感,因之落涕"。《清稗类钞》里则有个"百鸟张",其"立于窗外,效鸟鸣,雌雄大小之声无不肖,与树间之鸟相应答"。

《清稗类钞》总共辑录了好几例口技高手。如周德新,"尝于屏后演兵操,自抚军初下教场放炮,至比试武艺,杀倭献俘,放炮起身,各人声音无不酷肖"。如陆瑞白,"善作钉碗声及群猪夺食声,又善作僧道水陆道场钹声,且有大铙、小铙,杂以锣鼓,无不合节"。如陈金方,"演时,俄而为马嘶,俄而为牛鸣,俄而为羊叫,俄而为犬吠,俄而为豕啼,而禽鸟昆虫之声,时亦杂出于其间,且人类之喜怒哀乐,毕集于是"。尤其是扬州郭猫儿的水准,丝毫不输林嗣环笔下的那位高手。听众可以听到"二人途中相遇,揖叙寒暄,其声一老一少,老者拉少者至家饮酒",以及二人酒后情状;听到醉者回家"呼司栅者"时引起的狗叫声,"一犬迎吠,顷之,数犬皆吠,又顷益多,犬之老者、小者、远者、近者、哮者同声而吠";听到这户人家早上杀猪,"其子起,至猪圈饲猪,则闻群猪争食声,噬食声,其父烧汤声,进火倾水声。其子遂缚一猪,猪被缚声,磨刀声,杀猪声,猪被杀声,出血声,烊剥声"。未几,又"闻肉上案声,即闻有买卖数钱声,有买猪首者,有买腹脏者,有买肉者……"

1962年,杂文家聂绀弩在《光明日报》上发表文章,认为林嗣环那篇文字是抄袭金圣叹的。从那以后,赞成聂说的与反对的,各执一词,至今莫衷一是。不过,作者究竟是谁交给学人们去争论好了,于我等,领略文章的精妙则足矣。

2021年10月7日

伞

这几天,沿海"组团"而来的台风,使广州时时飘雨,虽然间或来一阵,并不是很大,但外出也需撑伞,就像《史记·仲尼弟子列传》所载:"昔夫子当行,使弟子持雨具,已而果雨。"

伞,本字作"繖"。《说文解字》云:"繖,盖也。"即有盖器具。虽然湖北云梦睡虎地出土秦简已有"伞"字,但是汉以前,言及笠、盖或簦,大抵都是言伞。《史记·五帝本纪》载,舜的父亲瞽叟续弦,生了个儿子叫象,"瞽叟爱后妻子",看不上舜了,加上后妈使坏,两个人合谋怎么把舜给杀掉。终于有一次,瞽叟"使舜上涂廪",让他登高修补粮仓,自己则"从下纵火焚廪"。不料舜"以两笠自扞而下,去,得不死。"司马贞云,这是说舜"以笠自扞己身,有似鸟张翅而轻下,得不损伤"。这样来看,舜是将伞当成降落伞使用的先驱了,懂得利用空气阻力的原理。不过,那谷仓应该不高,当代有个外国小哥在雨伞下绑个西瓜从七八层高的楼房放下去,西瓜也摔得粉碎。

五帝的事有些悬乎,现实中如何?还看《史记》。其《虞卿列传》载:"虞卿者,游说之士也。蹑蹻檐簦说赵孝成王。"徐广曰:"蹻,草履也。簦,长柄笠,音登。笠有柄者谓之簦。"这就跟现在的伞也没什么两样了。《淮南子·氾论训》云:"苏秦,匹夫徒步之人也,鞮跂蠃盖,经营万乘之主。"鞮跂蠃盖,前两个字说的也是鞋,盖,高诱注曰"步盖也",正是伞。同样以游说而闻名的苏秦,装扮和虞卿差不多,也许是那个时候他们这"行当"的标配。西汉《急就篇》卷三有"竹器:簦、笠、簟、籧篨"一语,颜师古注曰:"竹器,总言织竹为器也。簦笠皆所以御雨也,大而有把,手执以行,谓之簦。小而无把,首戴以行,谓之笠。"这就把斗笠和雨伞区别得更加清楚了。

当年,夫子弟子所持的雨具又是什么呢?伞。《孔子家语·七十二弟子解》说得清楚:"孔子将近行,命从者皆持盖,已而果雨。"《致思》里更具体一些:"孔子将行,雨而无盖。门人曰:'商也有之。'孔子曰:'商之为人也,甚吝于财。吾闻与人交,推其长者,违其短者,故能久也。'"商,即子夏。孔子没伞,子夏有,但孔子认为子夏比较吝啬,向他借的话等于难为他,不借,别人会说他不尊师;借,他又心痛。从子夏的角度考虑,孔子说还是别借算了。

伞除了挡雨,还有遮阳的功能,这在今天也是同样。《默记》云,王安石辞相后住在南京蒋山,李茂直去见他,两人路上遇到,路边就聊开了。"语甚久,日转西矣,茂直令张伞,而日光正漏在荆公身上",没挡住阳光,李茂直"语左右,令移伞就相公"。王安石一语双关:"不须。若使后世做牛,须着他与日里耕田。"

从前还有一种伞盖,形制与伞差不多,或者伞正是由之演变而来。长柄圆顶、伞面外缘垂有流苏,有"青铜之冠"美誉的秦始皇陵出土的铜车马,可窥伞盖其详。伞盖虽然也有挡雨遮阳的功能,却是一种仪仗物。还有,皇帝出行时的"伞扇前导"也是,到地方了,还要"持伞扇侍卫"。专门执伞的人,就叫伞子。辽道宗时,重元之乱平,立功的加官进爵,有名有姓的之外,"诸护卫及士卒、庖夫、弩手、伞子等三百余人,各授官有差"。《金史·仪卫上》载,朝参日,天子仪卫之"弩手、伞子直于殿门外,分两面排立。司辰报时毕,皇帝御殿坐,鸣鞭,阁门报班齐。执擎仪物内侍分降殿阶,南向立。点检司起居,弩手、伞子于殿门外北面山呼声喏,讫,即于殿门外东西相向排立"。伞子的职能一清二楚。《魏书·裴良传》载,北魏孝明帝时冯宜都、贺悦回成暴动,"以妖妄惑众,假称帝号,服素衣,持白伞白幡,率诸逆众,于云台郊抗拒王师"。暴动者虽史书所云之"山胡",对皇帝仪仗也是清清楚楚。

对大臣而言,伞盖则以不同颜色标识官品高下。如《隋书·礼仪志五》载:"王、庶姓王、仪同三司已上、亲公主,雉尾扇,紫伞。皇宗及三品已上官,青伞朱里。其青伞碧里,达于士人,不禁。"《解缊编》"青凉伞"条云,刘子仪时时盼望升官,未遂则"称疾不出"。有人来探望他问什么病,他说"虚热上攻"。石文定戏曰:"只消一服清凉散即愈矣。"因为"官任两府者,方得凉伞",石文定这是借谐音来揶揄刘子仪了。

挡雨遮阳的伞,在官场中也每每变味。《晋书·王雅传》载:"王珣儿婚,宾客车骑甚众,会闻雅拜少傅,回诣雅者过半。"为什么来宾一多半又纷纷掉头转向去王雅那里了呢?因为少傅这位置始而大家公认是王珣的,"珣亦颇以自许",不料形势变了。因此,史书对"众遂赴雅焉"写了这么一句:"时风俗颓弊,无复廉耻。"等到王雅来拜会王珣,"遇雨,请以繖入。王珣不许之,因冒雨而拜"。王珣算出了口恶气。

冯梦龙《警世通言》中有《白娘子永镇雷峰塔》,乃《白蛇传》故事源头之一,许仙尚叫许宣。许宣要去"保叔塔烧答子",在李将仕兄弟的生药铺借伞。铺子里的老陈告诉他:"这伞是清湖八字桥老实舒家做的。八十四骨,紫竹柄的好伞。"没走几步,许宣又借给了刚才一同搭船的白娘子。因为借伞还伞,二人又结为夫妇。这该是关于雨伞的最浪漫故事吧。

2021 年 10 月 11 日

世态炎凉

湛江14岁小将全红婵在东京奥运会上夺得跳水金牌后,她的农村老家原本平静的生活旋即被打破,不仅那里成了网红打卡地,每天都有百十号人前来拍照,而且还有不少远房亲戚在和其家人合影后,纷纷在社交平台晒出照片炫耀。全红婵妈妈在直播中哭着说,自从自己嫁过来,"现在才知道家里有这么多亲戚"。

"贫居闹市无人问,富在深山有远亲。"对这种现象,《增广贤文》早就有了高度概括。如果用前人更为简洁的词语以蔽之:世态炎凉。往小了说这是亲富疏贫的势力现象,往大了说则是趋炎附势的人情世故。提及前者,《儒林外史》中的胡屠户是一个典型,对女婿范进中举前后的态度,他就皆然两副面孔。中举前,范进因为没有去考场的盘费,"走去同丈人商议,被胡屠户一口啐在脸上,骂了一个狗血喷头",一时间,屁、尿之类的字眼都倾巢而出,"一顿夹七夹八,骂得范进摸门不着"。中了之后,范进的样貌从"尖嘴猴腮"登时变成"我的这个贤婿才学又高,品貌又好;就是城里头那张府这些老爷,也没有我女婿这样一个体面的相貌"。赏识范进的周进也是这样,当年他中举时,"汶上县的人,不是亲的也来认亲,不相与的也来认相与"。

全红婵家那些"亲戚"的做法,与胡屠户和汶上县那些人大抵一般无二。这种现象折射出的人情淡薄,还说不上有害,趋炎附势的,性质就不同了。正史中,从《史记》里的若干篇章便足以窥其一斑。

《孟尝君列传》载,孟尝君以广罗宾客而闻名于诸侯,对数千食客没有高低贵贱之分,与自己等同看待,甚至不惜"舍业厚遇之"。他"待客坐语,而屏风后常有侍史,主记君所与客语,问亲戚居处。客去,孟尝君已使使存问,献遗其亲戚"。而"齐王惑于秦、楚之毁,以为孟尝君名高其主而擅齐国之权,遂废孟尝君",事情起了变化,"诸客见孟尝君废,皆去",都跑了,只剩下"薛国市义"的冯谖。当孟尝君"复相齐",对冯谖感慨道:"文常好客,遇客无所敢失,食客三千有馀人,先生所知也。客见文一日废,皆背文而去,莫顾文者。今赖先生得复其位,客亦有何面目复见文乎?如复见文者,必唾其面而大辱之。"

又,《廉颇蔺相如列传》载:"廉颇者,赵之良将也。赵惠文王十六年,廉颇为赵将伐齐,大破之,取阳晋,拜为上卿,以勇气闻于诸侯。"廉颇一个著名举动是"负荆请罪",主动向蔺相如认错赔礼。赵惠文王卒,子孝成王立,对秦赵长平对峙之时廉颇的战法不满意,又中了秦的反间计,乃起用赵括取之,结果长平兵败,"数十万之众遂降秦,秦悉阬之",令赵国元气大伤,廉颇也受了牵连。而"廉颇之免长平归也,失势之时,故客尽去。及复用为将,客又复至"。廉颇并不客气:"客退矣!"一边儿凉快去,不要再来了。

又《汲郑列传》载:"郑庄、汲黯始列为九卿,廉,内行修絜。此两人中废,家贫,宾客益落。"汲黯"好直谏,数犯主之颜色",郑庄"闻人之善言,进之上,唯恐后",两人失意之后都没有东山再起,宾客更有去无回了。司马迁作结云:"夫以汲、郑之贤,有势则宾客十倍,无势则否,况众人乎!"他又联想到二人的情况和翟公很相似,"始翟公为廷尉,宾客阗门;及废,门外可设雀罗。翟公复为廷尉,宾客欲往"。翟公在门口贴了24个字:"一死一生,乃知交情。一贫一富,乃知交态。一贵一贱,交情乃见。"亮明了自己现在的态度:你们跟我没交情,我根本不愿意搭理你们。《说苑》言及这件事,后面还有"一浮一没,交情乃出"8个字。这个翟公是谁,姓翟名公还是尊称?司马迁没有道明,想来其落笔之时,尽人皆知而无须多加解释吧。

当然,也有人不像翟公这么看,冯谖就是这样。孟尝君的气愤溢于言表之后,冯谖"结辔下拜",为跑掉的门客打圆场:"夫物有必至,事有固然,君知之乎?"他进一步阐释:"生者必有死,物之必至也;富贵多士,贫贱寡友,事之固然也。"接着他又打了个比方:"君独不见夫(朝)趣市者乎?明旦,侧肩争门而入;日暮之后,过市朝者掉臂而不顾。非好朝而恶暮,所期物忘其中。"您没看到去市集的那些人吗?天亮后,争着往里挤,挑东西买东西;日落时再经过,连头也不会回了。不是人们喜欢早晨而厌恶傍晚,而是该买的东西买到了,不用再买了。所以,"今君失位,宾客皆去,不足以怨士而徒绝宾客之路。愿君遇客如故"。在冯谖看来,人性就是如此,孟尝君需要理解,不要揪住不放,更不要记仇。孟尝君还真听进去了,再拜曰:"敬从命矣。"

廉颇的门客则是自我辩解:"吁!君何见之晚也?夫天下以市道交,君有势,我则从君,君无势则去,此固其理也,有何怨乎?"这样一发问,倒是廉颇的不是了。宋王楙《野客丛书》全文照抄了《史记》相关情节却并不注明出处不说,也怪起了翟公:"客固薄矣,翟公何怪之有?惜乎无有以二客之言告之?"仿佛翟公身边没有冯谖和廉颇门客的点醒,是件十分遗憾之事。

世态炎凉,诚然是一种现实,但像冯谖这种没有见风使舵的人那样解释似乎还说得过去,见风使舵的人也这样说,横竖看去,都是恬不知耻。

2021 年 10 月 16 日

龟

近日,苏州朱女士报警称,她养了二十年的宠物龟不见了。民警找到偷窃的嫌疑人何某时,乌龟已被他红烧吃掉。何某交代,路过朱女士家时,对门口的水桶动了贪念,回去后发现桶里还有只龟,就杀了解馋。

从前,很久以前的人也杀龟,那是为了占卜,灼龟甲以卜吉凶。《左传·昭公五年》载:"冬十月,楚子以诸侯及东夷伐吴……吴人败诸鹊岸。"开打之前,楚方就进行过占卜,"龟兆告吉,曰'克可知也'"。《史记·龟策列传》载:"闻古五帝、三王发动举事,必先决蓍龟。"现实中,"王者发军行将,必钻龟庙堂之上,以决吉凶"。当然,预测战事只是龟卜的功能之一。《周礼·春官》载:"以邦事作龟之八命,一曰征,二曰象,三曰与,四曰谋,五曰果,六曰至,七曰雨,八曰瘳。"战事之外,举凡灾变、予人物、谋议、事成、到达、下雨、疾病与否,都可借此问询。届时,"凡卜事,眂高,扬火以作龟,致其墨",就要杀龟了。《龟策列传》另载:"庐江郡常岁时生龟长尺二寸者二十枚输太卜官,太卜官因以吉日剔取其腹下甲。"龟生长得很慢,"千岁乃满尺二寸"。尺二寸者,天子占卜用龟,其余则"诸侯一尺,大夫八寸,士六寸"。

龟在传统文化中曾经具有相当之高的地位。前人以之为四灵之一,甚至传说千岁之龟能作人言。南朝宋刘敬叔《异苑》云:

"吴孙权时,永康县有人入山,遇一大龟,即束之以归。"不料,龟说话了:"游不量时,为君所得。"觉得自己不太好彩,但它并不在乎,以为"虽然,尽南山之樵不能溃我",烧多少柴火都没用,煮不死。果然,"既至建业,权命煮之,焚柴万车,语犹如故"。殷墟出土了相当数量的甲骨文,其中的"甲"就是龟甲。专业人士即贞人通过在甲骨背面凿坑、钻孔、烧灼,使龟正面产生裂隙,然后观察裂隙的形态、走向,对需要卜问的事情作出判断。占卜的结果,以及占卜日期、贞人名号、所求问题,乃至事后验证与否都刻写在甲骨上,这就是让后世能够直接领略商代文明高度的甲骨文。

至少到了唐朝,龟卜仍然施行。《新唐书·礼乐志》载,"凡祭祀之节有六:一曰卜日"。届时,"太常卿立门东,太卜正占者立门西,卜正奠龟于席西首,灼龟之具在龟北,乃执龟立席东,北向"云云。又,皇帝娶皇后之"纳吉"环节,先是"使者之辞",曰"加诸卜筮,占曰日从,制使某也入告";然后是"主人之辞",曰"臣某之女若如人,龟筮云吉,臣预在焉,臣某谨奉典制"云云。这个主人,该是准丈人了。《车服志》载,高宗给五品以上官员"随身鱼银袋,以防召命之诈,出内必合之。三品以上金饰袋"。武则天"改佩鱼皆为龟,其后,三品以上龟袋饰以金"。所以,身任高官的女婿,每被称为金龟婿,有实指的意味。"为有云屏无限娇,凤城寒尽怕春宵。无端嫁得金龟婿,辜负香衾事早朝。"此李商隐《为有》诗,不难看出,这是妻子在冬去春来之时,埋怨身居高官的丈夫因为要赴早朝而辜负了一刻千金的春宵。"章台游冶金龟婿,归来犹带醺醺醉。花漏怯春宵,云屏无限娇。 绛纱灯影背,玉枕钗声碎。不待宿醒销,马嘶催早朝。"此贺铸《菩萨蛮》词,与李诗异曲同工。

《周礼·春官》中有"龟人",不是骂人,而是职位,"掌六龟之属",就是祭祀时奉龟供卜。龟而俗称王八成为詈词,是后来的事。《新五代史·前蜀世家》载,王建"少无赖,以屠牛、盗驴、贩私盐为事,里人谓之'贼王八'"。王建是前蜀开国皇帝,唐僖宗时,黄巢攻陷长安,僖宗逃亡巴蜀,王建护驾有功。后来,王建"招集亡命及溪洞夷落,有众八千,以攻阆州,执其刺史杨行迁,又攻利州,利州刺史王珙弃城走"。西川节度使陈敬瑄着急了,田令孜说好办:"王八吾儿也,以一介召之,可置麾下。"此前,僖宗将王建等人的队伍并入田令孜麾下且赐号"随驾五都"时,田令孜即收王建等为养子。"王八"在这里也不是骂人,因为王建在家里排行老八。然清朝学者赵翼认为,"王八"之称始于此。

龟从什么时候开始从神坛跌落成为辱人秽语了呢?赵翼认为是在元朝,因为宋朝时龟字还广泛正面使用,如"江阴葛延之访东坡于儋耳,以亲制龟冠献坡,坡答以诗;杨时号龟山;绍兴中有侍御史黄龟年;庆元中有真讲彭龟年、洪龟父;王十朋字龟龄,陆放翁筑堂曰龟堂,又以龟壳作冠,高二寸许"等。到《南村辍耕录》就不然了,金方所作诗嘲笑败家子,有"宅眷皆为撑目兔,舍人总作缩头龟"句,赵翼认为:"撑目兔谓兔望月而孕,以见其不夫而妊也;缩头龟则以喻其夫也。想其时已有此谚语,而入之诗。"而龟之与王八相关联,或在于明人小说所言之"忘八",就是"忘礼、义、廉、耻、孝、弟、忠、信八字也"。

即便是因为占卜而杀龟,《龟策列传》中也有微词。云"南方老人用龟支床足,行二十馀岁,老人死,移床,龟尚生不死"。问者曰:"龟至神若此,然太卜官得生龟,何为辄杀取其甲乎?"又,"近世江上人有得名龟,畜置之,家因大富"。他家想放生,有人"教杀之勿遣,遣之破人家"。那家人听信了,结果,"杀之后,身死,家不利"。今天的何某要是知道这些,不知还敢不敢下手了。

2021 年 10 月 24 日

高尔夫球·捶丸

北京申奥期间,时任国际奥委会主席萨马兰奇到访中国,看到元代壁画《捶丸图》发出惊叹:"原来中国人在元代就开始打高尔夫球了。"其之所以惊叹,在于高尔夫球一向被认为起源于15世纪的苏格兰。其实,《捶丸图》之外,还有《明宣宗行乐图》等时人绘制的作品,图中所示都与今之高尔夫球"何其相似乃尔"。元朝灭亡时也才是14世纪。当然,这并不是萨氏的发现,近代学者郝更生很早就这样指出了。

综合文献以及图示,可知捶丸的游戏规则:在旷地画线为基,离基线远处掘一浅穴为窝;球置其中,以棒击之,入窝者为胜。在文献方面,元朝宁志老人《丸经》、14世纪中期高丽国《朴通事谚解》均可谓专门著作。需要明确的是,典籍中,现代意义所指的"球"皆写作"毬"。

《丸经》详细记载了捶丸游戏的场地、器具、技巧、规则等。举场地而言,"地形有平者,有凸者,有凹者,有峻者,有仰者,有阻者,有妨者,有迎者,有里者,有外者",平、凸、凹易懂,另外几个可稍作解释:坡度由高到低为峻,坡度自下而上为仰,窝后有障碍为迎,地势左高为里,地势右高为外。《朴通事谚解》乃朴姓通事(即翻译)编写的供朝鲜人学习汉语的课本。谚解,即对当时中国流行语所作的注释,其中涉及了捶丸。举运动形式而言,"人打毬儿,先掘一窝儿,后将毬儿打入窝内",以"落窝者为胜"。再举计分而言,"一击入窝则得筹二;一击不入,随毬所止,再、三击之而入,则得筹一",倘若"一击而入,则他毬不得再击而死;再、三击而入,则他毬不得三击而死"。横竖看去,捶丸的场地、运动方式与计分等,都与现代高尔夫球的没什么两样。

按《丸经》的追溯,捶丸乃"古战国之遗策也",从那时的弄丸演变而来。这个说法恐怕有些牵强。相对而言,捶丸源自步打球,而步打球源自马球,这一形成脉络比较可靠。

唐朝相当盛行打马球。《资治通鉴》载唐中宗"好击毬,由是风俗相尚",这个毬就是马球。《封氏闻见记》云玄宗也精通马球,"东西驱突,风回电激,所向无前"。步打球,除了不骑马,其他大体与马球相似。"坚圆净滑一星流,月杖争敲未拟休。无滞碍时从拨弄,有遮拦处任钩留"云云,鱼玄机的打马球诗。星流,球飞出去的情形;月杖,球杆。《北梦琐言》云,这方面则唐僖宗在行,"自以能于步打"。他甚至得意洋洋地对人说:"朕若作步打进士,亦合得一状元。"有了马球、步打球作铺垫,具有高尔夫球性质的捶丸,在宋朝便水到渠成了,球门改成球穴而已。

在前人笔记中,也时时能觅到捶丸的踪影。

魏泰《东轩笔录》说自己还是孩童的时候,听奶奶讲过一件事:从前"有县令钟离君,与邻县令许君结姻。钟离女将出适,买一婢以从嫁"。有一天婢女扫地时,"至堂前,熟视地之窊处,恻然泣下"。钟离君正好见到,就问她怎么了。婢女泣曰:"幼时我父于此穴地为毬窝,道我戏剧,岁久矣,而窊处未改也。"父亲教她捶丸时挖的球窝,还是从前那个模样,然已物是人非。钟离君惊问她父亲是什么人,婢女回答原来也是县令,"身死家破,我遂流落民间,而更卖为婢"。这故事有个光明的结局,按下不表。

范公偁《过庭录》云,范仲淹姑表兄弟滕元发,"自小侍文正侧。文正爱其才,待如子"。滕元发就特别爱捶丸,"文正每戒之,不听"。某天范仲淹生气了,"命取毬令小吏直面以铁槌碎之"。不料,"毬为铁所击起,中小吏之额。小吏获痛间,滕在旁,拱手微言曰:'快哉!'"宛如在说:活该,谁叫你砸我的球的。小家伙毫不掩饰地在旁边解恨呢。

《丸经》还说,宋徽宗、金章宗皆爱捶丸,用具也非常讲究,"盛以锦囊,击以彩棒,碾玉缀顶,饰金缘边"。正史中,宋徽宗赵佶捶丸的文字倒是没见到,《金史·章宗本纪》确有数处章宗完颜璟"击毬"的记载。如明昌元年(1190)三月,"击毬于西苑,百僚会观";五月,"射柳、击球,纵百姓观";承安三年(1198)五月,"射柳、击毬,纵百姓观";泰和元年(1201)五月,"击毬于临武殿,令都民纵观"等。到了明朝,捶丸也依然风行。万历年间周履靖重刻《丸经》有跋云:"予壮游都邑间,好事者多好捶丸。"李诩《戒庵老人漫笔》更为文人雅士提供了"休闲选胜各八"作参考,"牌色八奇""妙曲八引"等之外,还有从《丸经》归纳出的"捶丸八巧","卧棒斜插花""后橛掀过前""雁点头,背身倒卷帘"云云,大抵是捶丸的基本动作要领。或者可以认为,捶丸始于宋,发展于元、明,至清朝衰亡而没有与现代高尔夫球产生交集。

如今,高尔夫球在我们国度是一项高消费的运动,禁止党和国家工作人员违规打高尔夫球的各类通知不知凡几,仍有不少官员栽在上面,新近就有中国兵器工业集团有限公司原党组书记、董事长尹家绪。通报中,尹家绪"长期违规持有高尔夫球卡"正为其一。当年,捶丸的消费怕也低不了多少。

2021 年 10 月 30 日

跟 帖

"跟帖"是今天的一个网络用语,就是在主帖文字或图像的下面写上自己的意见,认同或不认同。认同的,每每按个心形符,点赞了事。深度一点儿的,才写上一句话或一段文字。类似的做法,应当说古人早就玩儿过,载体不同罢了。从前,比如说历代留在名画上的序跋,因为与原作装裱成为一体,又是一个衔接一个,形式上便与跟帖庶几近之。

如顾闳中《韩熙载夜宴图》北京故宫本,首个"跟帖"出自无名氏(启功先生推断是元代史官袁桷),写的是韩熙载小传,"后主每伺其家宴,命画工顾宏中辈丹青以进。既而黜为左庶子,分司南都,尽逐群妓,乃上表乞留。后主复留之阙下。不数日,群妓复集,饮逸如故"云云。接着有王铎的,"画法本唐人,略无后来笔蹊,譬之琬琰,当钦为宝"云云。年羹尧的,"韩熙载所为千古无两,大是奇事。此殆不欲索解人者欤?"林林总总汇集到一起,观者可以了解顾闳中作画的本事及其政治目的、韩熙载纵情声色的名士风度等。当然,无用"跟帖"也有一箩筐,像乾隆皇帝的,尽拾前人牙慧。

又如张择端《清明上河图》,"跟帖"者从不同角度、在不同层次上给出了自己对作品的评价。如明朝冯保的,"余侍御之暇,尝阅图籍,见宋时张择端清明上河图,观其人物界画之精,树木舟车之妙,市桥村郭,迥出神品,俨真景之在目也"云云。而此前的宋朝遗民,看画时痛心疾首,如张公药的,"通衢车马正喧阗,只是宣和第几年。当日翰林呈画本,升平风物正堪传",可惜"故知今日变丘墟"云云。郦权的,"车毂人肩困击磨,珠帘十里沸笙歌。而今遗老空垂涕,犹恨宣和与政和",都是因为"宋之奢靡至宣政间尤甚",更上升到了反思层面。

形式上最似跟帖的,要推清朝一众文化人对张潮《幽梦影》的评价。这些人士既有天文家、画家、数学家,也有书法家、文学家、诗人。

张潮,字山来,号心斋居士,生活于康雍时期。《幽梦影》是他的一部随笔集,着眼于以优雅的心胸、眼光去发现美的事物,连其中的冷嘲热讽也不失风趣,表现出深刻的哲理思考与达观的生活态度。石庞作序认为该书"以风流为道学,寓教化于诙谐";孙致弥作序认为"三才之理,万物之情,古今人事之变,皆在是矣";余怀作序认为"言人之所不能言,道人之所未经道"。通观全书,采用的是格言、警句、语录等小品文体形式,短小精悍,本身即似发帖一般,隽永的文字又引发了共鸣。拈出其中一些,可窥什么叫高水平的发帖与跟帖,跟者的身份此间不一一道明,实名制,有需要详细了解的径直检索就是。

这些跟帖,有的是对原帖的补充延展。如张潮发:"艺花可以邀蝶,累石可以邀云,栽松可以邀风,贮水可以邀萍,筑台可以邀月,种蕉可以邀雨,植柳可以邀蝉。"倪永清跟:"选诗可以邀谤。"曹秋岳跟:"藏书可以邀友。"崔莲峰跟:"酿酒可以邀我。"尤艮斋跟:"安得此贤主人。"尤慧珠跟:"贤主人非心斋而谁乎?"庞天池跟:"不仁可以邀富。"陆云士跟:"积德可以邀天,力耕可以邀地,乃无意相邀而若邀之者,与邀名邀利者迥异。"极大延展了张潮"可以邀"的覆盖面。

有的是对原帖的尽情发挥。如张潮发:"藏书不难,能看为难;看书不难,能读为难;读书不难,能用为难;能用不难,能记为难。"洪去芜跟:"心斋以能记次于能用之后,想亦苦记性不如耳。世固有能记而不能用者。"王端人跟:"能记能用,方是真藏书人。"张竹坡跟:"能记固难,能行尤难。"抒发了各自的读书心得。

有的是与原帖感同身受。如张潮发:"大家之文,吾爱之慕之,吾愿学之;名家之文,吾爱之慕之,吾不敢学之。学大家而不得,所谓'刻鹄不成尚类鹜'也,学名家而不得,则是'画虎不成反类狗'矣。"黄旧樵跟:"我则异于是,最恶世之貌为大家者。"张竹坡跟:"今人读得一两句名家,便自称大家矣。"殷日戒跟:"彼不曾闯其藩篱,乌能窥其阃奥?只说得隔壁话耳。"撇开之乎者也,他们这些跟帖形同议论当下时事了。

最有意思的,莫过于张潮的"穿越"遐想。一曰:"我不知我之生前,当春秋之季,曾一识西施否?当典午之时,曾一看卫玠否?当义熙之世,曾一醉渊明否?当天宝之代,曾一睹太真否?当元丰之朝,曾一晤东坡否?千古之上,相思者不止此,数人则其尤甚者,故姑举之,以概其余也。"二曰:"我又不知在隆、万时曾于旧院中交几名妓?眉公、伯虎、若士、赤水诸君,曾共我谈笑几回?"杨圣藻跟:"君前生曾与诸君周旋亦未可知,但今忘之耳。"纪伯紫跟:"君之前生或竟是渊明、东坡诸人,亦未可知。"王名友跟:"不特此也,心斋自云愿来生为绝代佳人,又安知西施、太真不即为其前生耶?"郑破水跟:"赞叹爱慕,千古一情。美人不必为妻妾,名士不必为朋友,又何必问之前生也耶?"余香祖跟:"我亦欲骚首问青天。"或调侃,或揶揄,相映成趣。

跟帖与发帖形同唱和,融为有机一体,于读者而言,享受思想、文字之美之余,也见识了他们对生活阐发的真感悟、对社会提出的真问题。这样的发帖与跟帖,才具有公开示人的文化价值,今人何不借鉴之?

2021 年 11 月 5 日

婚礼

上周六傍晚去番禺与友人聚会,遇到两对新人在户外草坪上举办婚礼,男西装,女婚纱。这种西式婚礼是如今常见的景观。同样常见的是在风景稍好的地方,专业团队在为新人拍摄同样装扮的照片,那是婚礼的前奏。

婚礼自古以来就是十分重要的人生礼仪。"桃之夭夭,灼灼其华,之子于归,宜其室家。"《诗·周南·桃夭》中脍炙人口的句子,就是祝福新娘的。夭夭,桃树少壮茂盛貌;灼灼,桃花鲜艳盛开貌;之子,新娘;于归,出嫁。诗人看见春天柔嫩的桃枝和灿烂的桃花,联想到了新娘的年轻貌美。刘勰《文心雕龙》评价该诗:"诗人感物,联类不穷。流连万象之际,沉吟视听之区。写气图貌,既随物以宛转;属采附声,亦与心而徘徊。"清人姚际恒更盛赞曰:"桃花色最艳,故以取喻女子,开千古词赋咏美人之祖。"

婚礼,从前作"昏礼",以其黄昏进行之故。《礼记·昏义》云:"昏礼者,将合二姓之好,上以事宗庙,而下以继后世也。故君子重之。"《汉书·惠帝纪》载,惠帝六年(前189)发布一道诏令:"女子年十五以上至三十不嫁,五算。"这是借鉴了春秋时越王勾践的做法,彼时"国中女子年十七不嫁者父母有罪"。惠帝没那么极端,但是收税。算赋是汉朝征收的人头税,一百二十钱为一算,刘邦定下来的。应劭注云："(汉律)唯贾人与奴婢倍算,今使五算,罪谪之也。"性质跟勾践的定义差不多,为他们的政策往好处辩解,客观上使百姓繁息以规避人口老龄化吧。

前人为整个结婚过程制订了一套完整的礼仪,即"六礼":纳采、问名、纳吉、纳征、请期和亲迎。通俗地说,就是下聘礼、询问女方姓名、占卜若结合吉利与否、定亲、择定良辰吉日、举行婚礼。每个环节都堪称繁文缛节。比如纳采,《仪礼·士昏礼》载,男方与"使者"要拎着大雁登门,"主人筵于户西,西上,右几",女方家长设神坐乃受之,案几放在筵席之右。"使者玄端至,摈者出请事,入告",使者要穿黑色礼服,女方傧相出门询问来者何意,然后"主人如宾服,迎于门外",女方家长也穿黑色礼服,双方"再拜,宾不答拜。揖入,至于庙门,揖入。三揖至于阶,三让"。如此一番,才只是进门前的仪式。

当然了,六礼是"士昏礼"的全过程,士娶妻才如此。"士农工商"四民中,士是排在第一位的读书人。为什么在黄昏进行?按郑玄的说法:"娶妻之礼,以昏为期,因名焉。必以昏者,取其阳往阴来之义。"阳往阴来,借助天地阴阳自然交汇的能量而结合,新婚男女当大吉大利之故吧。六礼程序一直延续到唐朝,到宋朝朱熹才简化成三礼:纳采、纳币(相当于纳吉)和亲迎。明初朱元璋令"民间婚娶,并依《朱子家礼》",成化年间又形成八股文,一切皆向朱子看齐了。今天我们见到的婚礼,属于"亲迎",这也是婚礼的核心环节。

参加婚礼的礼金,如今在官场上一度有利益输送的趋向,从前也是这样。有鉴于此,唐朝为官宦之家界定了礼金上限。《唐会要》载,高宗显庆四年(659)十月十五日诏:"自今已后,天下嫁女受财,三品已上之家不得过绢三百匹,四品、五品,不得过二百匹、六品、七品，不得过一百匹，八品以下不得过五十匹，皆充所嫁女赀妆等用，其夫家不得受陪门之财。"很难想象，这个制约借婚姻而敛财的规定，蓝本出自以"笑里藏刀"闻名的宰相李义府。并且，对婚礼的铺张浪费也有严禁之举，这回是睿宗太极元年（712）左司郎中唐绍的上表："士庶亲迎之礼……乃广奏音乐，多集徒侣，遮拥道路，留滞淹时，邀致财物，动逾万计……既亏名教，又蠹风猷，违紊礼经，须加节制，望请敕令禁断。"

明朝不仅针对民间婚礼"专论聘财，习染奢侈"的现象，提出"（由）中书省集议，定制颁行，务从节俭，以厚风俗"，而且对皇帝婚礼的铺张也谏言不已。《明会要》载，正德帝大婚，"诏取太仓银四十万两"。御史赵佑说话了："左右以婚礼为名，将肆无厌之欲。计臣惧祸而不敢阻，阁臣避怨而不敢争。用如泥沙，坐致耗国。"与此同时，吏部尚书韩文"亦连疏请"，最后"命减四之一"。嘉靖帝"以大婚期近，遣徐元祚告天地，郭勋告太庙"，刑部尚书林俊说话了："今日之最急者，惟取法祖宗，躬行节俭。兹大婚届期，六礼之仪，固不可缺，中外赏犒，为费尤多。时绌举赢，其何能济？愿一切罢省，崇节俭以为天下先。"嘉靖帝"诏褒纳之"，至少姿态摆了。

白居易《和春深二十首》之十八、十九，分别描写了婚礼当天，娘家和婆家的欢乐景象。其十八云："何处春深好？春深嫁女家。紫排襦上雉，黄帖鬓边花。转烛初移障，鸣环欲上车。青衣传毡褥，锦绣一条斜。"其十九云："何处春深好？春深娶妇家。两行笼里烛，一树扇间花。宾拜登华席，亲迎障幰车。催妆诗未了，星斗渐倾斜。"这里的移障、催妆诗，都是婚礼进行时新娘一方对新郎的"刁难"。障车是拦住新郎不让过去，须"留下买路钱"；催妆诗则考验新郎的才学。从"星斗渐倾斜"来推断，白居易参加的这场婚礼,新郎是被难住了。

如今的婚礼早已中西合璧,显而易见,此乃文化融合使然。

2021 年 11 月 10 日

蝙蝠（续）

8月28日傍晚，四川德阳的天空中突然出现大量蝙蝠，吸引了很多市民围观拍照。在乡村生活过的人，蝙蝠是常见的，然而从视频、照片上看，蝙蝠如此之多，也难免让人惊讶。"安得蝙蝠满天飞，一除毒素安群民"，蒲松龄的诗显然是另有所指。

蝙蝠是一种哺乳动物，头部和躯干似鼠，却又会飞，捕食蚊、蛾等昆虫。古希腊《伊索寓言》中有《蝙蝠和黄鼠狼》故事，说有只蝙蝠先后被两个黄鼠狼抓到，第一个仇鸟，第二个仇鼠。仇鸟的要吃它，蝙蝠说自己不是鸟而是一只鼠；仇鼠的要吃它，蝙蝠又说自己不是鼠而是鸟。就这样，鸟、鼠两边都有相似地方的蝙蝠，随机应变，保全了性命。

在我们的文化中，对蝙蝠的"秉性"也有类似认知。冯梦龙《笑府》云，凤凰过生日，百鸟朝贺而蝙蝠不来。凤凰责之曰："汝居吾下，何倨傲乎？"蝙蝠说它有脚，属于兽，"贺汝何为？"麒麟过生日，蝙蝠也不来，这回理由是它有翅膀，属于禽。凤凰与麒麟相会时提到这事，相与慨叹曰："如今世上恶薄，偏生此等不禽不兽之徒，真乃无奈他何！"自然这也是指桑骂槐了。

不过，我们的民间传统一向视蝙蝠为吉祥物。新石器时代的红山文化中就有一只玉蝙蝠。崔豹《古今注》云："蝙蝠，一名仙鼠,一名飞鼠。五百岁则色白。脑重集则头垂,故谓之倒折,食之神仙。"葛洪《抱朴子》在年岁上给蝙蝠翻了倍:"千岁蝙蝠,色如白雪,集则倒悬,脑重故也。"认为"千岁蝙蝠"和"万岁蟾蜍"一样,可做长寿药,"此二物得而阴干末服之,令人寿四万岁",不仅长,还长得离谱。宋人倪梦龙诗曰:"悬崖多蝙蝠,往往寿千年。自古人难到,如今尔得先。所餐崖上乳,不出瓮中天。自有攀援者,曾看抱扑篇。"在倪梦龙看来,攀援者是中了《抱朴子》的毒了。

《明皇杂录》里还有更离谱的长寿,说的是唐朝张果,"时人传有长年秘术,耆老云为儿童时见之,自言数百岁矣。唐太宗、高宗屡征之不起"。玄宗咨询道士叶法善,张果究竟是什么人。法善曰:"此混沌初分白蝙蝠精。"好家伙,盘古时代的呢。然而这种荒诞无极的说法,直到清朝也还颇有市场。

屈大均《广东新语》云:"粤山多岩洞,蝙蝠宫之。以乳石精汁为养,夏间出食荔支,冬则服气。纯白者大如鸠鹊,头上有冠,或千岁之物。其大如鹑而未白,亦已百岁。"具体而言,除了前文提及的肇庆七星岩,仁化县也"有夜燕岩,蝙蝠多至数万,旦暮分三道往还,声如飘风,倐忽数十里"。又,罗定县"有催生鼠,状如兔而鼠首,以其髯飞,飞且乳,声如人呼,喜食火烟。能从高赴下,不能从下上高,其毛可治难产。一名飞生,亦即蝙蝠也"。又,从化县"鳌头岭之右,有蝙蝠石,石穴中多黄白蝙蝠,有大五六尺者"。种种叠加,表明时人对蝙蝠的认识仍然是神化的。

而如我们所见,在前人留下的园林建筑门窗、砖雕石雕、家具图案以及瓷器彩绘等载体上,都可以见到大量蝙蝠形象,以"五福临门""五福捧寿"居多,传递着人们祈福求祥的信息,相应图案每由五只蝙蝠构成,围绕一个"寿"字。一方面,如前面所言人们笃信蝙蝠乃为长寿之物；另一方面，"蝠""福"同音，其倒悬的姿态可谐为"福到"。《尚书·洪范》便已提出"五福"之说，寿、富、无疾病、所好者德福之道、命以自终不横夭什么的。于是乎，蝙蝠被前人以丰富的想象和大胆的变形移情手法重新包装，翅卷祥云，盘曲自如，风度翩翩，成了中国传统纹饰中吉祥图案的象征符号系统，"福"文化的标志性符号。

这方面的实例，如北京颐和园仁寿殿南北暖阁山墙上有"百福捧寿"：一百只蝙蝠衬托一个大大的"寿"字。如北京恭王府里院内长廊的檐上有两排出檐椽子，在上层端头小方块上彩绘佛教的"万"字，下层则彩绘蝙蝠，从上往下，便构成"万福万福"，所以恭王府又称"万福园"。又如广州陈家祠，无论石雕、砖雕、木雕还是陶塑、灰塑，都有蝙蝠构成的图案，超过 100 个，至于有"卢沟桥的狮子数不清，陈家祠的蝙蝠数不完"的民谚。其中最大的图案位于聚贤堂瓦脊两边的山墙上，面积达 4 平方米的蝙蝠前面装饰着两个大铜钱，寓意"福在眼前"，而最小的木雕蝙蝠仅 2 厘米长。除了与人物、动物、植物甚至器物巧妙结合，寄托美好寓意，蝙蝠纹还广泛应用于衣食住行的各个方面，甚至明清皇帝的龙袍用作底纹。总之，无论民间还是官方，但凡关联"福"的表达，大抵都能觅到蝙蝠的身影。

前人之所以青睐蝙蝠，清朝孟超然说得好："以与'福'同音也。"他是不大看得起蝙蝠的，以为"虫之属最可厌莫如蝙蝠"，只是因为同音，"而今之织绣图画皆用之"。与此形成鲜明对照的是，"木之属最有利莫如桑，而今人家忌栽之，以与'丧'同音也"。

余儿时生活在京郊，夏天的傍晚，自家院子里每见蝙蝠上下翻飞。这时，小朋友都喜欢脱下鞋子向上扔去，看蝙蝠竞相追逐，乐此不疲。后来知道,蝙蝠的视力其实很弱,它们靠自身发出的超声波来引导飞行,人类通过模仿蝙蝠的回声定位系统发明了雷达。这是蝙蝠对科技进步的一大贡献了。

2021 年 11 月 17 日

神童

11月17日凌晨,"东方神童"魏永康的妻子付碧在天涯论坛发布讣告,称魏永康于11月9日突发疾病逝世,终年38岁。魏永康当年之所以被称为神童,是因为他2岁便掌握1000多个汉字,4岁基本学完初中阶段的课程,8岁进入县属重点中学读书,13岁以高分考入湘潭大学物理系,17岁又考入中科院高能物理研究所,硕博连读……

神童,是指那些特别聪明、才能非凡的儿童。史上不乏。

《汉书》作者班固,"年九岁,能属文诵诗赋"。《三字经》之"莹八岁,能咏诗;泌七岁,能赋棋",说的是北齐祖莹和唐朝李泌。而"香九龄,能温席"及"融四岁,能让梨",说的则是东汉黄香和孔融,他们虽然分别以孝顺父母、敬爱兄长的面目出现,实则也都是神童。《后汉书》载,黄香"年十二……博学经典,究精道术,能文章,京师号曰'天下无双江夏黄童'";孔融呢,"幼有异才"。三国时"二士争功"中的钟会,"年四岁授《孝经》,七岁诵《论语》,八岁诵《诗》,十岁诵《尚书》,十一诵《易》,十二诵《春秋左氏传》《国语》,十三诵《周礼》《礼记》,十四诵成侯《易记》,十五使入太学问四方奇文异训"。唐朝刘晏,"玄宗封泰山,晏始八岁,献颂行在,帝奇其幼,命宰相张说试之",张说因有"国瑞"之叹。于是乎,刘晏对大臣们邀约的饭局应接不暇,"号神童,名震一时"。

因为从前的神童太多,唐宋科举考试专门开辟了童子科,赴举者称应神童试,后世的大学"少年班"似可窥其踪影。在我读中学那阵,宁铂、谢彦波他们皆名噪一时,令年岁相当的我等无地自容。

《新唐书·选举志》载:"取士之科,多因隋旧……其科之目,有秀才,有明经……有童子。"录取标准呢?"凡童子科,十岁以下能通一经及《孝经》《论语》,卷诵文十,通者予官;通七,予出身。"刘晏就经过了这个环节试,"举神童,授秘书省正字"。另外,"初唐四杰"之一的杨炯也是。《新唐书·文艺传》载,杨炯"举神童,授校书郎"。

宋朝的标准是:"凡童子十五岁以下,能通经作诗赋,州升诸朝,而天子亲试之。其命官、免举无常格。"晏殊就是这么脱颖而出的。《宋史·晏殊传》载,晏殊"七岁能属文,(真宗)景德初,张知白安抚江南,以神童荐之。帝召殊与进士千余人并试廷中,殊神气不慑,援笔立成。帝嘉赏,赐同进士出身"。晏殊时年十四岁。除他之外,宋朝"童子以文称者",还有杨亿、宋绶、李淑等,"皆为贤宰相、名侍从"。

宋孝宗时,礼部提出对童子试增加难度,概因"郡国举贡,问其所能,不过记诵,宜稍艰其选"。于是淳熙八年(1181),童子试"始分为三等:凡全诵《六经》《孝经》《语》《孟》及能文,如《六经》义三道、《语》《孟》义各一道、或赋一道、诗一首为上等,与推恩;诵书外能通一经,为中等,免文解两次;止能诵《六经》《语》《孟》为下等,免文解一次。覆试不合格者,与赐帛"。《文献通考·童科》记载了南宋童子试的几组数据:"高宗一朝,童子求试者三十有六人,授官者五人……孝宗一朝,童子求试者七十四人,而命官者七人……光宗一朝,童子求试者十七人,无补官者。"且载,"自置童子科以来,未有女童应试者",只淳熙元年(1174),"女童林幼玉求试,中书后省挑试所诵经书四十三件,并通,诏特封孺人",算是唯一的特例。

不过,童子科并没有延续到宋朝之后。《宋史·选举志》载:"理宗后罢此科,须卓绝能文者,许诸郡荐举。"而《度宗本纪》载,度宗咸淳二年(1266)秋七月,礼部侍郎李伯玉言:"人材贵乎善养,不贵速成,请罢童子科,息奔竞,以保幼稚良心。"于是,"诏自咸淳三年(1267)为始罢之"。这一年也许才是神童试寿终正寝之时。

李伯言的罢黜理由言简意赅,颇堪玩味。比如"息奔竞"。《梁书·刘孝绰传》载,刘孝绰"幼聪敏,七岁能属文"。他父亲刘绘是南朝齐之大司马霸府从事中郎,"掌诏诰";舅舅是中书郎王融。舅舅"常与同载适亲友",每言曰:"天下文章,若无我当归阿士。"阿士,是刘孝绰的小字。父亲的一干好友沈约、任昉、范云等闻其名,"并命驾先造焉,昉尤相赏好",这三位都是一代文豪。那么刘孝绰的神童身价就不免让人存疑了,被抬起来的比重该有多少?

又比如"以保幼稚良心"。叶梦得《避暑录话》的一则最能说明问题。"饶州自(宋神宗)元丰末朱天锡以神童得官,俚俗争慕之。小儿不问如何,粗能念书,自五六岁即以次教之五经,以竹篮坐之木杪,绝其视听。教者预为价,终一经偿钱若干,昼夜苦之……流俗因言饶州出神童。然儿非其质,苦之以至死者盖多于中也。"再以刘孝绰而言,其"少有盛名,而仗气负才,多所陵忽,有不合意,极言诋訾",也该是神童性格缺陷的一种吧。

从报道看,魏永康的成长经历与"绝其视听"有得一比。没有母亲的照顾,他的生活便全然失控,甚至冷热不知添减衣服。最后,他不但硕士学位没有拿到,还被中科院劝退,遑论博士学位了。"人材贵乎善养,不贵速成。"李伯言的话再显精辟一面。速成,难免揠苗助长。

2021 年 11 月 21 日

御史

监察,即监督各级国家机关和机关工作人员的工作并检举违法失职。监察的历史,在我国十分悠久。《诗·大雅·皇矣》云:"皇矣上帝,临下有赫。监观四方,求民之莫。"监观四方,郑玄笺曰"监察天下之众国",孔颖达疏曰"监视而观察天下四方之众国"。这里面就已有了监察的十足意味,只是针对殷商时包括周在内的四方诸侯国,并非官吏个人而已。

秦朝设置的御史大夫,职能一半是作为丞相副手处理政事,另一半就是监督百官。隋朝设置的监察御史,使监察成为专职,并为后世所沿袭。历朝历代的官职中,前缀或后缀"御史"的,名目繁多,大抵都有监察的职能。唐朝明确御史职能为:"分察百僚,巡按郡县,纠视刑狱,肃整朝仪。"具体而言,"凡将帅战伐,大克杀获,数其俘馘,审其功赏,辨其真伪。若诸道屯田及铸钱,其审功纠过亦如之"。又,"凡岭南及黔府选补,亦令一人监其得失"。又,"凡决囚徒,则与中书舍人、金吾将军监之"。又"若在京都,则分察尚书六司,纠其过失,及知太府、司农出纳"。其他如春夏秋冬的祭祀,"凡尚书省有会议,亦监其过谬。凡百官燕会、习射亦如之"。总之,监察的范围涵盖了方方面面。

唐高宗时御史韦思谦说过一句话:"御史出都,若不动摇山岳,震慑州县,诚旷职耳。"此语掷地有声。史书中,也的确有不少尽职履责的御史。

《汉书·诸葛丰传》载,诸葛丰举侍御史,"刺举无所避",至于京师流传一句俗谚:"间何阔,逢诸葛。"这是说怎么这么久没见了?"以逢诸葛故也",给诸葛丰找去"喝茶"了。"时侍中许章以外属贵幸,奢淫不奉法度,宾客犯事,与章相连",诸葛丰正准备上奏,"适逢许侍中私出",乃"驻车举节诏章曰:'下!'欲收之。章迫窘,驰车去,丰追之"。许章只好跑到元帝那里,吓得乞哀。

《明史·韩宜可传》载,监察御史韩宜可"弹劾不避权贵",当着朱元璋的面也毫不客气。"时丞相胡惟庸、御史大夫陈宁、中丞涂节方有宠于帝,尝侍坐,从容燕语",韩宜可走上前,"出怀中弹文,劾三人险恶似忠,奸佞似直,恃功怙宠,内怀反侧,擢置台端,擅作威福,乞斩其首以谢天下"。不过,朱元璋怒曰:"快口御史,敢排陷大臣耶!"然后"命下锦衣卫狱",虽然"寻释之",但是折射了监察环境的恶劣一面,这也是一个常见的景象。

《明史》另载,嘉靖三十一年(1552),"时先后劾严嵩者皆得祸,沈炼至谪佃保安。中外慑其威,益箝口"。然南京御史王宗茂上任不过三个月,便上疏论严嵩负国之罪有八,且言:"试问今日之专权者,宁有出于嵩右乎?陛下之帑藏不足支诸边一年之费,而嵩所蓄积可赡储数年。与其开卖官鬻爵之令以助边,盍去此蠹国害民之贼,籍其家以纾患也?"结果,王宗茂"以诬诋大臣,谪平阳县丞"。

再往前溯,《资治通鉴·汉纪二十三》载,凉州刺史谷永"奏事京师讫",成帝使尚书问之,"受所欲言",把想讲的都讲出来。谷永指出外戚势力熏天,至于"废先帝法度,听用其言,官秩不当,纵释王诛,骄其亲属,假之威权,从横乱政,刺举之吏,莫敢奉宪"。

莫敢奉宪,即不敢履行职责。成帝时甚至发生了"中谒者丞陈临杀司隶校尉辕丰于殿中"的极端事件,司隶校尉即掌纠察京都百官及京师附近三辅、三河、弘农七郡犯法的官。

恶劣监察环境对监察官员履职的打击无疑是十分沉重的,但与此同时,也必须看到御史自身的原因。素质高的历来不乏,如唐玄宗时监察御史杜暹。开元五年(717)杜暹前往西域审查屯田收入,"会郭虔瓘与史献等不协",互相告状,乃"诏暹按其事实"。史献即阿史那献,西突厥室点密可汗的后裔。郭史二人之争超越了个人层面,实际上是唐朝以及西突厥汗裔等多方势力在西域地区利益冲突的折射,具体如何不在本文讨论之列。本文要说的是,杜暹来到,"史献以金遗";固辞无效,杜暹收了却"埋于幕下",等到自己离开西域境内,"乃移牒令收取之",干干净净走人。

问题是相当多的御史没有杜暹这般廉洁自律,自身的素质往往决定了他们在现实中的作为。《唐会要》载,玄宗开元十三年(725)三月十三日敕:"御史出使,举正不法,身苟不正,焉能正人。如闻州县祗迎,相望道路,牧宰祗候,僮仆不若。作此威福,其如礼何!今后申明格式,不得更示威权。"倘若没有御史作威作福的现实,当不会有此一敕。《明会要》载,洪武元年(1368),有御史上言陶安"隐微之过"。朱元璋说他很了解陶安,不可能有这种事,"尔何由知之?"御史回答听别人说的。朱元璋生气了:"御史但取道路之言以毁誉人,以此为尽职乎?"洪武十五年(1382),御史雷励"坐失入人徒罪"。朱元璋责之曰:"朝廷能使顽恶慑伏,良善得所者在法耳。少有偏重,民无所守。尔为御史,执法不平,何以激浊扬清,伸理冤枉?徒罪尚可改正;若死罪论决,可以再生乎?"

归结起来,明朝阁臣张孚敬的话最为精辟:"御史纠弹,而御史不法亦听按察司纠弹。"于今日而言,就是防止"灯下黑"。有鉴于此,必欲纪检监察卓有成效,对司职的干部队伍加大严管严治、自我净化力度十分必要。

2021 年 11 月 27 日

舌

科学巨匠爱因斯坦有一张著名的吐舌照片。背景资料说,那是1951年3月爱因斯坦72岁生日当天所摄。时天色已晚,老人很累,坐上车准备回家,但摄影师仍然紧追不舍。爱因斯坦便作出了这个表情,尽显其顽童心态的一面。

舌,辞书释义为口中辨味、助嚼、助发音的器官。王冰注《素问·阴阳应象大论》之"在窍为舌"云:"舌,所以司辨五味也。"这是辨味。《水浒传》第五十三回,李逵要跟着戴宗去寻公孙胜,戴宗开了个条件:"须要一路上吃素。"李逵表面上答应,然而路上却被戴宗发现偷偷地"讨两角酒,一盘牛肉,在那里自吃",于是第二天上路便对李逵捉弄一番,直到其求饶。戴宗道:"你如今敢再瞒我吃荤么?"李逵道:"今后但吃时,舌头上生碗来大疔疮!我见哥哥要吃素,铁牛却吃不得,因此上瞒着哥哥。今后并不敢了。"舌头上长疔疮,会疼得没法吃饭,吃饭,舌头算是助嚼。疔疮长不了碗那么大,李逵这么说,表明自己是在发毒誓。

《诗·小雅·雨无正》有"哀哉不能言,匪舌是出,维躬是瘁"句,此中之舌,就是助发音了。诗人悲愤自己之所以不能说话,不是口舌笨拙,而是忠言逆耳,说了会使自己陷于忧病的处境。紧接着的"哿矣能言,巧言如流,俾躬处休",与之形成鲜明对照:看看那些会说话的,尽是谄媚的小人,"哿矣",开心啊,得志啊。这样一对比,那个厌恶忠良喜欢谀佞的昏主形象跃然纸上。

由舌头的生理功能引发,是其社会功能的一面,自然超越了助发音。

前人把翻译就叫做舌人。《国语·周语中》说戎狄来进贡,"不俟馨香嘉味,故坐诸门外,而使舌人体委与之"。韦昭注曰:"舌人,能通异方之志,象胥之官也。"象胥,是翻译的另一称谓。《新唐书·突厥传上》同样拎出了这件事,且解释说,这是因为"礼让以交君子",戎狄不是君子,所以"圣人饮食声乐不与之共,来朝坐于门外,舌人体委以食之,不使知馨香嘉味也"。这种居高临下的心态及其行为,到鸦片战争时还屡见不鲜。

《史记·张仪列传》载,张仪游说诸侯,"尝从楚相饮,已而楚相亡璧",楚相食客们认为肯定是张仪偷了,于是"共执张仪,掠笞数百"。张仪死活不承认,也只好放了他。张仪老婆既气愤又心疼:"嘻!子毋读书游说,安得此辱乎?"张仪倒不觉得什么,谓其妻曰:"视吾舌尚在不?"妻子笑了,在啊。张仪说,那就行了。张仪吃的是游说这碗饭,舌头当然无比重要。《三国演义》里有诸葛亮舌战群儒,晋朝殷仲堪"每云三日不读《道德论》,便觉舌本间强"。诸如此类,都是舌头超越生理功能的一面。

对诸葛亮这种能言善辩的人,正面描绘的词语叫舌剑唇枪,反面则叫巧舌如簧,正反均不离舌。后者亦出《诗·小雅》,《巧言》章云:"荏染柔木,君子树之。往来行言,心焉数之。蛇蛇硕言,出自口矣。巧言如簧,颜之厚矣。"识者指出,这是讽刺周王听信谗言、放任谗人祸国的诗。"颜之厚"者,世世不乏。此外,话说得太多叫舌弊,理屈词穷叫舌举,以授徒讲学谋生干脆叫舌耕,亦皆有典。如舌弊,《战国策·秦策一》苏秦说秦王应善于纳谏,而

"舌弊耳聋,不见成功",大家舌头都说疲了,仍然装作听不见是不行的。如舌举,《庄子·秋水》魏之公子牟"隐机大息,仰天而笑"的一番作答,令"公孙龙口呿而不合,舌举而不下,乃逸而走"。如舌耕,王嘉《拾遗记》云,贾逵靠收门徒而致富,人曰其"非力耕所得,诵经口倦,世所谓舌耕也",不用出力,动动舌头就行。这当然是对脑力劳动的极大误解。

因此,倘若不让人说话,前人也每做舌头文章,釜底抽薪是也。《资治通鉴》载,杨坚以儿子蜀王杨秀"蠹害生民",将之交付法办。庆整从杨家考虑谏曰不可,那几个儿子,废了一个,死了一个,还弄这个?且"蜀王性其耿介,今被重责,恐不自全"。结果杨坚大怒,"欲断其舌"。《新唐书·忠义传》载,"安史之乱"中颜杲卿被安军俘虏,"贼胁使降,不应",并瞋目大骂安禄山:"汝营州牧羊羯奴耳,窃荷恩宠,天子负汝何事,而乃反乎?我世唐臣,守忠义,恨不斩汝以谢上,乃从尔反耶?"因为颜杲卿大骂不绝,"贼钩断其舌,曰:'复能骂否?'"从"杲卿含胡而绝"来推断,显然是骂未已。明初朱元璋有条禁令:"在京但有军官、军人学唱的,割了舌头。"另外下棋的,剁手;踢球的,剁脚。何以如此凶残?很可能是朱元璋鉴于张士信之败得出的教训,盖张士信"军中常载妇人乐器自随,日以樗蒲、蹴踘、酣宴为事,诸将往往效之,故至于败"。

金埴《不下带编》云,意大利人利马窦总结过另一种教训:"士君子不可不慎言也。"因为"舌在口中,如鸟在笼中。鸟从此树飞彼树,言从此人飞彼人,故曰口为飞门,"不过,按中医基础理论,唇才是飞门,所谓七冲门之一。七冲门,即整个消化系统中的七个冲要之门。开玩笑说,利马窦对中华文化还所学未精。

当年那次行程中,李逵听说他悄悄斧劈的罗真人没死,"吃了一惊,把舌头伸将出来,半日缩不入去"。词语中,人在惊呆之时也每以舌头配合,只是现实中,未必真的像爱因斯坦那样吐出来就是。

2021 年 12 月 5 日

萝卜·莱菔

今天天气很好,对面近在咫尺的楼顶上有两户人家在晒萝卜干,自家的窗边正好可以俯视之。拍照发了朋友圈,戏谓"估计是潮汕人家"。不料引来不同籍贯友朋的"抗议",大抵都说自己家乡也晒。所以戏谓,盖因在我所吃过的萝卜干中,首推潮汕之产。

萝卜,从前有许多称谓,莱菔、芦菔、芦萉等。《诗·邶风·谷风》"采葑采菲,无以下体"之"菲",也是萝卜,"葑"是大头菜。这是首弃妇诗,借丈夫食叶而不食根,以喻娶妻不取其德,但取其色,色衰即弃。萝卜的普遍称呼则是莱菔。《本草纲目》云:"上古谓之芦萉,中古转成莱菔,后世讹为萝卜。"北宋苏颂云:"莱菔南北通有,北土尤多。有大、小二种:大者肉坚,宜蒸食;小者白而脆,宜生啖。"在北方,生吃相当普遍。《燕京岁时记》记载了立春的一项民俗:"富家多食春饼,妇女等多买萝卜而食之,曰咬春,谓可以却春困也。"

《后汉书·刘盆子传》载,更始败后,"掖庭中宫女犹有数百千人",她们生活无着,"掘庭中芦菔根,捕池鱼而食之",把萝卜当成了粮食。而萝卜恰恰越吃越饿,《杨文公谈苑》说得很形象:"江东居民,岁课种艺,初年种芋三十亩,计省米三十斛。次年种萝卜二十亩,计益米三十斛,可知萝卜消食也。"芋头才能顶粮食吃,改成种萝卜,反而多消耗了不少米。当然,宫女们那是可怜得饥不择食。《山家清供》讲到宋朝两位大学者都喜欢萝卜,一个是叶适,一个是叶绍翁。前者认为吃萝卜"甚于服玉",后者每顿饭一定得有萝卜,"与皮生啖,乃快所欲"。有人说萝卜"能通心气,故文人嗜之",后世赵翼有诗题曰《连日无蔬菜至平戛买得萝卜大喜过望》,爱吃的程度溢于文字。

《本草纲目》赞美萝卜:"根、叶皆可生可熟,可菹可酱,可豉可醋,可糖可腊,可饭,乃蔬中之最有利益者。"他不明白,"古人不深详之,岂因其贱而忽之耶?抑未谙其利耶?"一句话,萝卜咋吃都行,并且还可以入药。王安石患有偏头痛,当时有道人传授了偏方,"移时遂愈"。偏方是:生萝卜汁一蚬壳,仰卧,随左右注鼻中。这只是一例,按李时珍的汇总,萝卜的功能远不止于此。比如元朝朱震亨说:"莱菔子治痰,有推墙倒壁之效。"李时珍补充道:"莱菔子之功,长于利气。生能升,熟能降。升则吐风痰,散风寒,发疮疹;降则定痰喘咳嗽,调下痢后重,止内痛,皆是利气之效。"

凡事一旦到了苏东坡那里,都可能是开玩笑的素材,吃萝卜也不例外。有次他跟刘贡父讲,他和弟弟苏辙准备科考时,"日享三白,食之甚美,不复信世间有八珍也"。刘贡父不解是什么东西,他说:"一撮盐,一碟生萝卜,一碗饭,乃三白也。"讲完他就忘之脑后,刘贡父却记住了,"久之,以简招坡过其家吃皛饭"。东坡很高兴,但不明白皛饭是什么,对人说:"贡父读书多,必有出处。"结果到了刘家,"见案上所设,唯盐、萝卜、饭而已",乃恍然大悟。吃完,准备上马回家,东坡对贡父说明天来我家吃毳饭。贡父"虽恐其为戏,但不知毳饭所设何物,如期而往"。然而,"谈论过食时,贡父饥甚索食",东坡总是说等等,到了贡父"饥不可忍",东坡才不紧不慢地说:"盐也毛,萝卜也毛,饭也毛,非毳而何?"刘贡父捧腹大笑,说知道东坡会为䪞饭报复,"然虑不及此也"。毛,方音为"无"。再插一句,萝卜当然不止白色一种。《滇海虞衡志》云:"滇产红萝卜颇奇,通体玲珑如胭脂,最可爱玩,至其内外通红,片开如红玉板,以水浸之,水即深红。"红到那个程度的萝卜,倒还没有见过,我们那里有一种心儿是红的,叫"心儿里美"。

《笑林广记》里有则笑话,说"北地产梨甚佳。北人至南,索梨食不得,南人因进萝卜",曰:"此敝乡土产之梨也。"那个北方人揶揄道:"此物吃下,转气就臭,味又带辣,只该唤他做臭辣梨。"应该没有人闻得惯萝卜"转气"的味道吧,美食家李渔云:"生萝卜切丝作小菜,伴以醋及他物,用之下粥最宜。但恨其食后打嗳,嗳必秽气。"他闻过别人"转"出的这种气,"知人之厌我,亦若是也",便想跟萝卜一刀两断。然又想到萝卜跟葱蒜还是不同,"初见似小人,而卒为君子",因此萝卜"虽有微过,亦当恕之",还是吃吧。这是李渔的幽默。

吴其濬是河南固始县人,但对燕蓟——我的故乡——的萝卜情有独钟。这个嘉庆时的状元,宦游各地,在京城当过翰林院修纂、兵部侍郎,他在著作《植物名实图考》中客观介绍完萝卜之后,有一段生动描写:"冬飚撼壁,围炉永夜,煤焰烛窗,口鼻炱黑,忽闻门外有卖水萝卜赛如梨者,无论贫富耄稚,奔走购之,唯恐其过街越巷也。琼瑶一片,嚼如冰雪,齿鸣不已,众热俱平,当此时何异醍醐灌顶?"紧接着,他想到了"冷官热做,热官冷做"的民谚,以为"畏寒而火,火盛思寒,一时之间,气候不同。而调剂适宜,则冷而热、热而冷,如环无端,亦唯自解其妙而已"。

由冬天吃萝卜,上升到了对权势显赫官吏的告诫。妙哉斯言。只不知这番话有几个"热官"读到过,且能咀嚼出个中滋味。

2021 年 12 月 11 日

王荆公

今天是王安石诞生1000周年纪念日。

按邓广铭先生的观点,王安石诞生的年月日时,以吴曾《能改斋漫录》中的《王公进退自安》条所载最为详确,那就是宋真宗天禧五年辛酉十一月十三日辰时,亦即公元1021年12月18日七时至九时。

王安石,字介甫,先封舒国公,后改封荆国公,因有王荆公之谓。在我的眼中,尽管千年过去,但王荆公的人格魅力依然不衰。

其一,胸襟磊落。吕诲弥留之际,"手书属司马光为墓铭"。温公没落笔的时候,"河南监牧使刘航仲通自请书石",但等看到文字,刘航不敢下笔了,因为"时安石在相位也"。刘航之子安世为践父诺而代书之,刘航又叮嘱吕诲"诸子勿摹本,恐非三家之福"。温公写了些什么把刘航吓成这样呢?骂荆公,相当于直接点名。如"有侍臣弃官家居者,朝野称其才,以为古今少伦。天子引参大政,众皆喜于得人,献可(诲字)独以为不然,众莫不怪之。居无何,新为政者恃其才,弃众任己,厌常为奇,多变更祖宗法,专汲汲敛民财,所爱信引拔,时或非其人,天下大失望。献可屡争不能及,抗章条其过失曰:'误天下苍生者,必此人也。使久居庙堂,必无安靖之理。'"有个叫蔡天申的以为抓到了献媚的机会,"厚赂镌工,得本以献安石……初欲中温公",不料荆公得之,不但不生气,还挂墙上了,赞曰:"君实之文,西汉之文也。"

又,荆公退休后归隐金陵,对从政时结下的恩怨皆淡然视之。背叛他的吕惠卿,当年他虽时常随手写下"福建子"三字以泄愤,但吕惠卿"除母丧,过金陵,以启与安石求和"时,荆公的回信既心平气和又非常理性:"与公同心,以至异意,皆缘国事,岂有它哉。同朝纷纷,公独助我,则我何憾于公?人或言公,吾无与焉,则公何尤于我?"反对他的苏轼,甚至成了知心朋友。《曲洧旧闻》云:"东坡自黄徙汝,过金陵,荆公野服乘驴谒于舟次。东坡不冠而迎,揖曰:'轼今日敢以野服见大丞相。'荆公笑曰:'礼岂为我辈设哉!'"荆公非常看中苏轼的才华,以为"不知更几百年,方有如此人物"。

其二,博览群书而不是读死书。《邵氏闻见录》云:"王荆公初及第为佥判,每读书至达旦,略假寐,日已高,急生府,多不及盥漱。"在《答曾子固书》中,荆公曾言及自己的阅读广度:"某自百家诸子之书,至《难经》《素问》《本草》诸小说,无所不读。"并且,"农夫女工,无所不问,然后于经为能知其大体而无疑"。荆公的文学造诣也相当之高,《苕溪渔隐丛话》引《漫叟诗话》云:"荆公尝在欧公坐上赋《虎图》,众客未落笔,而荆公草已就。欧公亟取读之,为之击节称叹,坐客阁笔不敢作。"欧阳修有一次给荆公写信:"近得扬州书,言介甫有《平山》诗,尚未得见,因信幸乞为示。此地在广陵为佳处,得诸公录于文字,甚幸也。"必欲睹之为快。

在《答陈辟书》中,荆公还阐述了为什么而读书:"今冠衣而名进士者,用万千计,蹈道者有焉,蹈利者有焉。蹈利者则否,蹈道者,则未免离章绝句,解名释数,遽然自以圣人之术单此者有焉。"蹈利者他不屑于说,对蹈道者倘只是注经而不关注现实,他也提出了批评。在他看来,"夫圣人之术,修其身,治天下国家,在于安危治乱,不在章句名数焉而已"。荆公跻身"唐宋八大家"之列,绝非浪得虚名。

其三,生活素朴、随性,心态淡泊。荆公不事修饰,不奢奉养,其时士林共知。退休后租住在金陵(今江苏南京),小院窄隘,秋天仍热不堪言,"火腾为虐不可摧,屋窄无所逃吾骸",因而要"织芦编竹继栏宇,架以松栎之条枚"。在这首《秋热》诗下,李壁注云:"元丰末,公以前宰相奉祠,居处之陋乃至此今之崇饰第宅者,视此得无愧乎!"他喜欢下围棋,但下棋时"未尝致思,随手疾应"。其《棋》诗道得分明:"莫将戏事扰真情,且可随缘道我赢。战罢两奁收白黑,一枰何处有亏成。"王巩《甲申闻见近录》云,某日他谒见荆公,既退,见其乘驴而出,"一卒牵之而行"。去哪儿呢?不一定,"若牵卒在前,听牵卒;若牵卒在后,即听驴矣"。而如果荆公想停下,那就停下,"或坐松石之下,或田野耕凿之家,或入寺",只是"随行未尝无书,或乘而诵之,或憩而诵之"。吃的也毫不讲究,"以囊盛饼十数枚,相公食罢,即遗牵卒,牵卒之余,即饲驴矣。或田野间人持饭饮献者,亦为食之"。

又,按王铚《默记》的说法,荆公科举本该是状元,因为赋中一句"孺子其朋",仁宗不大高兴,才成了第四名,"然荆公平生未尝略语曾考中状元,其气量高大,视科第为何等事而增重耶!"《青琐高议》另有一趣事:荆公在金陵时有天"幅巾杖屦,独游山寺,遇数客盛谈文史,词辩纷然。公坐其下,人莫之顾"。一客问他听得懂吗,"公唯唯而已";再问他姓什么,拱手答曰:"安石姓王。"结果"众人惶恐,惭俯而去"。

"夫夷以近,则游者众;险以远,则至者少。而世之奇伟、瑰怪,非常之观,常在于险远,而人之所罕至焉,故非有志者不能至也。"在王荆公的众多名篇中,我最青睐的是《游褒禅山记》中的这一段,阐明了实现远大理想必须付出艰苦努力的深刻道理。

2021 年 12 月 18 日

榕树

12月12日,在广州召开的广东全省领导干部大会指出,2020年底以来,广州市在实施"道路绿化品质提升""城市公园改造提升"等工程中,大规模迁移砍伐城市树木,严重破坏了城市自然生态环境和历史文化风貌,伤害了人民群众对城市的美好记忆和深厚感情,是典型的破坏性"建设"行为,造成了重大负面影响和不可挽回的损失,错误严重、教训深刻。包括笔者在内的广州人都知道,他们砍的主要是榕树。

我最早知道榕树,始于小时候看舞剧《红色娘子军》。娘子军连党代表洪常青负伤被俘,坚贞不屈,最后被南霸天烧死在榕树下。当时心里就嘀咕:榕树是什么树?我们北方人举目所见,尽皆杨柳榆槐。20世纪80年代中负笈岭南,终于见识了榕树,同样举目所见,校园里便为数不少。晋嵇含《南方草木状》云:"榕树,南海、桂林多植之。叶如木麻,实如冬青,树干拳曲,是不可以为器也。其本棱理而深,是不可以为材也。烧之无焰,是不可以为薪也。以其不材,故能久而无伤。其荫十亩,故人以为息焉。而又枝条既繁,叶又茂细,软条如藤,垂下渐渐及地,藤梢入土,便生根节,或一大株,有根四五处,而横枝及邻树,即连理。"这几句,基本道出了榕树的特性。

榕树可以大到什么程度？王士性《广志绎》云："臬司分道中一树，根下空洞处可列三棹，同僚尝醵饮其中。余参藩广右，尝过榕树门下，树附地而生，刳其根空处为城门也。"顾炎武《读史方舆纪要》也说到，桂林城南门宁远门即榕树门，"相传唐时筑此城，门上植榕树一株，岁久根深，跨门内外，盘错至地，分而为两，天然城门，车马往来经于其下"。

明叶权有《游岭南记》，对翻越大庾岭（即梅岭）时的"松"留下了深刻印象，连用27个"有……者"进行拟人化的描写，"有平易疏秀，不偏不倚，清颜都貌，如美丈夫者"等。这个"松"，很可能该是"榕"。第一，《五杂组》云，闽人方言谓榕为松，且松之古字，"亦与榕通用矣"。第二，叶权交待这种松，"实余所未睹者也"，因此，"客有问我岭南风物者，首为谈之"。而叶权是安徽休宁人，没理由没见过松树。今休宁县隶属黄山市，松树为黄山的招牌。第三，像这些描写，如"有枝连干结，一偃一仰，交袂接臂，两相牵扯者"等，正是榕的特征。第四，宋吕定《度大庾岭》诗云："凿破鸿蒙一窍通，至今传说九龄功……鹧鸪声里端阳近，榕树青青荔子红。"明确提到岭上确实有榕。叶权写了这么多是想说，梅岭得名不确，该叫松岭。而倘松实为榕，又该叫榕岭才是了。

作为岭南本土人的屈大均，其《广东新语》对榕树自然不吝赞美之词："榕，叶甚茂盛，柯条节节如藤垂，其干及三人围抱，则枝上生根，连绵拂地，得土石之力。根又生枝，如此数四，枝干互相联属，无上下皆成连理。"大榕树看上去，"如栋柱互相撑抵，望之有若大厦，直者为门，曲者为窗牖，玲珑四达，人因目之曰榕厦"。尤其重要的是："榕，容也。常为大厦以容人，能庇风雨，又以材无所可用，为斤斧所容，故曰榕，自容亦能容乎人也。"并且因为榕树"干多中空，不坚，无所可用，故凡为社者，以之得全天年。大者至数百岁,故夫望其乡有乔木森然而直上者,皆木棉也,有大树郁然而横垂者,皆榕也"。岭南乡村的村口,今天大抵仍然有一棵大榕树,相当于村里的神树。

榕树作为热带常绿大乔木,分布自然不限于两广。《五杂组》还说了:"榕木惟闽、广有之,而晋安城中最多,故谓之榕城,亦曰榕海。"晋安即现在的福州。编纂于宋太宗太平兴国年间的《太平寰宇记》,是继《元和郡县志》后宋代第一部地理总志,该书在介绍福州土产时提到了"榕",且注云:"其大十围,凌冬不凋,郡城中独盛,故号榕城。"而福州榕树的郁郁葱葱,程师孟有锦上添花之举。褚人获《坚瓠集》云:"宋(神宗)熙宁中,闽越地多植榕树。其木拥肿,不中绳墨。郡守程师孟命闽人多植之。"程师孟很得意自己的种榕之举,还写了首诗:"三楼相望枕城隅,临去重栽木万枝。试问国人行住处,不知还忆使君无。"

前人栽树后人乘凉,造福后人的事情当然为后人所怀念。在广东种榕的前人,屈大均就列举了几位。一个是元朝仓振,其知新州(今广东新兴),"夹道植榕,其后高芝复植松。于是行旅歌之曰:'仓榕高松,手泽重重,高松仓榕,夹道阴浓'"。一个是不知何朝的金事刘洵,"修高、仓故事,自高要南岸至新兴,令里胥分地植榕,遣官以时验勤惰,至今榕树存者大十围"。再一个是明朝吴廷举,其为岭西副使时多种榕树,至于"高州(今广东茂名)道中,榕夹路垂阴,凡百株",父老称之"吴公榕"。而屈大均又说古榕还能知祸乱、卜休咎,对这种"采善而溢其美",只能姑妄听之了。

倘屈大均在世,如今当倍感遗憾,原本"自容亦能容乎人"的榕树,后半句没能行得通,它没有容乎某些大权在握者。广州大规模砍树还在进行中的时候,民间就一派反对声浪,但他们一意孤行。

2021年12月25日

后记

说来有趣，我在中山大学是读人类学的，从事的是新闻，但常在一起聚会谈天的，大抵是母校哲学系、历史系、中文系的师友。哲学系教授陈少明先生是为其一。本集尚在动笔阶段，便向少明先生约序，以期叨光。少明先生当即慨然应允。付梓之际，谨向少明先生表示衷心感谢！

"闲寻旧踪迹"，出自周邦彦《兰陵王·柳》词，"长亭路，年去岁来，应折柔条过千尺。闲寻旧踪迹，又酒趁哀弦，灯照离席"云云。周邦彦是闲时踱步郊外，寻觅旧时行踪，不料又要折柳，为友人践行。自家这里则是寻文化之踪，如少明先生所勘破："回到历史的上游，打捞时光的杂锦。"此非余之主业，属于忙里偷"闲"，算是牵强靠拢吧。

鲁迅先生杂文集的取名令我十分钦佩，有的干脆取自对手攻击用语，所谓将计就计。比如创造社成仿吾先生批评先生代表的是有闲阶级，其文字属于"以趣味为中心的文艺……它所矜持着的是闲暇，闲暇，第三个闲暇"，先生遂将编成的新集名之曰《三闲集》，"尚以射仿吾也"。其他还有《南腔北调集》《花边文学》等，这种调侃式的回敬，的确可以收到令人莞尔一笑的效果。

拙作得名，大抵出自前人诗词的成句，或平实道来，或取其寓意。陈白沙云:"夫学贵自得,苟自得之,则古人之言,我之言也。"有点儿这个意思吧。

2022 年 6 月于南方报业传媒集团